教育部人文社会科学百所重点研究基地
西南大学西南民族教育与心理研究中心

问学西南丛书　第2辑

张诗亚 ◎ 主编

民族传统文化的学校教育传承研究
以丽江纳西族学校为个案

A Study on the Inheritance of Traditional
Ethnical Culture of Naxi Nationality
in School Education in Lijiang China

井祥贵 ◎ 著

科学出版社
北　京

内 容 简 介

本书以纳西族学校为个案，在廓清纳西族传统文化的特征、教育功能及其进校园传承之必要性的基础上，运用教育人类学的研究方法，调查分析了纳西族学校民族传统文化传承的成效与问题，继而对纳西族学校如何更好地处理"共性"的科学文化知识教育与"个性"的纳西族传统文化传承间的关系进行了理论思考，借鉴不同国家和地区的相关经验，反思和讨论了纳西族学校民族文化传承的策略。

本书兼具学术性与应用性，适合高校和研究机构民族教育学相关专业的教师、研究人员和学生使用，也可供对纳西族文化感兴趣的读者参阅。

图书在版编目(CIP)数据

民族传统文化的学校教育传承研究：以丽江纳西族学校为个案/井祥贵著.
—北京：科学出版社，2015.8

（问学西南丛书/张诗亚主编. 第2辑）

ISBN 978-7-03-045550-5

Ⅰ.①民… Ⅱ.①井… Ⅲ.①纳西族-民族文化-少数民族教育-学校教育-研究-丽江地区 Ⅳ.①K285.7②G759.2

中国版本图书馆CIP数据核字（2015）第206261号

策划编辑：付 艳 汪旭婷
责任编辑：朱丽娜 苏利德/责任校对：李 影
责任印制：徐晓晨/整体设计：楠竹文化
编辑部电话：010-64033934
E-mail：fuyan@mail.sciencep.com

科学出版社 出版

北京东黄城根北街16号
邮政编码：100717
http://www.sciencep.com

北京通州皇家印刷厂印刷
科学出版社发行 各地新华书店经销

*

2015年8月第 一 版 开本：720×1000 1/16
2015年8月第一次印刷 印张：14
字数：237 900

定价：68.00元

（如有印装质量问题，我社负责调换）

总　序

　　中国西南，自司马迁《史记·西南夷列传》始，便把其作为一个多民族的地区，以黄河文化开始的中华文化多地多元并存的局面，也慢慢整合为以中原黄河文明为主线的多民族文化共同体。西南，在这一进程中一方面不断与中原文化碰撞、交融，另一方面又保有其原有的文化生态。这种既共生又各具特色的局面从古至今基本未变，只是随着中原王朝向西南扩张的高潮而呈现出差异：自西汉始，通身毒国道，西南纳入中原版图，这一进程直到东汉文翁治蜀基本形成。东汉之后，随着三国格局的形成，蜀开始经略西南。隋唐时期是西南文化与中原文化的又一次大交融，此时广义的西南包括两广地区，是柳宗元、韩愈、刘禹锡等唐代文人被贬西南的缘故，使得儒学在西南深入根植。两宋时期，西南更是以其独特的地理人文优势成为南宋的大后方，支撑着南北对峙中的南宋王朝。元明清时期，自忽必烈完成云南行省，清政府派驻藏大臣之后，整个西南在政区上完全成了中原的一个不可再分的整体。抗日战争之际，西南因陪都的地位，更使之成为世界反法西斯的东方中心，其政治作用已为国之中流砥柱，又因大量教育、文化机构的西迁，西南的文化发展便有了翻天覆地的变化。从此，西南学兴矣！

　　此时，西南虽然完成了政治、经济、文化与中原的一体，却因其交通的不便、地理的阻隔，以及民族支系的磅礴，而始终保有多元的文化格局。这些不同的文明在人类整体文明进程中所处的阶段是不一致的——一些仍处在母系社会末期,另一些却已完全融入现代大都市——可以说,由母系社会一直到现代文明形成了一个阶梯状的发展系统。然而,这样的文化又必须在统一的国家里实行统一的义务教育,因此,如何根据不同民族文化的情况推行国家统一的义务教育,既要照顾文化的特质,又要考虑到学生的认知、文化的特点和背景的差异来推进义务教育,成为西南民族教育发展中一个不可回避的问题。在这种情况下,"问学西南丛书"应时而生。该丛书力求从不同民族的文化特色,不同学生的认知特点,不同学校的校园文化资源等诸多方面考虑,寻求一条切合"因地制宜、民族发展"实际的教育现代化道路。这是一个巨大的实践,其工程量之大,面积之广,涉及的民族之多,文化类型之繁是新的挑战,这也必将使得试图通过简单照搬西方、国内发达地区的教育发展模式、理论方法来推进西南民族地区教育的发展路径遭遇阻抗。对于西方、国内发达地区的教育发展模式和理论方法,一方面要借鉴参考,另一方面又必须把它化为与当地的特点、实际相结合的教育发展之途。这一任务摆在了西南学子的面前。

"问学西南",这一问是探求,是寻访,是深入实践,是 field work(田野考察),是从活的教育实践中找到活的、具体的问题,继而求其学、求其理、求其道。如此,既结合实际对西南民族教育的实际推进、事业发展有所裨益,又对中国特色教育理论体系的建构有所帮助。更重要的是,使得我们的学生、教师能脚踏实地面向生活,深入到活的西南教育发展的实际中去亲试自己的能力,整合自己的知识,继而形成自己的研究平台、事业基础。只有如此,才能把学生的培养、教师的教学与学理的探究、研究结合在一起,这两者是一个整体,其源都在活的西南之中。

　　来自五湖四海的学生，其培养体系和学科背景十分狭隘。很多学生对西南最初的了解都是旅游式、观感式的肤浅认识。没有多次的深入、长久的沁入，不可能找到真实的问题，也不可能对其真正理解，更不可能成为自己学术研究的基础、沃土。这个过程对每个学子都是挑战，可以说，我们的学生都经历了这么一个并非轻松的过程。甚至，有的学生说过"开题总通不过，简直脱了几层皮"之类的话。诸如此类的话颇能反映实际。是要脱皮，脱掉从书本中来再到书本中去的做学问的"皮"；脱掉从单一学科、狭隘的视野获得的价值观，居高临下的指导，自以为优越的"支教"的"皮"。这层皮不脱，不能成为真正的研究者，也不能培养出脚踏实地的实践研究者。春蚕吐丝，是要经过若干次蜕皮的，这个过程不是简单的，会有痛苦，但是我们的坚持，我们的主张，我们的执著，我们长期以此为特色培养学生、发展队伍、开展研究……相信只要坚持下去，这一"问学西南"会有成果的，我们的学生也会实实在在地提升自己的能力。当然，我们现在做的还不够，离我们的目标还有很大的距离，但是，坚持下去一定会有收益。这一感受我们的学生都有。无论是来自西南以外地区，或是本身就在西南生长；无论是其他民族，或是西南诸多民族中的一员，其感受都是实在的、研究都是诚实的。尽管还很不够，甚至有的地方还很浅薄，但是，我们的"问学西南"开始了，第一步迈出了，我们相信只要实实在在地走下去、再走下去，就可以至千里。

　　是以为序。

张诗亚

壬申岁末于说乎斋

前　言

　　在现代化与全球化的进程中，我国民族教育肩负着双重使命，一方面是"共性"的教育，即要传授普适的科学文化基础知识，以利于少数民族学生成为合格的中国公民进而与国际接轨；另一方面是"个性"的教育，即要继承和弘扬少数民族传统文化，以培养少数民族学生成为其民族文化的"活化"传承载体。因此，找到"共性"教育与"个性"教育的平衡点以实现二者的有机融合，便是实现少数民族及其教育现代化的关键所在，这也正是本书的基本出发点。

　　纳西族学校在处理"共性"教育与"个性"教育二者关系的问题上，取得了相对显著的成效，在平衡学校教育与民族文化传承的关系方面有一定的典型性。纳西族文化缘何进入校园？纳西族学校是如何传承民族文化的？其学理依据是什么？有何普适意义？这些都是本书关注的焦点。

　　以往对于二者关系的研究多集中于双语教育、课程开发或多元文化师资的某个侧面，或是做一些简单的理论思辨，缺乏较系统、全面的实证研究，这给本书留出了突破口。本书以纳西族学校民族文化传承为个案，遵从结构-功能主义研究范式，综合运用问卷、参与式观察、半结构性及非结构性访谈等田野调查法，辅以文献法及比较法，对该问题进行了深入的探讨。

　　本书认为，在现代化语境下，纳西族文化进入校园传承有其必要性。一方面，纳西族文化是其独特生态系统的产物，表现出交融性、独特性与开放性等特征；纳西族文化的传承过程也正是其通过对纳西族人生存与适应技能的培养，以及民族凝聚力、集体意识的养成等方面，实现对纳西族人濡化教育的过程。这为其进校园传承提供了客观条件与依据。另一方面，纳西族文化在现代化进程中逐渐失去了原有的生存基础，其传承的固定空间被打破，面临着生存和发展的困境。因此，将纳西族文化纳入校园是对文化断裂的接续与传承。

从其传承机制的内部要素来看，纳西族学校民族文化传承主要有三种途径，即课程开发、课堂教学及团体活动。其中，课程开发的主体主要为纳西族文化方面的研究人员、专家和一线教师，其内容主要涉及知识普及型文化和展示型文化，从类型来看，主要有地方课程、校本课程和潜在课程。课堂教学中的民族文化传承方式主要有单独设科和学科渗透两种类型。研究表明，受教育者的学习兴趣、教育者的意识和素质对课堂教学中民族文化传承有明显的影响。团体活动主要是对技能掌握型文化，以及活动娱乐型文化的传承，通常以举办各种兴趣班、兴趣小组、组织艺术团，以及开展各种主题活动的方式进行。以上三种模式是在科学规划、科研工作及相应管理的助推下运行的。纳西族文化传承与普适的科学文化知识传授之间形成了相辅相成、相互促进的关系。而从外部因素来看，社会环境、政策支持和经费支持都对纳西族学校民族文化传承有一定的影响。总之，纳西族学校初步形成了"以点带面"、内部要素与外部因素合力互动的民族文化传承机制。

研究发现，纳西族学校民族文化传承在培养学生民族认同感、链接学校教育与民族文化传承、促进纳西族教育改革及拉动纳西族地区经济社会发展等方面取得了初步的成效，但也存在一些问题，如教材偏重"知识传授"缺乏"层次体系"；师资匮乏；评价制度中民族文化的"失语";保障体系不健全;学校内部要素间的配合不够;校际的互通不足等。针对以上问题,结合国内外民族学校教育改革的经验及相关理论,本书提出纳西族学校教育应处理好以下几对关系:一是"国家与地方"的平衡;二是"传统与现代"的融合;三是"共性与个性"的统一。本书认为,在现代化进程中纳西族教育应基于文化"位育"思想,重新定位:凸显对民族学生个体发展的人文关怀,注重教师专业发展的价值诉求,形成纳西族学校教育中民族文化的"种子式""基因式"传承机制。据此,本书建议从完善民族文化课程开发机制,注重教师多元文化素质的提升,拓展学科教学渗透民族文化的空间等方面着力,秉持公正、合理、科学的民族文化传承原则,构建研-发-教一体化的纳西族文化学校教育传承体系。

本书综合运用教育学、文化学、人类学及社会学的相关理论与方法来探讨学校教育中"共性"教育与"个性"教育的关系问题,对于了解纳西族教育现状,探寻民族学校教育中普适科学文化知识的传授与民族文化传承有机融合的路径,重新定位我国民族教育的发展方向等问题都是有所助益的,对于拓展研究视角,丰富民族教育理论也有一定的贡献。

井祥贵

2015 年 4 月 20 日

目 录

第一章 | 导　论

一、研究缘起

在现代化与全球化的进程中，世界各地的少数民族面临着一个共同的问题："一方面，要适应现代主流社会的发展；另一方面，还要力图保住自己的传统文化。"[①] 我国的民族教育[②]也同样担负着双重任务：一方面是"共性"的教育，即要传授少数民族学生普适的科学文化基础知识，以使其顺利融入我国现代主流社会进而与国际接轨；另一方面是"个性"的教育，即要继承和弘扬少数民族文化，培养民族文化的"活化"载体，以使少数民族学生享有使用本民族语言、文字的权利，享有在自己民族聚居区实行自治的权利，以及学习本民族历史和弘扬本民族文化的权利。因此，找到民族教育中共性教育与个性教育的平衡点，理清二者的关系并促成其有机、渐进地结合，便是实现少数民族及其教育现代化的关键所在。这也是本书的基本出发点。

本书问题的提出主要源于以下两个方面的思考。

（一）对我国民族教育"技术化退化"现象的审视

民族教育，顾名思义，应是指以招收少数民族学生为主，为民族地区的开发、经济建设的发展、弘扬民族文化而培养人才所设立的正规学校教育系统所施行的教育。长期以来，受工具理性价值的主导，我国民族教育存在"技术化

---

① 哈经雄，滕星主编.2001.民族教育学通论.北京：教育科学出版社，568.
② 广义的"民族教育"，包括民族学校系统内教育和民族学校系统外教育，然而，目前学界有很多提法把"民族教育"等同于"民族学校教育"，笔者对此种提法不敢苟同，但出于表述方便的考虑，在此仍延用这一提法。本书中的"民族教育"如无特殊说明，系指"民族学校教育"。

退化"现象，因有偏离教育之"道"的嫌疑而屡受诟病。"教育在本质上应该是为了优化人的生存进行的文化活动，教育之'道'应该是'以人为本'和'发展人'。"① 然而，我国民族地区学校教育存在照搬内地汉族地区学校教育办学模式的倾向，学校教育与民族文化脱离，培养的学生区域适应性不强，学校教育游离于传承文化之外，课程内容缺乏与学生生存环境的联系。因此，民族学校培养的学生不符合当地建设的需要，民族地区的民众对学校的认可度降低。更为重要的是，由于"学校教育"脱离民族文化，作为民族文化传承主体的年轻一代将成为"有民族身份无民族文化"的一代。那么，民族文化怎么延续下去？另外，没有民族文化，民族教育也成了无源之水，无本之木，又遑论发展？

（二）纳西族学校民族文化传承何以初显成效

纳西族是一个拥有悠久历史和古老文化的民族之一，随着全球化和现代化浪潮的袭来，民族传统文化受到了猛烈冲击，出现了一些令人担忧的文化现象：一是老东巴人数剧减，有学者统计过，1999年丽江拥有80名老东巴，而2003年的时候，仅有11名老东巴在世，而现在，老东巴不足4人。② 二是过去经常举行的民俗活动、宗教祭祀已逐步简化或减少甚至消亡。三是许多纳西族的年轻一代已不认可长辈的行为规范、价值观和礼仪准则，会唱本民族的传统歌谣、讲本民族故事、通晓本民族由来的人甚少。四是传统的民俗和文化心态发生了重大变化，比如，商品意识、金钱观念等。"现代化进程对民族传统文化及其传承方式，更多提出的是改革与扬弃的要求；而对现代民族学校教育系统而言，更多提出的则是完善和发展的要求。民族现代化进程的一个重要方面便是民族教育的现代化。同时，民族学校系统将在现代化进程中肩负重任。"③ 有学者曾做过一项调查，丽江古城区白马龙潭小学总共960名学生（其中，纳西族学生570名，约占60%）中，只有110名学生会说纳西话，不到20%。而认识东巴文字的学生更是寥寥无几。④ 那么，纳西族学校又该如何担负起时代赋予的双重使命呢？

笔者于2010年4月、6月和11月3次深入丽江地区古城区和玉龙纳西族自治县纳西族学校就民族文化在学校里的传承情况进行了为期近两个月的调查。

---

① 倪胜利，张诗亚.2006.回归教育之道.中国教育学刊，（9）：5～8.
② 李冬.2008-3-23.丽江出钱培训东巴传承人80人.生活新报，1.
③ 张诗亚.2001.祭坛与讲坛——西南民族宗教教育比较研究.昆明：云南教育出版社，6.
④ 杨杰宏，张玉琴.2009.东巴文化在学校传承现状调查与研究.民族艺术研究，（6）：79～86.

丽江地区是云南省民族文化进校园活动的试点地区之一，从 1999 年原丽江纳西族自治县①就已进行了这方面的尝试，到现在已经十几年时间了。十多年来，纳西族传统文化的学习逐步被引入到一些小学，建立了兴仁、黄山、白沙、塔城等民族文化传承的精品教育基地，实施教师、学生、学者参与式共同编写乡土教材，通过举办东巴象形文字、纳西古乐等课外兴趣班等教学方式传承民族文化。总体来看，纳西族学校在民族文化传承方面取得了初步的成效，这对其他民族学校解决类似问题具有一定的参考价值。纳西族民族文化缘何进入校园？纳西族学校民族文化传承的机制是什么？它背后的学理根源在哪里？有何普适意义？这些问题都成了本书关注的焦点。

基于以上思考，笔者将本书的问题聚焦为"纳西族传统文化的学校教育传承研究"。该问题的实质是"纳西族学校如何处理普适科学文化知识的传授与民族文化传承间的关系问题"，即纳西族学校如何处理"共性"教育与"个性"教育的关系问题。

二、相关概念界定

本书的研究对象为我国民族学校教育中普适性科学文化传授与民族文化传承的关系。为此，本书选择对上述关系处理相对较好的纳西族学校为个案进行分析。

本书涉及如下一些基本概念：民族文化、文化传承。下面逐一对其进行界定、解释。

（一）民族文化

民族文化的概念有广义和狭义之分。就我国而言，广义的民族文化系指 56 个民族的文化。而狭义的民族文化专指我国 55 个少数民族文化。民族文化可以是单一民族的文化，也可以指复合民族的文化。本书中的民族文化是指狭义上的民族文化，即以纳西族聚居地区纳西族文化为主体的复合民族文化。具体来讲，它是指那些千百年来通过各种形式的教育、交流、语言、生产活动、宗教、习俗等形成和积淀下来的，既有外在形式，又有内在心理区别的、有形和无形的文化。

---

① 2002 年 12 月 26 日，丽江撤地设市，原丽江纳西族自治县调整为古城区和玉龙纳西族自治县两个行政区域，并全由地级市丽江市管辖。调整后的丽江地区辖上述两区县及宁蒗彝族自治县、永胜县、华坪县。

(二) 文化传承

关于文化传承，学界已有众多的概念界定，概括起来主要有以下几种。

赵世林的界定为：文化传承是指文化在民族共同体内的社会成员中作接力棒似的纵向交接过程。该过程因受生存环境和文化背景的制约而具有强制性和模式化要求，最终形成文化传承机制，使民族文化在历史发展中具有稳定性、完整性和延续性等特征。① 周鸿铎从传播的角度认为，文化传承是指文化从一代人传到另一代人的文化传播过程，也可称为文化继承，如民间艺术文化的世代传递，语言文字的历代传递等。文化传承具有一定的人为性、时间性、延续性和继承性等特点，是文化传播的重要组成部分。② 另有学者认为，从某种意义上来说，文化传承本身就是对人类进行教育和再教育的过程，使文化能够不断地延续下来，使人类的后代，一代代依照文化的价值取向、共同理想和行为准则，接受、继承和认同本民族文化，使每个社会都有一些合作的人保证整个社会或群体的生存和幸福。③

传承，英文为 inherit，有 4 种解释：①继承（传统、遗产、权利等）；②经遗传而得（性格、特征等）；③（从前人、前任等）接过，得到；④古语中指"获得""领受"④。

综合以上观点，本书认为文化传承包含"传递"和"继承"两个相互关联的过程，是人类进行教育和再教育的过程，从而能使人类的后代一代代具有共同的思维模式、文化心理场，接受和认同本民族文化。

民族文化传承有广义和狭义之分，广义的民族文化传承是指一个国家（可以是多民族国家，也可以是单一民族国家）的文化传承；狭义的民族文化传承是指单一民族的文化传承。⑤ 本书中所言民族文化传承系指狭义上的民族文化传承范畴，具体指纳西族聚居地区以纳西族传统文化为主的复合民族文化传承。

---

① 赵世林.2002.云南少数民族文化传承论纲.昆明：云南民族出版社，17.
② 周鸿铎.2005.教育的本质是主体间的文化传承.北京：中国纺织出版社，48.
③ 刘正发.2007.凉山彝族家支文化传承的教育人类学研究.北京：中央民族大学博士学位论文，122.
④ 陆谷孙.2007.英汉大词典（第二版）.上海：上海译文出版社，974.
⑤ 曹能秀，王凌.2007.少数民族地区的学校教育和民族文化传承.云南师范大学学报（哲学社会科学版），(2)：64～68.

三、已有研究回顾

近 30 年来，涉及民族文化的研究逐渐趋热，研究成果异彩纷呈。本书主要从民族文化传承理论研究、学校教育与民族文化传承，以及有关纳西族教育及其民族文化传承等几个方面进行文献梳理。我国对民族教育的研究兴起于 20 世纪 90 年代，以中央民族大学、西南大学、西北师范大学等高校的一批学者为代表出版了一些这方面的著作，如哈经雄、滕星主编的《民族教育学通论》、张诗亚主编的"西南研究书系"、王鉴著的《民族教育学》等。进入 21 世纪，这方面的研究成果日趋丰富，涌现出了如郑金洲的《多元文化教育》，西北师范大学万明钢、王鉴主编的"多元文化与西北民族教育研究丛书"，以及滕星主编的"教育人类学研究丛书"等。概括起来与本书有关的研究主要有以下几个方面。

（一）民族文化传承理论研究

1. 关于民族传统文化概念的研究

有学者认为，"民族传统文化是特定民族在历史实践活动中创造和积淀的文明成果，是民族共同体生存和发展的重要条件。相对于外来文化来说，是指母文化或本土文化；相对于现代文化来说，是指历史上流传下来的文化。它或表现于物质载体，如建筑、雕塑、生产工具、生活用品；或表现于各种知识信息的积累、储蓄"[1]。另有学者认为，传统文化是指保持在每一个民族中的由历史上流传下来的文化，是每个民族的"固有文化"。传统文化包括有形的物质文化，但更多地体现在无形的精神文化方面，在价值观念、生活方式、风俗习惯、心理特征、审美情趣等方面表现得尤为鲜明。传统文化负载着一个民族的价值取向，影响着一个民族的生活方式，拢聚着一个民族自我认同的凝聚力。[2]

2. 关于现代化与民族文化传承关系的研究

赵世林先生做了比较系统的理论论述，他指出现代化是每一个民族繁荣昌盛的必由之路，每一个民族都不应该拒绝现代化；另外，每一个繁荣昌盛的民族都应保有自己优秀的传统文化，都应保有自己民族的基本特点。丧失现代化

---

① 哈经雄，滕星 . 2001. 民族教育学通论 . 北京：教育科学出版社，558.
② 徐万邦，祁庆富 . 1997. 中国少数民族文化通论 . 北京：中央民族大学出版社，29.

将意味着民族的贫困，丧失传统文化则意味着民族的消亡。① 他还认为，文化传承过程"因受生存环境和文化背景的制约而具有强制性和模式化要求，最终形成文化的传承机制，使人类文化在历史发展中具有稳定性、完整性、延续性等特征。换言之，文化传承是文化具有民族性的基本机制，也是文化维系民族共同体的内在动因"②。白庚胜先生则从文化传承的内容和方式两个方面做了较详尽的论述，认为我们要传承文化，从内容看主要有 7 个方面：①民族精神；②民族的标志；③社会组织力（一种社会制度把社会行为固定化、规范化，即是制度）；④民族文化的传人；⑤学术资源；⑥知识系统；⑦情感宝库。同时，他还认为应通过教育传承，包括家庭教育传承和社区教育传承、媒体传承、产业传承、学术传承、民间传承等五种方式来开展。③

3. 关于民族文化传承与发展问题的研究

有学者从宏观和微观的视角，论证了中西文化交流大背景中的民族文化传承与发展问题，认为面对被高新技术武装起来的西方文化，传统文化的传承已显得力不从心；并对中西文化交流的现状及原因进行了分析和研究，提出在宏观上应保持民族文化特性、追求文化个性与共性的统一，坚持中外文化交流；从议程设置、娱乐化传播和文化本土化等几个层面分析了当代媒体对传统文化的重塑与传播策略。④ 晏鲤波则从旅游文化学的角度，通过梳理民族文化传承的相关文献认为，文化传承应该是一个动态的过程，在该动态过程中，发展民族经济的同时也应传承和发展民族文化，民族传统文化是少数民族村寨发挥比较优势、发展旅游经济和通向现代化的重要依托。⑤

4. 关于民族传统文化与民族教育方面的研究

有学者认为，民族传统文化为民族教育的存在和发展提供了必要的环境，它对民族教育的内容、形式、目标的确立与完成有制约作用；另外，民族教育对民族文化有极强的选择性，选择的过程也是扬弃的过程，民族教育也是民族文化建设的内容之一。⑥ 娜木罕认为，在多元文化主义背景下，民族传统文化教

---

① 赵世林.1995.论民族文化的传承.云南民族学院学报（哲学社会科学版），(4)：36～43.
② 赵世林.2002.论民族文化传承的本质.北京大学学报（哲学社会科学版），(3)：10～16.
③ 白庚胜.2007.民间文化传论.河南大学学报（社会科学版），(1)：28～34.
④ 项国雄，熊斌.2007.中西文化交流中民族文化的传承与发展.当代传播，(3)：18～21.
⑤ 晏鲤波.2007.少数民族文化传承综论.思想战线，(3)：42～47.
⑥ 伊莉曼·艾孜买提.2002.民族传统文化与民族教育.新疆大学学报（哲学社会科学版），(S1)：96～98.

育变得尤为重要，建构主义为民族传统文化教育指明了实现的途径；学校教育作为一种有目的、有计划的理性活动，在民族传统文化的社会化建构过程中应发挥重要作用；学校在民族传统文化的社会化建构中，应借鉴孔子"温故知新"的智慧；要彻底摆脱"新旧对立"的文化观，围绕提高民族文化生存力这一核心价值取向，通过多元、民主、开放的社会协商，开展民族传统文化教育。[1] 田敏认为，传统文化是我国少数民族对其成员实施早期素质教育的主要途径，少数民族传统文化中蕴含着丰富的素质教育思想；并从少数民族先民对教育的认识、少数民族传统文化的教育观、传统素质教育的目标指向、传统素质教育的核心内容等 4 个方面，对我国少数民族传统文化中的素质教育思想进行了解析。[2]

5. 关于多元文化教育理论的研究

有学者从理论上论证了多元文化教育的必要性和可能性，并指出在全球化的今天，学会在多元化环境中生存是一种必需的能力，有机会了解其他文化，学习新的语言，形成文化敏感性是非常有意义和必要的[3]；有学者通过对被实施多元文化教育的学生调查得出结论认为，由于学校教育拥有人类文化传承的功能，具有不同文化背景的学生个体都有传承各自文化的责任，因此，学校的教育不仅要包括一般性的知识，同时也要把各种文化纳入进去[4]；也有学者通过对当前人们由于对已有多元文化教育理论的误读而造成的错误认识和行为的分析，澄清了多元文化教育理论的一些观点[5]；另有学者从现象学和社会文化学的视角，得出多元文化教育理念受多元文化教育的方法、文化的概念、对作为多元文化教育工作者的作用和责任的理解，以及对社会公平和机会均等理念的理解等因素的影响。[6]

一些西方国家，如美国、加拿大、英国 20 世纪六七十年代的民族复兴运

① 娜木罕. 2009. 建构主义视野下的民族传统文化教育. 云南民族大学学报（哲学社会科学版），(3)：149～153.

② 田敏. 2002. 试论我国少数民族传统文化中的素质教育思想. 中南民族大学学报，(6)：49～53.

③ Beairsto B，Carrigan T. 2004. Imperatives and possibilities for multicultural education. *Education Canada*，44 (2)：4～6, 52.

④ Bhargava A，Hawley L D，Stein M，et al. 2004. An investigation of students' perception of multicultural education experiences in a school of education. *Multicultural Education*，2 (4)：18～22.

⑤ Sheets R H. 1999. Student self-empowerment：a dimension of multicultural education. *Multicultural Education*，6 (4)：2～8.

⑥ Mueller J J. 2004. *"It's so Much Bigger than I Realized!"：Identity，Process，Change，and Possibility：Preservice Teachers' Believes about Multicultural Education*. University of Michigan, 54.

动,使国家教育系统的整体改革中不得不考虑少数民族文化的教育问题。少数民族群体不但视学校为一种重要的工具可帮助其实现平等,而且视其为帮助他们为民族团体做贡献的机构之一。在各国学校改革的实践中,涌现出了许多名称,如多民族教育、种族多元化教育、多元文化教育等。^① 这些国家在少数民族文化课程建设、国家政策支持等方面多有建树。例如,美国于 1968 年围绕多元文化教育出台了专门的教育法案——《双语教育法案》(*Bilingual Education Amendments*),以保障母语为非英语儿童的教育水平。以多元文化为中心的主题实践活动就是要求教育通过实践活动建立起学习与学生自身生活和社会生活的联系。欧洲国家则较多采用民族互动模式开展多元文化教育,这种模式的原则主要包括:尊重教育对象人格尊严的道德原则,承认多元共存的人权意识和民主公平意识原则,创建完备的认知过程和交流保障系统原则等。此外,澳大利亚政府发表的《澳大利亚促进多元文化的全国议程》(*National Agenda for a Multicultural Australia*)提出了多元文化政策的 8 项目标原则,在教育上表现为:在课程中增加少数民族文化的内容,确定具有多元文化教育特色的国家语言政策。

另有学者通过考察日本传统节庆活动中"祭"的文化内涵、价值变迁,指出日本在民族传统文化中的法律、政府行为、民间行为等途径,并提出几点启示:一是民族文化的保护首先要唤起各民族人民对自己民族文化的珍重与保护的自觉意识;二是须立法,做到有法可依;三是避免面面俱到,选择并发展民族文化中那些有代表性的、有价值的方面与项目,加以重点保护和发展。^②

（二）学校教育与民族文化传承研究

对我国少数民族地区"学校教育与民族文化传承"为题进行研究的论文主要有两篇,都是硕士论文。一篇是云南师范大学童绍英的《云南少数民族传统文化传承与学校教育结合的研究》,该文以西双版纳勐宋小学、丽江白沙完小、迪庆汤堆小学三地校本课程开发项目为个案,运用教育人类学的研究方法和视角,对上述三地少数民族文化传承与学校教育现状进行了调查和研究。另一篇是中央民族大学黄家锦的《学校教育视野中的民族传统文化传承研究》,该文以湖北省建始县景阳镇清江中学为个案,基于教育的文化功能立场,对该校民族

① 王鉴,万明钢.2006.多元文化教育比较研究.北京:民族出版社,2.
② 郑晓云.2002.日本民族传统文化的保护及启示.云南民族学院学报(哲学社会科学版),(5):43~48.

传统文化传承现状、成功因素、存在的不足等问题进行了分析，并提出了相应的解决对策。其他研究多集中在以下几个方面。

1. 关于二者关系的理论探讨

民族文化及其传承与教育之间的关系，无疑是教育人类学探讨的重要论域之一，曹能秀、王凌认为，少数民族地区的民族文化传承和教育的关系主要表现为民族文化传承对教育的影响，教育对民族文化传承的影响及二者的交互作用。民族文化传承对教育的影响主要表现为增加知识与技能，影响智力与非智力因素，培养民族意识和民族精神，以及对教育内容和途径的制约；教育对民族文化传承的影响主要表现为促进民族文化的心理传承，促进民族文化的保存、积淀和选择，以及对民族文化传承质量和水平的制约。教育在一定程度上是民族文化传承的产物，又是民族文化传承的一个动因；民族文化传承是教育的目标之一，又服务于教育的目标。[①] 有学者针对当前现代化进程的加快，民族文化渐现缺乏民族性的问题，认为学校教育的普及一方面使学生少了学习民族文化的机会，另一方面也为民族文化传承提供了新的方式，并对民族中小学教育在非物质文化遗产传承方面存在的问题做了相应的对策分析。[②] 另有学者从教育人类学的角度，认为民族文化传承在人的形成中具有特殊价值，主要体现在民族文化传承对人的知识和观念的影响层面，体现在对人的智力因素及非智力因素的形成方面。[③]

2. 关于多元文化教育与民族文化传承方面的研究

有学者从多元文化的内涵出发，论述了多元文化与少数民族文化传承之间的关系，认为多元文化教育是以尊重不同民族文化为出发点，为促进不同民族之间的相互理解，有目的、有计划地实施的一种多种文化共同教育的途径；我国个少数民族的文化应成为多元教育的重要内容；多元文化教育是促进各民族间相互理解、传承和弘扬民族文化的重要途径。[④] 另有学者以文化学为视角，运用文献、反思和建构等方法，对民族学校的文化进行重新选择，认为只有从学

---

① 曹能秀，王凌 . 2009. 论民族文化传承与教育的关系 . 云南民族大学学报（哲学社会科学版），(5)：137～141.

② 张学敏，王爱青 . 2009. 中小学教育传承民族非物质文化问题探微 . 民族教育研究，(4)：64～67.

③ 王军 . 2006. 民族文化传承的教育人类学研究 . 民族教育研究，(3)：9～14.

④ 陈兴贵 . 2005. 多元文化教育与少数民族文化的传承 . 云南民族大学学报（哲学社会科学版），(5)：30～34.

校文化的课堂、课程和校园等整体层面入手，才能实现民族学校的文化多元化选择。①

3. 关于民族文化课程建设方面的研究

这方面的研究以西北师范大学最为集中，孟凡丽的博士论文《多元文化背景中地方课程开发研究》，以多元文化的视角，从地方课程概念及其课程价值认识问题、地方课程开发机制问题、地方课程资源选择问题、地方课程的课程类型问题，以及地方课程开发的培训、保障问题等方面，就民族地区的地方课程开发做了详尽的论述。有学者以地方性知识的教育价值及多元文化教育的全球理念为理论基础，将民族地区课程开发模式概括为"国家专门机构统一协作、多省区联合开发、不同层次民族自治区共同使用"几种类型，认为民族地区地方课程的目标是在"中华民族多元一体格局"理论的指导下，立足于各民族优秀的文化知识，放眼全球多元文化教育的发展特点，培养具有多元文化知识、态度与能力的新人。其内容包括生态环境、生产生活、民风民俗、社会历史、传统科学、民族艺术和语言文学等方面。② 有学者对我国新一轮课程改革（以下简称课改）背景下的少数民族文化传承与民族基础教育课改的关系进行了论述，指出我国前 7 次课改过于注重传承主流文化而忽略了少数民族文化传承的问题，认为第 8 次课改在文化观上，主流文化与少数民族文化并存；在课改的方法论上，处理好主流文化与少数民族文化的互动关系，找到了实现两种文化传承有机整合的途径和机制。③ 安富海对我国民族文化课程建设的历史发展脉络进行了梳理，指出目前我国民族文化课程在课程目标方面存在注重文化保护，忽视学生发展；在课程理论研究方面，介绍国外的多而介绍本土建构的少；在课程内容方面不能很好地反映地方人的地方性知识；在课程政策方面存在理论研究滞后等几个方面的问题。④

4. 关于多元文化师资培养方面的研究

王鉴老师的《中国跨文化教师个案研究》一文指出，少数民族地区师资队伍建设中存在一个现象：汉族教师深入少数民族地区从事工作，当他们从文化

---

① 潘康明 . 2010. 多元文化背景下民族学校的文化选择 . 民族教育研究，（3）：75～79.
② 王鉴 . 2006. 我国民族地区地方课程开发研究 . 教育研究，（4）：24～27.
③ 金志远 . 2009. 新一轮课程改革背景下少数民族文化传承与民族基础教育课程改革 . 民族教育研究，（5）：53～59.
④ 安富海 . 2010. 我国民族文化课程建设存在的问题透视 . 民族教育研究，（2）：26～29.

上真正融入时，已经到了快退休的年龄。文中的受访对象无论是汉族教师还是少数民族教师，都认为作为少数民族地区的教师，无论是哪个民族，只要在少数民族地区工作，就应该成为跨文化的双文化人，要具有多元文化知识与教育教学能力，并需要接受相应的专业培训。[①] 孟凡丽通过对少数民族地区跨文化教师价值的阐释、跨文化教师培养状况的检视，提出对少数民族地区跨文化教师培养的思考，认为作为少数民族地区的教师，无论是哪一个民族都应该成为跨文化教师，应具有相应的跨文化知识、教育教学能力。少数民族地区教师教育应体现多元文化教育理念，将培养跨文化教师作为培养目标的重要组成部分，并在课程设置和实践教学上落实。[②] 白亮从多元文化的视角出发，对源自西方的多元文化理念的内涵、多元文化视野中的教师素质，以及多元文化教师教育的方法与策略进行了论述，对我国民族地区跨文化师资的形成提供了一定的理论启迪。[③] 还有学者探讨了多元文化教育的实质及其目标，对民族地区多元文化教育在民族教育发展中的地位进行了分析，指出了我国当前多元文化教育理论与实践中存在的误区，并对多元文化教育视野下民族地区教师的文化品性及其培养问题做了阐述。[④]

5. 关于民族文化在高校中传承的调查研究

王军在《文化传承与教育选择》一书中通过对各类大学的 800 余名少数民族大学生的问卷调查和个人访谈，较全面地了解了在社会急剧变革中，少数民族大学生普遍遇到的各种问题。追根寻源，就是对少数民族高等教育赖以发展的历史和现行教育制度加以分析，探索这些问题的原因所在，并进一步从教育人类学的角度，对我国少数民族高等教育赖以存在的基础及其主要文化特征做了较系统的探讨，就我国少数民族高等教育的范畴界定、体系构建和今后的发展方向提出了自己的看法。另有学者通过对大学文化建设的内涵、大学文化建设的意义、大学文化建设与民族文化的核心关系的考察，强调在大学文化建设中传承民族文化的重要性，提出研究和建设大学文化，必须吸取民族文化的精髓，必须继承民族文化的传统，必须投身于民族文化的实践。[⑤]

① 王鉴，万明钢.2005.多元文化教育比较研究.北京：民族出版社，190～199.
② 孟凡丽.2007.论少数民族地区跨文化教师的培养.教师教育研究，(3)：12～16.
③ 白亮.2008.多元文化视野中的教师教育.民族教育研究，(5)：124～128.
④ 张学强.2009.多元文化教育的实质与民族地区教师的文化品性.民族教育研究，(3)：5～11.
⑤ 曾羽.2005.大学文化与民族文化的传承.贵州民族研究，(5)：126～129.

6. 其他

在理解学校教育与民族文化传承过程之间的关系方面，有人或从科学、或从地区、或从族别的角度阐述各自的观点。有学者在对云南寻甸回族彝族自治县六哨乡学校教育中少数民族文化传承现状、存在问题等调查的基础上，从教育人类学的视角，提出了相应的建议和对策。[①] 另有研究者认为传统民族文化传承与现代学校教育普及之间存在着张力关系，就傣族男童的教育问题而言，这并非仅是性别范畴的问题，还与傣族信仰传统的关系密切。该传统所导致的"男尊女卑"现象，使男童家庭教育和学校教育反而"处境不利"；"和尚"角色与学生角色的协调问题是当地教育的最大难点；"和尚"学生制度目前面临的问题，对傣族男童的成长有不良影响。[②] 还有学者指出，旅游、教育与文化的互动发展，日益成为少数民族文化传承和保护的有效形式和重要途径。从挖掘、抢救和保护少数民族文化遗产入手，建设旅游文化学科产业，促进旅游、教育与文化的互动发展，从而突出旅游教育的民族文化特色，认为这是高等教育旅游教育特色化发展的重要方向和办学战略创新的突破口。[③] 总之，教育的各个学科和领域，都与民族文化传承有关系，也应当在民族文化传承中发挥应有的作用。因此，越来越多的教育领域在关注民族文化传承的话题。

(三) 纳西族教育及其民族文化传承研究

学界关于纳西族的研究多集中在其文化、历史、文字及宗教等方面，涉及中外众多学者。西方第一篇讨论纳西族象形文字和东巴经的文章是泰伦·德·拉卡珀里尔 (Terrien de Lacouperie) 于 1885 年发表的《西藏境内及周围的文字起源》(*Beginnings of Writing in and around Tibet*) 一文。[④] 早在新中国成立前就有美国的约瑟夫·洛克 (Joseph Rock)、苏联的彼得·顾兰特 (Peter Goullart)、德国的克劳斯·雅纳特 (Klaus Janert) 等人为纳西族文化著书立说；今天，更有日本、瑞士、俄罗斯等国家的专家学者研究纳西族。国外的研究著

---

① 张飞，曹能秀. 2008. 学校教育中的少数民族文化传承研究——以云南省寻甸回族彝族自治县六哨乡为例. 云南农业大学学报 (社会科学版)，(1)：61～64.

② 邱开金. 2008. 民族文化传承与学校教育的张力——云南西双版纳农村傣族男童的教育问题调查研究. 民族教育研究，(2)：96～101.

③ 张博文. 2008. 少数民族文化传承、保护与高等旅游教育特色化发展研究. 民族教育研究，(5)：11～14.

④ 杨福泉. 1991. 西方纳西东巴文化研究述评. 云南社会科学，(4) 55～61.

述比较有影响的有如洛克的《中国西南的古纳西王国》（上、下卷）（*The Ancient Nakhi Kingdom of Southwest China*，2 vols.）、顾彼得的《被遗忘的王国》（*Forgotten Kingdom*）等。国内纳西族文化的研究者已形成了一个学术梯队，如李霖灿、方国瑜、陶云逵、郭大烈、和志武、杨福泉、白庚胜、李国文等。[①] 纵观已有成果，与本书有关的研究主要集中在以下方面。

1. 关于东巴文化及其传承的研究

首先是关于东巴文化内涵、价值、保护等方面的研究。有学者认为，东巴文化指的是纳西族古代文化。东巴文化是指以纳西族古老的宗教——东巴教为载体，以东巴教所用经书为主要记录方式而存活于纳西族民众中的独特民族文化。[②] 陈正勇的博士论文《自然、神性与美——现代语境中的纳西族审美精神研究》，从美学、人类学、审美人类学及文化人类学的视角，对纳西族文化中所蕴涵的独特审美精神进行了系统的研究。另有学者通过对东巴教的起源及发展脉络的梳理认为，东巴文化的价值主要体现在 4 个方面：东巴教育纳西族社会的建造与纳西族社会的维系关系、东巴教世俗化生活及其合理化价值、活态东巴文化对于世界多元文化的意义，以及丽江的民间遗产与文化环保等。[③] 郭大烈先生对纳西族文化独特的价值，以及主要文化资源及其保护工作进行了详尽的论述，梳理并肯定了 20 世纪 50 多年来纳西族文化工作的成绩，并对如何保护纳西族东巴文化的措施、开发的办法提出了建议。[④]

其次是关于东巴文化的传承危机及其归因方面的研究。学者们的观点主要集中在现代旅游业发展对纳西族东巴文化传承的正面和负面影响方面。和力民认为，东巴文化这一具有世界性文化价值的传统文化，由于东巴阶层的断代而濒临危机。东巴文化的传承，须在政府整体规划的指导下，在恢复东巴宗教形态的基础上，广泛以民间文化组织为依托进行传承，才能获得新生。[⑤] 杨宁宁对旅游与纳西族文化传承的关系进行了论述，认为一方面丽江利用纳西族文化发展特色旅游，取得了显著的经济效益和社会效益，同时纳西族文化也在旅游中

① 廖冬梅. 2006. 节日的教育功能探析——以云南纳西族的"2·8"节为例. 重庆：西南大学博士学位论文，24.

② 张信. 2000. 纳西族东巴文化述要. 民族工作，(9)：36～37.

③ 李丽芳. 2004. 人文视野中的东巴文化价值. 云南师范大学学报（哲学社会科学版），(5)：17～23.

④ 郭大烈. 2001. 纳西族传统文化及其保护. 云南社会科学，(6)：52～55.

⑤ 和力民. 2004. 试论东巴文化的传承. 云南社会科学，(1)：83～87.

得到了传承和发展，但另一方面，纳西族文化也遭到了破坏，并提出当地政府搞旅游发展应有新的思路和举措。① 另有学者认为旅游是丽江的支柱产业，而变成了商品的纳西族文化在按照游客和市场的需求包装后，被扭曲和异化，因此，纳西族文化的传承陷入了一定程度的危机。② 也有学者通过考察东巴文化从学术到旅游的复兴过程，拷问东巴文化的民族文化地位，并对旅游情境下的文化"再创造"与"文化自觉"进行了反思，认为作为一种"文化自觉"模式，东巴文化的旅游再现既反映了全球化背景下地方性与传统的回归潮流，也折射出了地方性族群意识的复苏。③

2. 关于东巴文字的研究

这方面的专著主要有方国瑜、和志武的《纳西象形文字谱》，李霖灿的《纳西族象形标音文字字典》、王元鹿的《汉古文字与纳西东巴文字比较研究》等。郑飞洲的博士学位论文《纳西东巴文字字素研究》对字素理论东巴文字的特点、东巴文字与汉字的比较，以及文字发展史等进行了较为详尽的分析。期刊论文成果主要是以西南大学汉语言文献所的喻遂生教授和华东师范大学中国文字研究与应用中心的王元鹿教授的研究为代表。喻遂生先生的研究多集中在对纳西族东巴文中的转意字、假借字等的考证方面，如有对东巴字中"转意字"的类别、性质和使用的研究④；有对纳西族东巴文本有其字假借原因方面的研究，认为主要原因有别音字、避重复、求新奇、不规范、仿古等。⑤ 王元鹿先生通过对纳西族人语言和文字计数的习俗，以及纳西族语言、文字、文献中透露出的各种与数目有关的信息的梳理，对纳西族东巴文计数习俗中的原始思维进行了论证。另有研究对纳西族东巴文符号化的类型、文字符号化现象发生的原因，以及文字符号化的研究对于文字理论问题的参考价值等几个方面做了论述。⑥

① 杨宁宁.2004.论旅游与纳西文化的传承.中央民族大学学报（哲学社会科学版），(4)：62～67.

② 廖冬梅，张诗亚.2006.丽江的旅游开发对传统纳西文化传承的影响.民族教育研究，(4)：85～89.

③ 赵红梅.2010.论纳西东巴文化的历史际遇——旅游情境下的"文化自觉"反思.旅游学刊，(7)：12～18.

④ 喻遂生.1994.纳西东巴字、汉古文字中的"转意字"和殷商古音研究.中央民族大学学报（哲学社会科学版），(4)：81～86.

⑤ 喻遂生.2002.纳西东巴文本有其字假借原因初探.中央民族大学学报（哲学社会科学版），(1)：123～127.

⑥ 王元鹿.2009.纳西族东巴文符号化简论.兰州学刊，(11)：184，186.

3. 关于纳西族教育的相关研究

廖冬梅的博士论文《节日的教育功能探析》，运用结构功能主义理论，在田野考察的基础上，对云南迪庆藏族自治州白水台和丽江城两地的纳西族"二·八"节日的结构进行了分析，并从教育要素、教育内容、教育方式等几个层面揭示了节日的教育功能，并指出应加强对本民族节日的教育，因为民族文化需要本民族的孩子来学习和传承，而节日这个充满民族符号的系统能够起到传承本民族文化的作用。另有学者认为，在全球化和科技主义的语境下，东巴文化原有的家庭血亲传承、家族村寨传承、师徒传承等传承模式已失去基础，东巴文化的传承模式逐渐转变为以学校传承模式为主。[①]

(四) 对已有研究的述评

综上所述，关于民族地区学校如何传承民族文化的问题，已有研究从不同的视角和维度对其进行了探讨，这为本书提供了重要的参考资料和启发。但已有研究仍存在以下方面的不足。

首先，从研究主题来看，已有研究缺乏比较系统的研究。如何通过民族地区学校教育传承少数民族文化，是一个很有理论和实践意义的研究主题。但已有研究多是涉及这一主题而未进行深入系统的研究。对于民族文化传承方面的研究，国外多集中在多元文化教育研究这一主题。在国内的研究成果中，主要以中央民族大学教育学院、西北师范大学西北少数民族教育研究中心、西南大学西南民族教育与心理研究中心，以及国内几所民族大学（学院）的相关院系等研究机构的研究为代表。纵观已有研究，多集中在民族文化传承的理论研究、现代化进程中的民族文化传承危机、民族文化传承的学校教育策略（如民族文化课程建设、民族地区多元文化教师培养等），以及民族文化的校外传承等几个方面。而仅有的直接以"学校教育中民族文化传承"为题的两篇硕士论文，相对做了比较深入的探讨，但限于两个研究都是某个或某几个学校的个案研究，其研究结论的推广价值很有限。因此，这为本书留下了一定的研究空间。

其次，从研究方法来看，已有研究多是思辨研究，而实证研究相对较少。已有研究从教育人类学、教育社会学、文化学，以及民族学等不同视角对民族文化传承问题做了探讨。这些研究为本书提供了一定的理论基础和研究启发，但也存在实证研究不足的问题。而专门针对纳西族学校教育中民族文化传承问

---

① 杨杰宏，张玉琴.2009.东巴文化在学校传承现状调查与研究.民族艺术研究，(6)：79~86.

题的实证研究则更少。面对出现传承危机的纳西族传统文化，纳西族学校有进行传承的历史使命。然而，哪些民族文化是可以进入校园传承的？哪些又不能靠学校教育传承？纳西族学校应该如何才能改善如上所述的传承过程中出现的一些问题？这些问题是许多和纳西族地区类似的民族地区都普遍存在的。如何解决之，很迫切也很重要。因此，本书欲在深入纳西族地区学校做充分田野调查的基础上，对以上这些问题进行回答。

四、研究构思

（一）研究意义

民族文化是民族教育的内容、背景和土壤，而民族教育则是民族文化赖以保留、发展的基础和工具，二者是互为因果的关系，并同样具有很强的再生力和影响力。因此，如何将优秀的民族传统文化引入学校教育中，并构建一个稳定的、系统的传承模式，是当下一个具有重大理论意义的课题。

我国是一个"多元一体"的多民族国家，理应在国家安定、统一的大前提下，对民族文化和民族教育进行深入的调查和研究，深刻地理解和尊重，有效地运用和扶持。这不仅是我国走向世界、面向现代化和未来的本钱，是我国自立于世界民族之林的资本和特色，更是我国在新的时代背景下参与更激烈的国际竞争的重要基础，是活力和动力，亦是内聚力之所在。换言之，民族地区学校在处理民族文化传承与普适性科学文化知识教育间的关系时，既要考虑少数民族学生将来与现代主流社会乃至国际接轨的问题，即要传授学生具有普适价值的科学文化知识，以便为其以后成为我国合格的社会公民奠定基础，又要兼顾民族文化传承的使命，即要其成为本民族文化的"活化"传承人。

本书试图通过纳西族学校民族文化传承这一个案，综合运用教育学、文化学、人类学及社会学等不同学科的理论与方法，深入剖析纳西族学校教育中普适性科学文化知识传授与民族文化传承关系的问题，试图找到二者的最佳结合点与生长点，并尝试构建民族学校教育中民族文化传承机制的理论体系。

如何处理民族学校教育中普适性科学文化知识传授与民族文化传承的关系问题，是我国民族地区学校普遍存在的问题。目前，随着我国基础教育三级课程体系制度的施行，很多民族地区都采用编制地方教材、校本教材或民族文化进校园的形式，试图寻找学校教育传承民族文化的途径。不同的民族地区，其民族文化的发展样态或有差异，但都面临着现代化和全球化的强劲冲击，而学校教育理应对此有所作为。民族地区学校教育中的民族文化传承涉及资金、师资、方式、内容及评估等方方面面，因此，本书将通过分析纳西族学校这一个案对民族地区如何传承民族文化提供实践建议和方法，为其他民族教育处理类似的问题提供借鉴。

此外，目前纳西族地区也在贯彻执行国家中小学布局调整政策，调整后的学校，尤其是广大农村地区学校，都采取寄宿制或半寄宿制办学模式，学生或者周末或者每月回家一次，边远山区的学生甚至半年才能回一次家。这样一来，学生大部分的时间是在学校度过的，学生生活几乎与家庭环境、社区环境脱离。因此，在学校教育中传承民族文化是很有现实意义的。另外，这些学生毕业后大致有两种去向：离开民族地区或回到民族地区。离开民族地区的学生应熟悉本民族的文化以与自己的民族身份相符；而毕业后因不能升入高一级学府继续深造而回到自己村寨的仍占很大比例，他们更应掌握自己的文化，否则便可能会成为"赚钱不如嫂子，干活不如老子"的人了。从这一角度来讲，在中小学阶段传承民族文化，让作为民族文化传承主体的年轻一代在本民族文化的浸润中成长显得非常必要而迫切。

（二）本书的基本思路

本书遵从结构-功能主义研究范式，力图从文化共生、文化"位育"等理论视角，运用田野调查等研究方法，以纳西族学校民族文化传承为个案，借鉴国内外已有研究，探寻民族学校教育中普适性科学文化基础知识的传授和民族文化传承间的有机结合路径。在此基础上尝试对重新定位纳西族学校教育的发展方向做一些理论反思，以期为完善纳西族学校民族文化传承机制提供一定的政策和建议，并为其他民族教育中解决类似的问题提供借鉴。

（三）本书的主要内容

本书首先从纳西族文化的特征、其对纳西族的濡化教育功能及现代变迁和传承困境等层面，对其进校园的必要性做了分析；接着从内部要素、外部因素及其相互间的影响方式等方面，对纳西族学校民族文化传承机制做了剖析，并指出了取得的成效和存在的问题；继而对纳西族学校如何更好地处理共性教育与个性教育的有机融合问题进行了理论思考，并对不同国家和地区的相关经验进行了比较，以资为纳西族学校教育提供借鉴；在对纳西族教育发展方向进行重新定位和思考的基础上，对纳西族学校民族文化传承机制的完善提出了具体的建议。

第二章 纳西族文化述略

教育人类学者罗伯特·瑟普尔（Robert Serpell）等人认为，文化是解释人类本性的一种阐释过程。人类以其独特的方式获取规范的行为知识，并通过社会化将这些知识传递给下一代。[①] 一个民族的民族文化，是该民族成员世代传承相沿的共识符号，是族群内聚力和整合的象征。纳西族文化作为一种历史的积淀，在民间源远流长，它是纳西族群形成并得以发展的重要根基。那么，纳西族文化具有哪些特征？它是怎样一代代相传至今的？面对外来文化的不断冲击，它又该如何应对呢？

黑格尔曾说："历史对于一个民族永远是非常重要的；因为他们靠了历史，才能够意识到他们自己的'精神'表现在'法律''礼节''风俗'和'事功'上的发展行程。'法律'所表现的风俗和设备，在本质上是民族生存的永久的东西，然而'历史'给予一个民族以他们自己的形象……。"[②] 的确，"历史不是对僵死事实或事件的叙述"，而"历史学是我们认识自我的一种研究方法，是建筑我们人类世界的一个必不可少的工具"[③]。因此，本章主要从历史溯源的角度来分析纳西族传统文化"是什么"的问题。

第一节 纳西族独特的文化生态环境

任何民族及其文化的生息、延续都是与其所生存的文化生态系统息息相关

① Serpell R，Hatano G. 1997. Education, schooling, and literacy//Berry J W，Dasen P R，Saraswathi T S（Eds.）. *Handbook of Cross-Cultural Psychology*（2nd ed.，Vol. 2）. Boston：Allyn & Bacon，345～382.

② 〔德〕黑格尔. 1963. 历史哲学. 王造时译. 北京：商务印书馆，206.

③ 〔德〕恩斯特·卡西尔. 2004. 人论. 甘阳译. 上海：上海文艺出版社，285.

的。"研究这些民族的文化生态系统，不仅可以大大增进我们对这些民族及其文化的了解，而且有助于为我们认识人类发展的一些普遍规律。"① 文化生态"是指一种文化的生存背景和条件。人作为自然、社会的双重存在物，是在自然和社会相互交织的环境中创造文化的。这种自然环境和社会环境的整合，构成了人类各民族文化的生态环境"②。而文化生态系统通常由三大部分组成：一是自然环境，即群体赖以生存和发展的各种自然条件的（包括非生物的）总和；二是社会环境，即与群体生活相关联的各种社会条件的总和，包括该群体所构成的社会内部结构诸方面和该群体与其他群体的交往、关系等外部环境诸方面的关系；三是精神环境，即该群体所共有的道德观念、价值体系、风俗习惯、宗教形态等诸方面的总和。③ 因此，下面就从自然环境、社会环境及精神环境三方面对纳西族的文化生态环境进行梳理，以便于对其传统文化进行总体上的认识和把握。

一、立体多样的自然地理环境

关于人与自然界的关系，恩格斯说："人本身是自然界的产物，是在他们的环境中并且和这个环境一起发展起来的。"④ 恩斯特·卡西尔（Ernst Cassirer）亦有过类似的表述，他认为"人生活在物理环境之中，这环境不断地影响着他并且把它们的烙印打在人的一切生活形式之上。为了理解人的创作物——他的'符号的宇宙'——我们必须记住这种影响。"⑤ 因此，在追溯和把握纳西族的"符号的宇宙"——传统文化之前，我们须先了解其自然地理环境。

纳西族居住在滇、川、藏三省区毗邻的澜沧江、金沙江及其支流无量河和雅砻江流域，在东经 98.5°～102°、北纬 26.5°～30°的 3 省区、6 地州市（丽江市、迪庆藏族自治州、凉山彝族自治州、甘孜藏族自治州、昌都市、攀枝花市）和 13 县（区）（玉龙县、古城区、宁蒗县、华坪县、香格里拉县、德钦县、维西县、永胜县、盐源县、木里县、芒康县、巴塘县、盐边县）境内。该区背靠青藏高原，面向云贵高原，属于横断山区，区内六江南流：自西向东依次是怒

---

① 张诗亚.1994.西南民族教育文化溯源.上海：上海教育出版社，4.
② 郑英杰.2000.文化的伦理剖析：湘西伦理文化论.贵阳：贵州民族出版社，27.
③ 张诗亚.1992.祭坛与讲坛——西南民族地区宗教教育比较研究.昆明：云南教育出版社，213.
④ 宝玉柱.2009.民族教育研究.北京：中央民族大学出版社，34.
⑤ 〔德〕恩斯特·卡西尔.2004.人论.甘阳译.上海：上海文艺出版社，279.

江、澜沧江、金沙江、无量河、雅砻江、安宁河，八山对峙：从西到东分别是高黎贡山、碧落雪山、梅里雪山、白芒雪山、哈巴雪山、玉龙雪山、绵绵山和贡嘎岭。境内地面平均海拔2700米，山高谷深，地貌错综复杂，地势起伏，海拔悬殊极大：山体顶峰常在5000米以上，个别甚至超过6000米，比最低点华坪县石龙坝乡塘坝河口（海拔1015米）高出近5000米，峡谷深切，相对高差悬殊，如著名的虎跳峡，江面与两侧山脉的最高差竟达3796米。纳西族聚居区山地占总面积的9成以上，虽然交通闭塞，但由于其特殊的地理位置——处于青藏高原与四川盆地、滇中高原的过渡地带，因此该地区是彼此交往的通道。历史上纳西族聚居区的丽江就是滇西北的政治、经济中心，处于汉唐时代通往西藏和印度、尼泊尔等地的"南方丝绸之路"和"茶马古道"上。从气候类型看，该区域属于低纬度暖温带高原山地季风气候，由于海拔高差悬殊，从南亚热带至高寒气候均有分布，四季变化不大，干湿季节分明，气候的垂直差异明显，"一山分四季，十里不同天"是对这里气象最形象的写照。这里年温差小而昼夜温差大，兼有海洋性气候和大陆性气候特征，高寒山区的年平均气温为5.4℃，金沙江河谷为14.5℃，丽江坝区及泸沽湖盆地则为12.6℃，全年无霜期为191~310天；年均降水量为800~1034毫米，雨季集中在6~9月；年日照时数为2321~2554小时。这种垂直变化的地形和气候孕育了垂直分布的丰富自然资源和繁多的物种：纳西族聚居区境内有种籽植物2900多种，生长着800多种药材和50多种奇花异草、佳木珍材，而且20多种珍禽异兽也在这里得以保护和繁衍。纳西族地区独特的地貌因素和气候特征也造就了优美的自然风光，这其中尤以"两山一湾一峡一湖"为最，即玉龙山、老君山、长江第一湾、虎跳峡和泸沽湖。我们以玉龙山为例进行介绍。玉龙雪山为纳西族人的圣山，主峰扇子陡海拔5596米，是长江以南同纬度地域中第一高峰，也是北半球距赤道最近的现代海洋冰川。玉龙雪山集险、奇、美、秀于一身，其"只许星斗照其顶，鲲鹏欲度不敢飞"的雄姿，曾令众多文人墨客流连忘返。元代宣慰使李京曾有诗云"丽江雪山天下绝，积玉堆琼几千叠"，台北"故宫博物院"原副院长李霖灿先生则称其为"阳春白雪，美绝人寰"。此外，玉龙雪山位处横断山脉中高山动植物生长最富集的地段，各种生态物种类型齐备，被誉为"天然高山动植物园"和"现代冰川博物馆"[1]。总之，这种独特的自然地理环境在给纳西族人提供丰富的自然资源和优美风光的同时，也孕育了纳西族独特的民族文化。

① 郭大烈，周智生.2006.家住长江第一湾的纳西族.武汉：湖北教育出版社，7.

二、开放包容的人文社会环境

根据第五次全国人口普查的统计，纳西族人口共有 308 839 人，其中云南有 295 464 人，占纳西族总人口的 95.67%，此外四川有 8000 多人，西藏有 1200 人[①]，原丽江纳西族自治县[②]是主要聚居地，集中分布的纳西族人口达 201 066 人。根据 2003 年的最新统计数据，玉龙县的纳西族人口为 119 333 人，占该县总人口的 57.39%，古城区人口为 85 485 人，占全区总人口的 60.6%。[③]

纳西语属于汉藏语系藏缅语族彝语支。"纳西"这一族称是国务院根据本民族意愿，于 1954 年正式确定的，它实际上是一个统称。纳西族人的自称主要有纳西、纳日、纳罕、纳恒等几种，具体来讲，居住在云南玉龙纳西族自治县、丽江市古城区、维西傈僳族自治县、永胜县、四川木里藏族自治县俄亚、盐源县达住等地的纳西人自称"纳西"；居住在云南宁蒗县永宁、翠依，四川盐源县、木里县的雅砻江流域和泸沽湖畔的纳西人自称为"纳"或"纳日"（或音译为"纳汝"）；居住在宁蒗县北渠坝和永胜县獐子旦的自称为"纳恒"；居住在云南香格里拉县三坝乡的纳西人自称为"纳罕"（或音译为"纳汗"）。此外，在维西县有少数纳西族人自称为"玛丽玛沙"，在玉龙县塔城、鲁甸等地少数人自称为"路路"（或音译为"鲁鲁"）。在纳西语中，"纳"一词有"大""宏伟""浩大""黑""黑森森""黑压压"等意，而"西""日""罕"等皆为"人"的意思。此外，纳西族周边各兄弟民族对其的称呼（他称）也各不相同，主要有"麽些""摩沙""摩挲""摩娑"等。方国瑜先生认为，"麽"或"摩"都是"旄牛夷"之"旄"一词的音变，"些"（so 音）是"人"一词的古称。[④] 藏族人称纳西族为"姜"（Hjang），《格萨尔·姜岭大战之部》中的"姜"即指纳西族。"姜"是"羌"的音变。白族称纳西族为"摩梭"（麽些）；傈僳族称纳西族为"罗木扒"；普米族称纳西族为"娘命"，但通用的他称仍为"摩梭"（麽些）。此外，香格里拉县东坝等地的部分纳西族被称为"阮可"（又音译为"若喀"）。

首先，从族源看，纳西族社会具有开放、包容的特征。关于纳西族的族源

---

① 郭大烈.2001.纳西族传统文化及其保护.云南社会科学，(6)：52~55.

② 即今丽江市古城区和玉龙纳西族自治县.

③ 《纳西族简史》编写组.2008.纳西族简史.北京：民族出版社，112~113.

④ 方国瑜.1944.麽些民族考//中山文化教育馆研究部民族问题研究室编.民族学研究集刊（第四期）.上海：商务印书馆，86~93.

问题，学界主要存在以下几种观点：一是"源于羌说"。章太炎在《纳西象形文字谱》的序中说："麽些者，羌之遗种。"任乃强也曾指出，纳西族是"羌族的远支成为单一的民族"①，对此，方国瑜先生的《麽些民族考》中的论述甚为详细。章太炎在《纳西象形文字谱》绪论中概括说："纳西族渊源于远古时期居住在我国西北河湟地带的羌人，向南迁徙至岷江上游，又西南至雅砻江流域，又西迁至金沙江上游东西地带。"对于这种提法，史学界也有例证：汪宁生把纳西族东巴送除恶魔和祭龙用的木牌与 20 世纪初在西北出土的"人面木牌"对比，发现二者相似，因此，"对纳西族渊源于羌人之说也增添了一条新的证据"②。李绍明列举了藏族著名史诗《格萨尔王传》中黑羌部"萨当王"之说及元朝时期藏、汉族称纳西族木氏土司为"萨当汗"的事实，并亲自调查发现，"现今康南的藏民，仍称巴塘南部白松乡一带的纳西族为'羌巴'，'羌'为族称，'巴'系人之意，故羌巴即羌人"，并指出"纳西族源于古代羌人，还可以从藏汉的传说中得到证实"③。张增祺以考古材料为据，提出了相反的观点："纳西族先民既不是旄牛羌人，也不是由岷江流域进入越巂地区的"，并指出纳西族先民摩沙夷与南下的白狼羌有关，其迁徙路线大的走向是由西向东，"盐源以东就很少有他们的足迹了"④。此外，这种观点还遭到了其他一些学者的反对⑤：比如，陶云逵认为，"麽些之来源，当在康藏一带"；江应樑也认为，"麽些人自西藏迁往丽江"；蒙默则认为，彝语支各族并不是羌人的直接后裔，"纳西族人们记忆中最早的活动地区大致在贡嘎岭一带"；马长寿更是通过史实对纳西族源于羌说提出了异议，认为其是没有根据的。二是"土著说"。1965 年，云南楚雄彝族自治州元谋县发现了 170 万年前的元谋人后，有学者提出了与上述第一种观点相反的观点。例如，刘尧汉认为，"西南三省的彝族及彝语支系各族是当地的土著，远古时已迁往西北甘、青，及至夏、商、周、秦、汉以后，被称为戎或羌戎"⑥。三是"多元说"。例如，郭大烈、和志武认为，纳西族"民族形成应该是多元的"⑦。这种观点的依据是纳西族有长达 2000 多年的文明史，其活动空间处于"藏彝走廊"南端，而"这个走廊正是汉、藏接触的边界，在不同的历史时期出现过政

① 任乃强.1984.羌族源流探索.重庆：重庆出版社，120.
② 汪宁生.1981.纳西族源于羌人之新证.思想战线，(5)：38～41.
③ 李绍明.1981.康南石板墓族属初探——兼论纳西族的族源.思想战线，(6)：70～76.
④ 张增祺.1987."摩沙"源流考略.云南文物，(22)：13～17.
⑤ 转引自郭大烈，和志武.1994.纳西族史.成都：四川民族出版社，50.
⑥ 刘尧汉.1985.中国文明源头新探——道家与彝族宇宙观.昆明：云南人民出版社，29.
⑦ 郭大烈，和志武.1994.纳西族史.成都：四川民族出版社，49.

治上的拉锯的局面，而正是这个走廊在历史上是被称为羌、氐、戎等名称的民族活动的地区，并且出现过大小不等、久暂不同的政权"①。就这样，"在历史的长河中，一些成员被冲走了，一些成员沉淀下去了，一些成员与其他系统汇合了"②。

以上关于纳西族源的争论虽没有形成一个统一的定论，但都为纳西族古代社会包容、开放的特征提供了族源上的佐证。为了从更多方面来求证纳西族渊源问题，一些学者转向了其他途径，如神话传说、考古及古文献。根据东巴经的记载，纳西族人死后，要"开路"送魂，请东巴（或达巴）把死者从家里一站一站地送往祖先所在的地方。这一条送魂路线，实际上就是纳西族先祖的迁徙路线。学者李霖灿、李近春等均对纳西族送魂路线进行了实地调查，结合文献记载，他们一致认为这一路线的终点很可能是稻城县贡嘎岭大雪山。比如，李近春调查认为，"每个斯汝（家族）的送魂路线除到丽江的具体地点有别外，余皆相同，都是根据纳西族自古流传下来的路线，即由达住（即道咀）过永宁，跨金沙江至宝山，至白沙、丽江，再从丽江往北过江送到木里以北方向的'居那然洛肯'，即巨那茹罗山"，而巨那茹罗山就是贡嘎岭。对于此观点，学界亦有异议，如杨启昌认为，纳西族迁徙路线从贡嘎岭上去还有十多站，东巴经中与巨那茹罗神山相联系的美令达吉海是看不到边的大海，即青海湖；纳西族从甘青高原南下后，在大渡河上游是呈网状路线迁徙的，还有一条人们往往忽视的西线，即从大渡河上游，经巴塘、理塘、德荣、石鼓达到丽江。③ 从以上分析看，纳西族的迁徙路线有多条，而且是多次迁徙而非一次完成的。

考古学家们从 20 世纪 30 年代起就陆续揭开了云南康滇地带久远的纳西族源之面纱。1956 年，在丽江县南部木家桥发现了三根第四纪更新世晚期股骨化石，其中一根左股骨化石属于人类化石，从而证明"在冰川后退后，人类亦进入了气候温热的丽江盆地"④。1964 年在同一地点发现一少女头骨，从其特征来看，这名丽江人具有明显的蒙古人种特征，这为纳西族主要聚居区早在几万年前就有属蒙古人种的人类先民生活居住提供了有力的证据。因此，有学者指出："过去研究云南历史者惯于把远古时期云南描绘为'荒无人烟'的地区，认为各族

① 费孝通.1981.民族与社会.北京：人民出版社，22.
② 郭大烈，和志武.1994.纳西族史.成都：四川民族出版社，51.
③ 转引自郭大烈，和志武.1994.纳西族史.成都：四川民族出版社，53.
④ 李有恒.1961.云南丽江盆地一个第四纪哺乳类化石地点.古脊椎动物与古人类，（2）：143～149.

人民都是从外地陆续迁进来的。这一说法已经不攻自破"①。位于滇川交界处的泸沽湖拥有适宜人类生产和活动的良好自然资源，当地群众经常拾到被他们称之为"雷公石"的石器，并用作辟邪用具，同时那里还出土了铜器、铁器等，这些遗物可能不是同一时期的，大体可以分为新石器时代、细绳纹陶文化及金石并用时代。因此，有学者认为，"很早就居住在丽江坝子（盆地）和泸沽湖畔的古代人群是构成纳西族的重要组成部分"②。在纳西族聚居区一批石棺墓的发现，为从周至西汉约1000年的纳西族与其他民族先民的交融历史勾画出了大致轮廓，如丽江大具石棺葬、丽江格子遗址葬墓、丽江红岩遗址葬墓、丽江马鞍山遗址葬墓、德钦遗址葬墓，以及"康南"石棺葬等。石棺葬在西南地区分布较广，时代跨度较长，早期的石棺葬主要分布在凉山彝族自治州雅砻江以西和金沙江流域地区，其文化内涵比较一致。张增祺先生在分析了相关资料后指出，澜沧江河谷发现的石棺葬与丽江、盐源、木里发现的石棺葬"属同一类型"，而且"结构大致相同"，因此得出结论认为，摩沙夷确应为南迁之古羌人，但与牦牛羌并无关系，实为白狼人的一支，"最早先是由澜沧江河谷进入滇西北地区，然后才逐渐向丽江、盐源一带扩展"③。而"石棺葬中常见的茎首呈饼状的短剑和马鞍状剑首及歪柄的青铜短剑极为典型，在我国北方草原地区亦有发现"④。由此可见，石棺葬文化所反映出的生产生活类型，明显带有"游牧或半游牧"的特征。此外，在这一区域的西、东、南周边地区如西藏昌都，云南宾川、元谋，四川西昌等，考古工作者还发现了一批新石器时代和青铜时代具有较强农耕文化色彩的考古遗存。而这些石棺葬文化的内涵与周围农耕文化遗存的某些出土物有相同或相似之处，这也体现了文化的相互传播与影响。⑤

对纳西族源方面的文献记载多见于秦汉以降。《史记·西南夷列传》指出："西南夷君长以什数，夜郎最大；其西靡莫之属以什数，滇最大；自滇以北君长以什数，邛都最大。此皆魋结、耕田、有邑聚。其外西自同师以东，北至楪榆；名为嶲、昆明，皆编发，随畜迁徙，毋常处，毋君长，地方可数千里。自嶲以东北，君长以什数，徙、筰都最大……其俗或土著，或移徙，在蜀之西……此

① 汪宁生.1980.云南考古.昆明：云南人民出版社，7.
② 郭大烈，和志武.1994.纳西族史.成都：四川民族出版社，60.
③ 张增祺.1987."摩沙"源流考略.云南文物，（22）13～17.
④ 宋治民.1985.四川西部石棺葬和大石墓的几个问题//中国考古学会.中国考古学会第四次年会论文集.北京：文物出版社，225～235.
⑤ 郭大烈，和志武.1994.纳西族史.成都：四川民族出版社，62～66.

皆巴蜀西南外蛮夷也。"① 从司马迁的记述里我们可以看出西南古代民族的分布及其社会经济生活类型，即农耕、游牧或农牧并举，这与前文所述考古发现的情况是吻合的。而司马迁所说的"筰都"，当属纳西族先民活动的地区，对此可以从以下文献中找到佐证，《后汉书》载："筰都夷者，武帝所开，以为筰都县。其人皆被发左衽，言语多好譬类，居处略与汶山夷同。"又《续汉书·郡国志》曰："越嶲郡，十四城，户十三万一百二十，口六十二万三千四百一十八。"其县属有邛都……定筰、阐、苏示、大筰、筰秦、姑复等。筰字有不同写法，无论筰或莋，皆为一字。而上述莋都在今四川汉源县，筰秦在冕宁县，定筰在盐源、木里县，大筰在盐边县，即筰人分布在四川大渡河、雅砻江流域。② 此外，郭大烈先生等通过把纳西语中"筰"这一词汇的音、义与《元和郡县图志》中对"筰"的阐释对比研究，从而得出结论认为，"筰都夷即为纳西族的先民"；并认为"纳西族祖先虽有羌人成分，但主体应属于'夷'系……纳西族大约在汉晋至唐期间活跃于川西雅砻江、安宁河流域一带，并逐渐形成一个民族"③。综上，对于纳西族的族源虽存在争辩，但纳西族是在与其他民族不断交融中逐渐发展至今的是毋庸置疑的。

其次，从纳西族与周边地方政权与中原王朝的交往看纳西族社会。自秦汉以降的几千年历史长河中，纳西族几经动荡、分化、形成和发展，一直延续到今天，作为一个相对弱小的民族，这与其社会开放、包容的特征是分不开的，纵观纳西族社会发展史，纳西族学习、吸收外部文化的过程大致可分为 3 个时期：一是元以前的被动输入期；二是元代至清初的主动吸收期；三是改土归流后的全面交流期。

秦和西汉时期，中央王朝对边民的经营策略为纳西族先民的"夷"系部族④向南发展提供了可能，"青铜时代滇西考古文化不少遗址所反映的文化因素与石棺葬文化有相同之处"，从而"说明'夷'系部族和滇西土著农耕部族相互间已有了较深的文化影响"⑤。而纳西族先民"摩沙夷"曾凭"盐铁之利"而活跃于东汉及三国时期的今川西一带。唐代，"摩沙夷"建立了"越析诏"政权，此

---

① （汉）司马迁.2005. 史记·西南夷列传. 上海：上海古籍出版社，34.
② 郭大烈，和志武.1994. 纳西族史. 成都：四川民族出版社，72～73.
③ 郭大烈，和志武.1994. 纳西族史. 成都：四川民族出版社，74.
④ 《华阳国志·蜀志》载："筰夷也，汶山曰夷，南中曰昆明，汉嘉越嶲曰筰……皆夷种也。"蒙默先生认为此"夷"种应该还包括东汉时认识的白狼、槃木、楼薄、唐菆等，并称之为汉代"夷"系部族。见：蒙默.1985. 试论汉代西南民族中的"夷"与"羌". 历史研究，(1)：11～32.
⑤ 转引自郭大烈，和志武.1994. 纳西族史. 成都：四川民族出版社，86.

外，还有东起雅砻江、西到金沙江广大地区的许多麽些部落，该区正处在唐王朝、南诏及吐蕃三大政权之间，其内既有铁桥之险①，又有盐池之利，因此成为三强逐鹿的中心。麽些部落在动荡的政治环境中周旋，虽多次受到致命的冲击，但还是奇迹般地生存下来。对此，方国瑜先生认为，"自唐初，麽些民族介于吐蕃、南诏之间，其势力消长，互相攘夺，则期文化之冲突与融合，亦可想得之；今日麽些文化，受西川传入汉文化之影响甚大，而南诏、吐蕃之文化亦当有影响，又麽些文化输至吐蕃者亦有之（如食品、礼节多习麽些也）。任乃强《西康图经·民俗篇》述开辟滇康文化之三大动力，以丽江木氏图强，经略附近民族为第一动力，洵非诬也"②。可见，纳西族先民麽些人在几百年的冲突、攘夺中铸就的顽强好胜，向上进取的民族气质，其动力应发端于唐代。

如果说秦汉至唐宋时期，纳西族是在动荡中求得生存和发展的，那么元代则是纳西族自身发展的重要时期，从"依江附险，酋寨星列，不相统摄"的状况，分别在几个土司政权下实现了相对统一，也正是在元代部落基础上形成了民族。③ 1253 年，忽必烈率蒙古兵"革囊渡江"，南下平定大理国时，封纳西族首领木氏为丽江知府，自此，木氏土司采取广泛吸收汉文化的政策，历经元、明、清三朝 470 年的时间，纳西族社会得到了长足发展。特别是明代木氏土司，承前启后，是其极盛时期，与蒙化、元江并称为云南三大土府之一。④《明史·云南土司传》称："知诗书好礼守义，以丽江木氏为首云。"可以说明代文化的发展，为近代纳西族文化的发展开辟了道路，特别是一般民族地区固有的排斥外来文化心理状态，在纳西族地区沉淀不多，同时，其又没有抛弃本民族的传统文化，这是难能可贵的。⑤

清雍正元年（1723 年），丽江比较和缓地进行了"改土归流"。改流后，一方面清政府实施的一些治边策略客观上促进了纳西族地区经济社会和文化的发展，另一方面木氏"闭门天子"的壁垒被冲破，这大大推动了纳西族和各民族间的文化交流及纳西族地区的发展，同时位于藏族土司和彝族奴隶主统治势力范围接壤地区的纳西族，因为失去了木氏土司的武力保护，有部分人口为当地

---

① 该铁桥在今玉龙纳西族自治县塔城乡北 2 公里金沙江边，铁桥扼南北交通咽喉，大江两岸孔道，具有重要的军事战略地位。一说为隋史万岁、苏荣所建；另一说为吐蕃或南诏所建，参见《元一统志》。

② 方国瑜.1944.麽些民族考//中山文化教育馆研究部民族问题研究室编.民族学研究集刊（第四期）.上海：商务印书馆，86～93.

③ 郭大烈，和志武.1994.纳西族史.成都：四川民族出版社，247.

④《云南各族古代史略》编写组.1979.云南各族古代史略.昆明：云南人民出版社，125.

⑤ 郭大烈，和志武.1994.纳西族史.成都：四川民族出版社，323.

其他民族所同化。然而，"纳西族的历史文化传统比较开放而不自我封闭，比较能够吸收外来先进文化而进行自我发展，比较开明地能和其他民族通婚。这样一来，纳西族和其他民族关系总的来说是好的"①。

综上，纳西族文化特征形成的社会历史原因有两点：一是唐宋以来，纳西族地处南诏、吐蕃等几个地方政权的夹缝之间，在封建王朝的"羁縻"政策和地方政权的双重扶持之下，纳西族机智地顺应历史趋势，以开放的姿态积极同其他民族交往，学习先进文化；二是统治纳西族长达500年的木氏土司自明代以来注重主动与中原地区交往，热心推进汉文化的输入，促进民族文化的交流与发展。正如有学者指出的："这一地区的社会实践表明，社会开放促进了社会政治、经济、文化的发展；社会政治、经济、文化的发展又促进了社会的开放。二者互相推动，互为因果。由于社会一直处于相对的开放状态，人们的视野开阔了，历史的传统包袱就轻了，较易于接受新的思想和新的生产生活方式，从而在传统文化基础上吸收外来养分，逐渐形成自己新的、更高层次的民族文化。"② 总之，从人口数量看，纳西族是一个相对弱小的民族，在其周边聚居着包括藏族、彝族和白族在内的三大少数民族和汉族、其他少数民族，然而纳西族仍然保持了自己的民族特色，这是与其在漫长的历史变迁中逐渐形成的包容、开放的社会环境特性是分不开的。

三、多元一体的精神环境

由于纳西族聚居区特殊的自然地理环境因素和人文社会环境因素，无论是衣食住、节庆、家庭婚丧习俗还是宗教信仰等精神环境方面，都表现出了明显的"多元一体"特征。

第一，衣食住方面。根据《蛮书·名类第四》的记载，唐代各地的纳西族，"男女皆披羊皮"，或常披毡衫，这是对纳西族服饰最早的文献记录。然而，随着时代的推演，不同地区纳西族的服饰是有差异的，这其中尤以中甸白地、宁蒗永宁和丽江坝区为代表。白地一带妇女的衣着是相对保存且传统古风最完整的，她们身穿开长口绣彩边的长褂，又穿百褶长裙，腰系毛织彩带，脚穿云头黑靴，背披白山羊皮。宁蒗、永宁一带的妇女，头戴布料大包头，身穿宽襟小

---

① 郭大烈，和志武.1994.纳西族史.成都：四川民族出版社，402.
② 和钟华.2008.纳西文化三类型//和钟华.纳西学论集.北京：民族出版社，1~5.

裙，下身穿长可及地的百褶裙，腰系鲜彩带。而丽江一带的纳西族妇女，自清改土归流后有很大变化，从"毛绳为裙"改为穿裤子：身穿浅色大襟绣边长裙，外加红色氆氇镶边坎肩，配以深色长裤，腰系经改良的多褶白色围裙，背披缀有精美七星的羊皮披肩（有的还加日月图案），披肩带上绣有蜂蝶图案，象征着纳西族妇女披星戴月、如蜂酿蜜般勤劳的风貌。纳西族男子的服饰，城镇和坝区与内地汉族基本相同，穿长衫，劳作时穿大襟短衣，有的外加羊皮坎肩；中甸三坝和宁蒗等地则受藏族的影响，头戴金边毡皮帽，身穿掺丝图案麻布上衣和布料裤子，脚穿藏式筒靴，也有的裹绑腿。改革开放以来，随着经济的发展和各族文化交流的增多，纳西族服饰变化更大了，城镇男子服饰与汉族完全相同。老年妇女则多穿传统服装，边远山区传统服饰的保留也相对较多。古时候的纳西族普遍住"木楞房"，"麼些蛮所居，用圆木纵横相架，层而高之，至十尺许，即加椽行，覆之以板，石压其上，房内四面皆施床榻，中置火炉，高与床齐，用铁链刳木瓢，炊爨其上"[①]。这类古老的住房，在一些山区仍可见到，只是比过去高且宽敞了。纳西族将传统住宅的正房称为"吉美"，直译为"母房"或"大房"。祖房乃整个住宅的中心，其内神龛下设平台型单火塘或双火塘灶，安上大型铁制三脚架，可用来烧水做饭、烤火、会客、用餐及就餐，"此乃西戎风俗，其由来久矣"[②]。火塘是纳西人日常生活和精神文化的中心。随着纳西族与汉族、白族等民族经济文化联系的加强，其民居形式也发生了变化，"三坊一照壁""四合五天井"的土木或砖木结构瓦房在丽江城镇、坝区和河谷区农村普遍流行起来。这种民宅结构深受汉族和白族住房格局的影响，同时也融进了纳西族的居住和审美意趣。纳西族习惯喝早茶，以小麦、玉米和大米为主食，山区杂以土豆、荞麦和燕麦，喜欢和烧酒、泡酒及酥油茶，口味以辣、酸和甜为主，常吃杂锅烩菜、火锅及大块肉。此外，纳西族还吸收了藏族、白族的一些饮食习俗。纳西族人在劳作之余，喜欢渔猎活动，狩猎方式有埋地弩、下活扣、放猎鹰、狗撵山等，工具有小矛杆、弓箭、火枪等，多集体行猎，并有"见者有份"之古风。[③] 狩猎在过去不仅是作为一种农业的副业生产存在，同时也是一种体育娱乐活动，时至今日，纳西族一些男子仍喜欢放养猎鹰、猎狗。

---

① 周季凤编.1990.正德云南志（卷十一）//王鏊.天一阁藏明代方志选刊续编.上海：上海书店出版社，32.

② 周季凤编.1990.正德云南志（卷十一）//王鏊.天一阁藏明代方志选刊续编.上海：上海书店出版社，46.

③ 郭大烈，和志武.1994.纳西族史.成都：四川民族出版社，603.

　　第二，节庆习俗。纳西族用夏历纪年，节日繁多，其传统的节日主要有旧历新年的大祭天、白沙农具会、北岳庙会、龙王庙会、骡马会及朝拜狮子山等。还有不少受内地汉族影响形成的节日，如春节、清明、端午、中元、中秋及冬至等，但春节等节日的活动内容和方式与汉族不同，有浓郁的民族特色。此外，纳西族也有与彝族、白族等藏缅语族彝语支系类似的火把节。这些都体现了纳西族与周边民族的文化交往与融合。这里我们以大祭天和北岳庙会为例做一重点描述，便可窥见纳西族节庆的多元化特征。祭天，纳西语为"美布"，明、清地方志已有记载："麽些蛮，不事神佛，惟每岁正月五日，具猪羊酒饭，极其严洁，登山祭天，以祈禳灾。"① 事实上，祭天有正月大祭（三天）和七月小祭（一天）之分，按古代传统自然村分为若干"祭天群"（美布华），较多的是"普笃"和"古徐"群，前者祭期为正月初三、初四、初五三天，后者祭期为初九、初十、初十一三天，两个祭天群都大祭后两天，还要举行一天"瓜冷舒"补祭，所以实际祭期为四天。祭天所崇拜的神是"美"天、"达"地及"许"君，按原来的意义是祭祀纳西族始祖崇忍利恩的岳父、岳母和舅父，天、地、君的概念是后来逐渐形成的。祭天的祈求和目的是子孙兴旺、五谷丰登、六畜增殖，整个过程异常庄严洁净，每天都烧杜鹃木和艾蒿除秽，把秽气驱往遥远之异乡，若有人发生叛俗行为吃了狗肉，绝不许参加祭天，孕妇、产妇也不能吃"糯窝史"祭天肉。以下是祭天的具体组织内容：②

　　　　各祭天群有固定的祭天坛的专用祭器，如弓箭、靶板、木碗、大铜锅、铜甑、泡酒坛、瓮等，存放在当年轮到献牲养猪户家。祭天的用品用全猪、大米、泡酒、大香柱等，牲猪以"黑猪四脚白"为最好，按户轮流饲养，称为"补当"；祭米按各户人口装在一个长条形竹筐里，称为"麻欻都"，蒸饭时一人舀一碗；泡酒用大麦制成，也由"补当"家备好，用金竹虹管吸引，称为"日属"；大香柱高五尺以上，小碗口粗，用本地厚绵纸裹香叶灰，外贴各色彩的细条，各户男丁每人一根，称为"许美"。一般是头天下午清扫祭坛、搬祭米、竖祭坛树，每晚上有人看守，有的还同时祭村寨部落神；第二天一早点大香柱，中午客户在祭天坛聚餐；第三天杀猪生献、熟献、东巴念《祭天人类迁徙经》、举行射箭打靶等仪式，熟献之后按户分肉。每棵神树要由一位老者（男子）主祭，称为"哈时"，祭毕之后这几位

　　① 郭大烈，和志武.1994.纳西族史.成都：四川民族出版社，605.
　　② 郭大烈，和志武.1994.纳西族史.成都：四川民族出版社，592～593.

老人和东巴受优待，他们开宴之后其他人才能就餐。参加祭天活动者一般是男人和小孩，但有的村落和祭天群妇女也可参加，正式祭祀时非本祭天群的人不能参加。第三天从祭天坛回家前，在灶内烧树叶，烟雾冲天，顿时乌烟云集，人们高呼"阿呼呼"，一路欢呼回家。

每年农历二月初八的北岳庙会，纳西语为"三多颂"（saiddo sul），即"祭三多"。这是纳西族祭祀其民族保护神或战神"三多"的盛大节庆。北岳庙，位于玉龙雪山，因南诏时曾封玉龙山为北岳，而三多庙又建在玉龙山麓而得名。关于"三多"有这样的传说[①]：

相传古时候有个猎人在玉龙山上发现一块奇异的雪石，就背回家来，走到今庙址时，因雪石太重走不动了，就停下歇息。可当再向背起赶路时，雪石重不可举，人们认为其是神的化身，便就地建祠供奉。此后，人们屡见一位身着白甲、头戴白盔、手执白矛、足跨白马的天神，经常显圣，保护纳西人防备水火、疫病和兵祸。又据传在明代，当木氏土司对西北部和其他民族用兵时征战中又屡见一白袍将军跨白马助战，他认为是"三多"显灵，就重拓殿宇，铸大鼎和大钟纪其圣迹。每岁春秋祭祀。

关于"三多"的传说版本很多，且说法不一，但对于纳西族将其奉为民族的保护神或战神这一点是一致的。纳西族人认为三多是本民族最大、最有权威的神，是属羊的，每年二月初八和八月羊日，要用全羊牲对其进行隆重的拜祭。1987年原丽江纳西族自治县人大常委会根据纳西文化学会的建议，决定将每年的农历二月初八定为纳西族的传统节日。[②] 可以看出，纳西族的"三多节"与白族的本主神崇拜颇为相似，显然是受其周边白族本主崇拜的影响而逐渐形成的风俗，也是民族文化融合的一个体现。

第三，家庭制度和婚丧习俗。纳西族聚居的大多数地区，很早就建立了一夫一妻制的父系家庭。这种家庭一般三代共居，受汉文化的影响，子女从父姓[③]，实行父系儿子继承家产制。同一父系宗族称为"崇窝"，但没有家族组织，近支崇窝一般住同村，且为同一祭天群，远支崇窝由于居住地较远，来往少，数代后宗族关系中断。多子家庭除幼子外的儿子，婚后即行分居，分家时由崇窝长者出面主持，有"幼子占租房"的传统，同一崇窝子女禁止通婚。无子女或者有女无子的家庭，可过继兄弟的儿子接嗣，若招婿入赘，须经兄弟及崇窝

---

① 《纳西族简史》编写组.2008.纳西族简史.北京：民族出版社，145.
② 郭大烈，周智生.2006.家住长江第一湾的纳西族.武汉：湖北教育出版社，145.
③ 纳西族先民曾有父子联名制和氏族名的习俗，这将在后文中详细论述。

的同意，且必须改姓；绝嗣家庭的家产由崇窝近支继承。父母由儿子赡养，若出现儿子或儿媳虐待父母时，不仅会受到社会舆论的谴责，崇窝家族及舅父家族也会出面干预。当需要代表家庭尽公务或涉外事宜时，一般由男家长出面，改土归流至新中国成立前，受封建礼教的束缚，女性地位较低，妇女被视为"命垮"，即"女贱"，女孩很少有上学的权利，媳妇在家要站着吃饭，妇女的衣裤、围裙不得晒在天井院落等，现在这些风俗已基本废除。

　　纳西族地区过去曾盛行封建包办婚姻，儿女婚事要听从父母之命、媒妁之言，而且要讲究门当户对；按传统姑舅表亲及姨表亲间通婚较多，俗称"亲上加亲"；按地区来看，坝区和山区通婚少，城乡之间亦然；族外通婚也少，个别有与汉族、藏族等民族通婚者。男女结婚年龄较早，一般需要以下几道程序：一是"日布"，意即"送酒"，相当于定亲，一般是男女四五岁或七八岁时，对生辰八字，请媒人带酒到女家说亲，经女方父母同意后，择吉日举行定亲礼；二是"请媳妇"，也叫"小过门"，在男女十三四岁时，男方请已订婚之女子到家，邀请几桌亲友相陪，具有女子认亲的意思；三是"池美汝"，即"娶媳妇"，在男女十七八岁至二十岁时择日举行，结婚典礼和仪式及请客规模，视家庭经济情况而定，但多数比较铺张：一般宴客三天，第一天叫"开贝"，即"送彩礼"，第二天是迎新娘，大宴宾客，第三天是回门，由女方宴客。就其内容和形式来说，是一种既保持本民族传统，又大量吸收内地汉族礼仪的综合风俗。例如，请东巴在神主堂前举行"素祝"及新郎新娘的"额点酥油"礼仪，晚上唱传统民歌、新娘进门时有人手持柏木把和挑一担水先行等，这都是古老传统礼俗的承传。还有一些婚俗则是清代吸收自汉族和满族的礼俗，如搭彩棚、打锣鼓吹唢呐、新娘蒙红巾、坐轿和过马鞍、迎匾取名、洞房合席与闹洞房、行分大小礼等。新中国成立后，对这些婚俗都进行了革新，比过去节约、俭朴了。过去，纳西族地区还有少量殉情、抢婚和转房婚俗。殉情多是因封建礼教思想与纳西族重视人性和谐、性爱自由的传统冲突而致，个别也是对阶级压迫、生活困苦所致的婚姻不能如愿的反抗所致，另外，"纳西族过去殉情的流行，还有其更深的历史文化传统中的消极惰性的影响"①；抢婚多发生于已经订婚但由于家贫或男女一方有可能逃婚殉情的情况下；转房婚一般是弟娶嫂的现象。有调查显示，"在边远的中甸三坝一带，还残存'族内婚'和'胞兄弟子女婚'"②。

---

①　郭大烈，和志武 . 1994. 纳西族史 . 成都：四川民族出版社，597～598.

②　《纳西族社会历史调查》编写组 . 1986. 纳西族社会历史调查（二）. 昆明：云南民族出版社，25.

而在四川木里俄亚乡，因受藏族的影响，保留有一妻多夫（兄弟共妻）和一夫多妻（姐妹共夫）的婚姻家庭，它们与一夫一妻的主流婚姻家庭并存。① 云南宁蒗，四川盐源、木里等地的纳西族家庭，直到民主改革前，还保存有母系家庭、母系父系并存与父系家庭等三种不同的家庭类型，而其婚姻制度还长期处于从初期的对偶婚向一夫一妻制婚姻过渡的状态。云南永宁纳西族（摩梭人）社会上还保存有"阿注婚姻""阿注同居"和"正式婚姻"三种形式，而以"阿注婚姻"为主。② 近年来，随着纳西族地区社会经济的发展，这种"走婚"习俗也出现了多样化的现象，而随着该地区与外部交流的增多，传统婚俗也面临着挑战。

古代纳西族通行火葬。据《丽江府志稿》载，"土人亲死即入棺，夜用土巫名刀巴者杀牛羊致祭，亲戚男女毕集，以醉为哀。次日送郊外火化，不拾骸骨。至每年十一月初旬，凡死人之家，始诣焚所拾灰烬全物，裹以松枝瘗之，复请刀巴念夷语，彻夜再祭以牛羊，名曰葬骨"③。从中可以看出当时纳西族人的火葬习俗全貌，纳西族丧葬习俗，坝区受汉族文化影响较大，而山区则保留传统较多。老人病危时，亲戚村邻不断来慰问，家中儿女则事先备好"扒巴"礼物——用红纸包好的少许米粒、茶叶和银屑，待老人断气时，将礼物象征性地放入其口中，并举行"飒萨揩"仪式，即诀别送礼。由族中长者念叨："跟随你的父母××而去，跟随你的祖父母××而去……"以让死者回到祖先故地，这含有儿女对即将离世双亲一生恩泽的谢忱。开丧时间三至七天不等，一般有悬白、开吊和出殡等程序。在这期间家人穿孝服，近亲戴孝布，灵堂前设八个祭碗，吹奏丽江古乐，亲友纷纷前来吊唁磕头，晚上有的还请歌手唱传统的"阿麦达"挽歌，直到将尸体送至坟地埋葬。送丧后第二天家人再次到坟地复丧，然后做"七"，四七由出嫁的女儿主办，规模一般不大，安放一个纸牌位，由家人和近亲敬香献饭即可，三年斋过后，节庆时门口方可换红对联，丧期才正式结束。在一些边远山区，过去则请东巴祭司主持追悼开丧，执法杖念经，杀牛羊献牲，摆神路图画卷，以超度死者上"天国"，棺木则抬至特定的火化场后，

---

① 《四川省纳西族社会历史调查》编写组.1987.四川省纳西族社会历史调查.成都：四川省社会科学院出版社，77.

② 目前，学术界也有将这种与母系家庭相应的性爱婚姻形式称为阿夏走访婚，或阿夏异居婚的说法，"阿夏"是当地男子对其情人的称号，而女子称呼自己的男情人为"阿都"。这种走婚的基本形式是男不娶女不嫁，相互钟情者互送信物定情。情侣双方终身生活在各自母亲家里，男子夜间到情侣家过偶居生活，次日黎明即返回母亲家中。男女缔结阿夏关系都要遵守传统习俗，只有不属于同一母系血缘的成年男女才能建立此种关系，阿夏所生子女皆随母亲，血统也按母系计算。

③ 《纳西族简史》编写组.2008.纳西族简史.北京：民族出版社，152.

丧事才结束。纳西族传统上一直是火葬，经清改土归流后，由于政府的一再提倡，城镇、坝区及河谷地区才改为棺木土葬，而丽江的广大山区及中甸三坝、维西山区及宁蒗永宁等地，仍然实行火葬。而"四川得荣纳西族受藏文化的影响很大，丧葬习俗已与当地藏族相同，有天葬、土葬和火葬等"①，这也是纳西族不同地区民族文化与周边民族文化相融合的一个明证。

第四，宗教信仰。纳西族主要信仰东巴教、藏传佛教、汉传佛教及道教等，此外，在民间还有一种巫师称为"桑尼"或"桑帕"的巫术信仰。东巴教是纳西族的一种民族多神教，奉"丁巴什罗"为其祖师，纳西语称其祭司为"东巴"（或"达巴"），故而称为东巴教。"东巴"是"智者"②，是纳西族原始社会传承下来的巫师和祭司的职业。原始宗教和原始文化密不可分，可以说原始宗教活动是原始文化的开端。③ 东巴教有一种用图画象形文字书写的经书，即东巴经。民间流传着这样的传说：丁巴什罗因与米拉日巴斗法失败，才辗转来到纳西族地区传教。这折射出了西藏的"苯佛之争"，以及纳西族东巴教受藏族苯教影响较大的历史事实。纳西族普遍把今香格里拉县三坝乡白地当成是"东巴教的圣地"，民间有"不到白地，不算大东巴"之说。东巴教没有系统的教义，没有寺庙，也没有统一的组织。充当东巴者多为农民，不脱离生产，一般为世袭制，极少拜师收徒。东巴用来做法事的法器和道具也较为简单，有神像、法权（刀、叉）、铃、钹及五幅冠等，尽管东巴教有时也供奉藏传佛教神祇，而且其仪礼也受到古道教的影响，但其仍具有较多的原始宗教色彩。此外，东巴教供奉的神祇，除了纳西族的本土神外，有不少与藏族苯教相同，在一些仪式上，亦有用一些用藏语念诵的经书和经咒，东巴经中也有不少古藏语借词，而且还记载着有关丁巴什罗与喇嘛斗法的事迹。由此可见，东巴教在其历史发展过程中，受到了藏族苯教的很多影响。东巴教的宗教活动频繁而且涉及纳西族人民日常生活的一切方面：人们的祭天、祭祖、婚姻、丧葬、命名、节庆、治病及驱鬼等，无不就教于东巴。有学者认为，"纳西族的宇宙论及'雌雄五行'说在其起源和结构功能上有突出的民族特点，受汉族阴阳五行观念影响的部分又是从藏族文化中辗转渗透进来……"④。从东巴教的整个发展过程来看，它是纳西族本土原始宗教和外来宗教因素这两个大层面的融合，本土信仰体系（即原始宗教）是

① 《纳西族简史》编写组.2008.纳西族简史.北京：民族出版社，157.
② 方国瑜.1981.纳西象形文字谱.昆明：云南人民出版社，42.
③ 和志武.1983.略论纳西族的东巴教和东巴文化.世界宗教研究，(1)：5～8.
④ 杨福泉.2006.纳西族文化史论.昆明：云南大学出版社，52.

其根基，而各种外来宗教因素则是在这一根基之上蔓生出来的枝叶。换言之，东巴教是一种具有多元宗教因素的民族宗教，在其历史发展过程中，由单纯的自然宗教形态逐渐融汇百川，而最终成为一种具有多元文化特质的宗教。纳西族地区的藏传佛教，有噶玛噶举派和格鲁派，都是明代传入的。从地域来看，原丽江地区的纳西族人信奉噶玛噶举派，而云南省宁蒗彝族自治县永宁乡，四川盐源、木里、得荣，以及西藏盐井等地的纳西族多信奉格鲁派。不同地区的纳西族受藏传佛教的影响也不一样。从有关调查来看，藏传佛教对永宁地区纳西族社会生活各个方面的影响较大，而对丽江一带纳西族的影响则较小。汉传佛教传入丽江纳西族地区比藏传佛教早，大概是通过南诏和大理，从南往北传来的。① 以后历经各朝代建有不少庙宇，但其经济、政治势力不及藏传佛教……其影响不如藏传佛教深广。② 道教可能与佛教同时或稍晚传入丽江，由于其人少势弱，对纳西族群众的影响不大。此外，天主教及基督教也都有在纳西族地区传播，但信奉的人相对较少，影响相对较小。一言以蔽之，由于历史和地理的原因，纳西族地区成了多种文化、多种宗教交汇的地方，因而纳西族的宗教信仰较为多元化："这在明、清时代白沙寺庙的壁画中非常突出，即一个寺庙中既有汉传佛教、道教的宗教画，也有藏传佛教的佛像画。甚至在一个画面中就有佛、道、藏传佛煎熬佛像糅合的画。"③ 这与当时木氏土司的各种文化、宗教兼收并蓄，竭力吸收外来先进文化的做法是分不开的，它对纳西族文化的发展无疑起到了积极的作用。

综上所述，纳西族聚居区独特的文化生态环境，使其一方面与外界呈现出隔绝状态，从而显示出封闭的一面，而另一方面，又使它成了民族迁徙和文化交流的通道和走廊，从而不同民族文化就在此碰撞、交流、融合、化生。

第二节　纳西族文化的特征及传承模式

民族文化是一个民族的人民在社会历史发展过程中创造的并经过世代传承的文明成果，是该民族人民千百年来在社会生产、生活实践中创造并形成的传统的物质生活、社会生活和精神生活领域内的所有文化的综合。虽然从人口数量看纳西族在我国各民族中是一个小民族，但其所创造的文化却独树一帜，甚

---

① 郭大烈，周智生.2006.家住长江第一湾的纳西族.武汉：湖北教育出版社，131.

② 《纳西族简史》编写组.2008.纳西族简史.北京：民族出版社，161.

③ 郭大烈，周智生.2006.家住长江第一湾的纳西族.武汉：湖北教育出版社，132.

至在世界文化史上也是影响颇大，备受瞩目的。著名学者任乃强在其《西康图经·民俗篇》中论及滇边诸族时，用了"麼些为康滇间最大民族，亦最优秀之民族也"这样的评语；吴泽霖先生也曾说："在我国各种边民中，无论在集体成就或个人造就上，麼些族实在是首屈一指的。"① 那么，纳西族文化有哪些特征呢？几千年来它又是通过何种方式传承下来的？

一、纳西族文化的特征

第一，纳西族地区处于多种文化圈的交接点，其民族文化具有交融性的特征。从地理位置上来看，唐代，纳西族聚居地区是唐王朝、吐蕃和南诏的逐鹿之地，在列强进行政治争夺的同时，也促进了此三种文化的交融，明朝时，该区又是藏传文化南传、云南内地汉文化北传的交汇地。从宗教学来看，纳西族的东巴教正处于自发多神教与人为一神教的过渡中。从文字学来看，东巴字属于从图画文字向象形文字转变之中的一种文字。从语言学来看，纳西语处于羌语支与彝语支的分界点上，因此具有此两种文字的双向相似性。从历史现实来看，纳西族木氏土司热衷于对汉文化的学习，自明代以来，即使纳西族成为开放的民族，促进了经济、文化的发展，而且至今仍有现实意义。

第二，纳西族虽热衷于学习汉文化，但其颇具民族特色的文化——东巴文化并未泯灭。正如前文所述，自明代以来纳西族就以"知诗书"而著称，清雍正初年改土归流后，更是热衷于学习汉文化，并出现了一批获得"功名"的士大夫和用汉语写诗的作家，就是在这种背景下，以源远流长的东巴文化为代表的传统文化在广大山区及部分农村得以喘息。东巴文化是东巴教传承下来的、用象形文字或图画文字记录下来的纳西族古代文化，其内涵十分丰富。作为世界上唯一活着的象形文字，从其文字系谱来说，它的出现应是原始社会晚期的一次飞跃。文字是语言的符号，而图画字和象形字是最古朴的符号，纳西象形文字正如古老的冰川一样，未被时代所消融而顽强地延伸下来。而百科全书式的东巴经书，堪称包罗万象：宗教、哲学、天文、文学，无论从哪个角度窥测，均会从中看到各自在原始社会的影子。对于古老的舞蹈，东巴试图用象形文字记录的《舞谱》，用羊及牛的叫声区分高、低音，这乃是人类艺术起源史上不可多得的一页。

---

① 杨福泉. 2006. 纳西族文化史论. 昆明：云南大学出版社, 3.

第三，与社会经济发展不同步的古老婚姻制度、亲属制度及氏族制度之遗存。在泸沽湖地区，民族改革前对偶婚和与之相应的世系按母方计算的家庭与土司家庭父子、子孙相传世系同时存在，而该地区是封建领主经济，土司制度达700年。而在西部玉龙山区，因婚前自由恋爱与包办婚姻相背离而心态失衡的爱侣们往往会选择殉情之路。与母系社会制度相应的泸沽湖单系亲属制度，其基本称谓仅有15种，除男子对姊妹的子女称外甥外，对女子来说，从自己一支、姊妹亲友，母之姊妹之女等旁支的上、下、同辈称呼皆相同。如今在永宁河谷地区，仍有这种亲属制度的依存，如人们对父、伯、叔、姑父、姨父通称"阿波"（即父亲），亲属制比家庭变化慢了半拍，成为家庭婚姻关系发生和变化的记录。从氏族制度来看，西部纳西族主要有买、叶、束、禾四支，后来又演变为"普笃""古许""古哉""古珊""阮可"及"习"等不同的祭天群，并一直延续到新中国成立前。另外，东部纳西族和永宁纳西族都有不同的氏族部落，他们有共同的经济生活遗迹、共同的始祖、共同的送魂路线和墓地等，这些同地缘村落交错的血缘集团遗存非常明显。

第四，纳西族人拥有相对传统的，影响民族社会行为的心理素质。心理素质是构成民族的要素之一，随着社会化、商品化及现代化的增强，表层民族文化越来越淡化，而深层次的民族意识、心理素质却凸显出来。纳西族的民族心理特质主要体现在以下几个方面。[①]

一是纳西族内在力量的强烈的民族自识性与民族意识。纳西族具有强烈的民族自识性，总是设法"强调一些有别于其他民族的风俗习惯、生活方式上的特点，赋予强烈的感情，把它升华为代表这民族的标志"[②]，比如，纳西族人都有自己是"纳西若米"（即纳西族儿女）的心理，并因属于该民族成员共同体而带有民族自豪感和内聚力。不论何时何地，在本族人民群众间都一见如故，引为知己。通过相互介绍，纳西族人都可以一下子就熟悉起来，并举办类似于"同乡会"式的活动，彼此周济，且不遗余力。此外，正如前文所述，纳西族祭天的习俗，以及人死后按纳西族祖先迁徙路线送魂归故居的习俗都体现和强化着其民族自识性和民族意识。

二是纳西族具有内向性和热爱祖国的传统。这种传统可以说具有悠久的历史了，早在东汉初，纳西族先民白狼部落就曾"涉危历险，不远万里"献歌三

---

① 郭大烈.2008.略论纳西族心理素质特点及其变异因素//郭大烈.郭大烈纳西学论集.北京：民族出版社，7～15.

② 费孝通.1981.民族与社会.北京：人民出版社，18～19.

章，表达"闻风向化""心归慈母"的诚意。"白狼人向往内地之心情，溢于言表。"① 元明时期，丽江木氏土司对中央王朝忠诚备至，木公曾有诗称："忧国不忘弩马志，赤心千古壮山河。"清朝初年，吴三桂在云南叛乱，将丽江土知府木懿拘禁省城，"煽诱迫胁授以伪帅"，但他"坚志不从"，关了七年才被放回。晚近以来，无论是辛亥革命、云南"重九"起义，抑或红军经过丽江、丽江的和平解放，纳西族各界都给予了响应或支持，这些无不表明了其热爱祖国革命事业，并为之敢于牺牲的品质。

三是向上的进取心，以及热衷于学习外来文化的精神。关于这个方面前文已有相关论述，此处仅从纳西族在艺术方面的造诣来窥探其学习进取心。据说纳西族著名的古乐曲《北石细哩》是蒙古族音乐，为当年忽必烈所赠；而《到春来》《拾供养》等则是汉族的洞经音乐，经纳西族吸收和再创造，有的直接用纳西话演唱，富于民族特色。已故纳西族画家周霖的国画艺术和技术娴熟，山、水、虫、鱼无不明快生动，颇有汉族国画遗风，其作品曾两度在首都展出，著名学者郭沫若曾赠诗称誉曰："石鼓声闻到凤城。"纳西族书法家周耀华的书法曾获全国评选三等奖，人称其行书"点划扎实，书体清秀"②。

四是沉稳谨慎、质朴厚重的性格和为人。清光绪《丽江府志》称纳西族人"性驯朴""彬彬尔雅"，"民不喜讼，勤于输将，士子勤诵读，喜收藏书籍"，而对一些纳西族人也有"资性沉毅""好善乐施""恛朴无华""为人诚朴"等评语。吴泽霖先生于20世纪40年代考察滇西时曾说：纳西族"在一村一寨中，对于村民应遵守的规约，向有传统的规定，一般人恪守惟谨，不敢或违。此种乡约，每寨设有一人监督，倘或违犯者，可以执行处罚……普通所常见的村约大概如下所示：一、不孝父母者；二、不敬尊长者；三、奸淫妇女者；四、聚众赌博者；五、营业不正者；六、窝留土匪者；七、践踏禾苗者；八、破坏公物者；九、污秽井水道路者；十、会议不来者。以上十条，由本村绅老商议决定，全村人民不论老幼，宜谨勿违，如有违背，由本村父老公议分别轻重处罚"③。类似这种成文或不成文的乡规民约，早年各个村寨均有，最为普遍的是关于巡山护林的规约，各村的护林员威望足以慑服民众，一般人不敢以身试法，乱砍

　　① 方国瑜.1998.白狼歌诗概说//方国瑜主编，徐文德，木芹纂录校订.云南史料丛刊第一集.昆明：云南大学出版社，8~12.

　　② 佚名.1979-10-13.全国群众书法征稿评选揭晓.文汇报，3.

　　③ 吴泽霖.1991.麽些人社会组织和宗教信仰//吴泽霖.吴泽霖民族研究文集.北京：民族出版社，155~178.

树木。这种乡规民约是根植于民族的谨慎性格中的，而它的建树又深化了民族性格。纳西族人的这种性格特征还体现在民间文学上，并形成了独特的艺术风格。例如，古典纳西族民歌《蜂花相会》《鱼水相会》等名曲虽则都是咏唱坚贞不渝的爱情的，但通篇皆用风和花、鱼和水追求光明幸福并终于相会的艺术描写，含蓄高雅又不失生动形象。纳西族在为人处世方面重义轻利，尊敬老人，十分好客。关于好客这一点，元代李京在《云南志略》中有言："每岁冬月，宰杀牛羊，竞相邀客，请无虚日，一客不至，则为深耻。"这种好客的习俗，时至今日仍然如此。

五是兼收并蓄、信而不笃的宗教观。纳西族聚居区因其特殊的地理位置而成为多种宗教交汇之地，正如前文所述，这里既有外来的佛教、道教，又有本土的东巴教，纳西族对各种宗教采取兼收并蓄的态度，从而使各种宗教在该区相互影响、渗透、利用，相互融合。在纳西族的许多仪式中，他们都可以同时出场做"法"。而在明代壁画中，则出现了汉传佛教、道教及藏传佛教等多种宗教题材并存不悖的现象，这充分体现了纳西族人的宗教观。近代以来，随着社会的发展，各种宗教更多的是作为一种文化媒介而存留下来，许多宗教已失却了原来意义上的内核，而变成一种民间习俗，换言之，这些宗教信仰已融进了纳西族人的日常生活之中。

第五，纳西族独特的文化模式。关于文化模式（patterns of culture），鲁思·本尼迪克特（Ruth Benedict）认为，"人类行为的方式有多种多样的可能，这种可能是无穷的。但是一个部族、一种文化在这样无穷的可能性里，只能选择其中的一些，而这种选择有自身的社会价值取向。选择的行为方式包括对待人之生、青春期、婚姻的方式，以致在经济、政治、社会交往等领域的各种规矩、习俗，并通过形式化的方式，演变成风俗、礼仪，从而结合成一个部落或部族的文化模式"①。这显然体现的是她"文化整体观"及"文化相对论"的观点，关于文化的整合，她认为"指向生计、婚配、征战以及敬神等方面的各色行为无不按照在该文化中发展起来的无意识的选择标准而纳入永久性模式……文化在其繁简度的每一个层次上，甚至在最简单的层次上，都达到了这种整合。这样一些文化或多或少都是整合行为的成功实现，令人吃惊的是，这样的可能的完形竟会有如此之多"②。本尼迪克特还曾有言："一个民族用来观察生活的透

---

① 〔美〕本尼迪克特.2009.文化模式（序言）.王炜等译.北京：社会科学文献出版社，3.
② 〔美〕本尼迪克特.2009.文化模式.王炜等译.北京：社会科学文献出版社，33.

镜与其他民族使用的是不完全一样的。人们很难意识到他们是以何种眼光来观察事物的。每个国家都认为它观察事物的眼光是理所当然的，一个民族的焦距和透视法使该民族获得一种全民的人生观，而在这一民族的人民看来他们通过这种焦距和透视法看到的景色是上帝安排就绪的。不管哪一类眼镜，我们不会指望戴那种眼镜的人知道镜片的配方，同样我们也不能指望各民族分析其自己的世界观。"① 那么，纳西族人的"人生观"和"世界观"有哪些特点呢？概括讲来，主要体现在以下三个方面。②

一是在对待人和自然的关系方面的"乐天观"。清代纳西族诗人杨品硕对于山乡纳西族人的乐天情趣有诗曰：

数椽茅屋荫垂阳，园内南瓜别味尝。

蘸水先调春石臼，核桃青辣拌芳香。

现代诗人杨菊生对于纳西族人又收小春又种大春时节劳动情景有这样的写照：

乡村到处正栽秧，蛮冲倾壶劝客尝。

一曲田歌听最好，柳荫不觉挂夕阳。

而纳西族土司木公的《饮春会》将民族节日时纳西族人的狂欢概括为：

官家春会与民同，土酿鹅竿节节通。

一匝芦笙吹不断，踏歌起舞明月中。

即使对于生老病死，纳西族人也很少有悲观厌世之哀鸣者，而是选择坦然地面对自然天意。东巴经《挽歌·买卖寿岁》有这样一段③：

传说有个美区瓦阿若，牛羊满山粮满仓，金银宝石样样有，自己老了还不知。来到江边淘沙金，忽见水中白鬓毛，确信自己老之影但觉寿岁何其短，决心外出买寿岁。她从白沙街到四方街，又从鹤庆走大理，一直来到昆明城，千样万样都有卖，唯独寿岁买不到。哭着回到碧鸡关，坐在坡头望回头。去时柳树绿茵茵，回来已是黄生生，心里豁然亮堂堂：人生虽然不忍死，但是万物有老死，何必为老空悲痛？

此外，在《幕布（送老）》一歌中，纳西族人把死者的去世喻为天鹅、白

① 〔美〕本尼迪克特.2005.菊花与刀——日本文化的诸模式.孙志民等译.北京：九州出版社，11～12.

② 郭大烈.2008.纳西族传统文化模式探微//郭大烈.郭大烈纳西学论集.北京：民族出版社，22～32.

③ 这里是原挽歌内容提要。

鹿、红虎、箐鸡回到大海、雪山、松林、竹林中去，也显示了其乐观的气度。有学者指出，人和自然的关系有三种类型，即"人臣服于自然；人处于自然中；人超越自然"①。纳西族的乐天观显然是属于第二种类型。在纳西族人看来，人是大自然的一员，因此既不战战兢兢、敬畏天神，亦不自欺欺人、超越自然，而是乐观地在自然中生活：既不违背自然，又能向大自然索取生存所需的生产生活资料，以延续自己的民族。即使在当下看来，这仍不失为一种大智慧。

二是在处理人和外部文化的关系方面的涵化观。纳西族自古就有倾心向学的精神，从东汉初年纳西族先民部落白狼部落时期的"闻风向化"到元明清时木氏土司邀汉族学者来访以"窥中原文脉"，无不显示了纳西族这种文化开放和吸收的特征，这正是人类学家所说的文化涵化（acculturation），即"当一个群体或社会与一个更为强大的社会接触的时候，弱小的群体常常被迫从支配者群体那里获得文化要素。这种在社会之间处于支配——从属关系条件下的广泛借取过程通常被称为涵化"②。纳西族地区的文化涵化表现为两种类型：一是深层文化意识观念形态上的涵化，如东巴教即是在自己固有原始宗教的基础上吸收了藏族本教的许多内容而不断丰富发展起来的；又如，明清时代纳西族文人的思想，往往兼有儒、佛、道家的思想，即使出家为僧或为喇嘛者也有诸如"血乳恩情抛不得""长恨人心不如水"等深深的民族乡土观念的烙印。可见这种涵化而来的非甲非乙的文化样式，是纳西族文化与外部文化长期碰撞、互渗、整合的结果。二是表层文化形式上的涵化，此种文化形式变迁快，多是出于模仿，如服饰、饮食及有形的文化形式皆是如此。纳西族的文化涵化过程是一定向性的逐渐进步发展的过程。正如托马斯·哈定（Thomas Harding）所言："适应过程具有两个特征：创造与保持。前者是一种结构和模式的进化，这种特定的结构和模式能使一种文化或一种有机体实现必要的调整以适应环境。后者则为一种稳定化趋势，即保持已实现的适合的结构和模式。"③ 纳西族地区文化正表现出了上述两个特征，同时该地区内部又有差异性：较先进地区的文化创造特征更突出，而后进地区的文化保持特征更明显。

三是在处理人与人之间的关系方面的亲和观。纳西族先民认为，人和动物

---

① 〔美〕菲利普·巴格比.1987.文化，历史的投资.夏克等译.上海：上海人民出版社，232.
② 〔美〕C.恩伯，M.恩伯.1988.文化的变异——现代文化人类学通论.杜杉杉译.沈阳：辽宁人民出版社，565～566.
③ 〔美〕托马斯·哈定等.1987.文化与进化.韩建军，商戈令译.杭州：浙江人民出版社，37.

在大自然中都是有一定分布格局的，东巴在推算阴阳五行，四方四隅、干支和六十花甲时都须遵循一个图谱——"巴格图"和十二动物属相座次（图2-1），舍此则会乱套。"东巴图"类似于汉族的"八卦图"，并有这样的传说：

> 传说金娃食天神卜书，被神箭射中后大叫了五声，即变为金（铁）、木、水、火、土，蛙死时头朝南，口吐鲜血，故南方相赤属火，白族居此；尾朝北并有尿排出，故北方相黑属水，蒙古族居于此；箭穿蛙腹，镞向西，故西方相黄属金，藏族居此；箭尾向东，故东方相青属木，汉族居此；蛙腹贴地，故中央相褐属土，为纳西族所居之处。

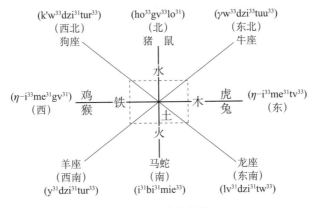

图 2-1 巴格方位图

资料来源：和少英.2000.纳西族文化史.昆明：云南民族出版社，203

关于十二属相中的动物座次也有一个相应的传说：

> 传说十二属相因排座次而发生争执，遂成彼此相生相克，天神判定：虎兔位东，蛇马位南，鸡猴位西，猪鼠位北；狗居西北，龙居东南，牛居东北，羊居西南，各归其位。

在东巴经的故事中，一旦有矛盾甚或动干戈，最终会采取"亲和"的办法，化干戈为玉帛。例如，《龙鹏争斗》中讲人、龙本是两弟兄，结果龙独霸了传家宝和土地，人类无处安生，于是求助于神，大鹏狠惩了龙王。最后，东巴什罗来调解时用了"人类和龙族，不争又和解"，"对着天地来起誓，和解之后不相争"等讲和的话语。纳西族的"送鬼咒语"并非吓唬鬼，而是劝鬼他往："冷了无火的给你火，渴了无水的给你水，饿了无食的给你食。这儿无你的亲友，有冤仇别处去申，快走你的路。"即便是仇人死后，也要替其超度。例如，东巴经《古生都丁传略》载，古生都超度仇家后，"仇人心窝笑出声"，"但愿今后发善心，凶恶年头从此消"①。

纳西族人强调凡事多商量，如《创世纪》中记载，建立什罗神山时，找来能者与智者、测量师与营造师、酋长与长老、东巴与卜师、贵族与百姓，共同商量，分头执行。在其他经书中，这种体现人与人亲和的情形也很多。在一些传说中，古代纳西族先民还认为，许多民族如藏族、白族、纳西族等系同祖分支，各民族都有自己的长处和独特的文化。在现实中，纳西族在开丧超度法事时，可以请汉族道士、藏族和普米族喇嘛、白族桑尼（巫师）前来，而普米族、傈僳族有时也会请纳西族的东巴、喇嘛去协助处理此类法事。

纳西族还是一个思辨能力很强的民族，强调事物的"出处来历"，这其中充满了演变发展的推理。在他们看来，世界是丰富多彩的，事物间又是相互紧密联系在一起的，因此"亲和"是处理彼此之间关系的办法。伊曼努尔·康德（Immanuel Kant）曾说："亲和性（affinity）是有同一基础的杂多事物在根源上的协调……亲和性一词在这里提示这一种取自化学，并与这种知性的联结相类似的相互作用，这个作用使两种性质上各不相同的有形元素发生最内在的相互关系并趋于统一。"② 纳西族的亲和观带来的民族学和生物学创造力，正是这个民族充满活力的奥秘之所在。

总之，纳西族民族文化的这些特征已经内化为纳西族人的处世哲学，具有鲜明的民族特性，换言之，这些特征已成为一种独特的文化模式。美国人类学家格丽特·米德（Margaret Mead）曾把美国人的性格特征描述为"为阻碍和困难所激励，但是在向上和向前的路途中，如果遇到重大的失败或巨变，他们便会感到有罪恶感，并且变得沮丧……"③ 而本尼迪克特曾将日本文化概括为是与美国"罪恶感"文化相反的"耻辱感"文化，她说："日本人是以耻辱感为动力的。不能按照明确规定的善行标准来行事，不能在种种义务间保持平衡，不能预见偶然事故，就是耻辱（'耻'）。他们说，耻辱是德的根本，对'耻'敏感的人，就是遵守所有善行的人。"④ 反观纳西族的民族文化，我们可以看出纳西族在处理人与自然的关系、人与外部文化的关系、人与人之间的关系时，体现出了强烈的民族自识性和自我意识，纳西族民族文化是一种自信型的文化模式。

① 和志武.1994.纳西东巴经选译.昆明：云南人民出版社，139.
② 〔德〕康德.1987.实用人类学.邓晓芒译.重庆：重庆出版社，60～61.
③ 张猛等.1987.人的创世纪——文化人类学的源流.成都：四川人民出版社，132.
④ 〔美〕本尼迪克特.2005.菊花与刀——日本文化的诸模式.孙志民等译.北京：九州出版社，160～161.

二、纳西族文化的传承模式

任何一个民族的文化传承都是一个有机的复合系统。纳西民族文化的传承模式主要有家庭传承、社会传承、信仰传承、民俗传承、市场传承和学校传承。[①]

第一是家庭传承。家庭作为社会的细胞，是人类自身再生产的基本单位，亦是文化传承的基本组织。正如许烺光先生指出的："家庭，就其体现着集中的，有时也是广泛的人间关系而言，是一切文化的基础学校。"[②] 纳西族文化积淀厚重，其家庭传承的内容非常丰富，主要涉及生活及生活技能、人生价值观念。伦理道德及处世规范等。在自然经济条件下，长辈向晚辈传授谋生的技能成为家庭传承的主要内容。父母通过言传身教的方式在放牧或田间地头教会青少年整套生产技能。纳西族人很早就擅长制作铜器、皮革，如明代的"红毡""丽锁"，这些手工业皆为"前店后场"的家庭式作坊，孩子们在从"帮着干"到"独立试着干"中，便逐渐学会了父辈的手工技术。在处理人与人之间的关系方面，纳西族父母教育子女要诚朴忠厚，纳西语叫"笃"[③]。"笃"的含义丰富，包括为人要诚实忠厚、正直做人、重义轻利、注重道德尊严、舆论好评及良心无愧等。家庭传承作为一种文化传承模式，其独特之处表现为：长辈的传授方式主要是言传身教、寓教于行、以口头传承为主的形式；而晚辈接受教育的方式主要是耳濡目染、在日积月累和不知不觉中进行。此外，纳西族传统文化的家庭传承模式与其他民族相比，也存在独特之处：纳西族社会中既保留了较多的传承文化要素，又大量吸收了汉文化；既保留了自己的传统民族文字，又广泛使用汉字，故而家庭传承尤其是精神文化方面的传承是一种有意识、有文字的传承，所以内容更广泛、更系统。

第二是社会传承。个体在走出家庭后，正是在与他人的社会交往及共同的社会活动中而逐渐接受群体的生活准则的，从而也获得了社会生活能力，接受了社会文化传统。纳西族人的社会群体主要有年龄集团、性别集团、行业集团及地缘集团等。例如，纳西族社会生活中对女性有许多规范禁忌，虽则母亲在家庭中也会灌输给女孩这些思想，但是其女性角色意识更重要的是在与女伴及

① 郭大烈，周智生.2006.家住长江第一湾的纳西族.武汉：湖北教育出版社，251~262.

② 〔美〕许烺光.1990.宗族·种姓·俱乐部（前言）.薛刚译.北京：华夏出版社，1.

③ 郭大烈，和志武.1994.纳西族史.成都：四川民族出版社，589.

异性的交流中得以强化的。传统的纳西族年轻人间的交往多是群体间的交往，传统文化正是在小伙子们和小姑娘们的对歌、舞蹈及游戏中传承的。从行业集团来看，各行业都有一定的行规、行业道德，这是每个成员必须遵守的，年轻人只有接受了这些规矩才能具备作为社会群体一员的资格，在此基础上，大家才能相互交流专业知识、专业技巧等。纳西族不同的村社组织都可看成是不同的地缘集团，生活于其中的年轻人，在耳濡目染中就传承了本地域的风俗习惯等传统文化。而年轻一代在接受村社中的道德规范、乡规民约的同时，也就受到了传统文化的教化。

第三是信仰传承。纳西族人的宗教信仰主要包括东巴教、佛教及道教等，前文已有相关论述，这里仅从宗教信仰的文化传承功能方面做一补述。东巴教从其产生起就与纳西族人的生产和生活密切相关，并在民族共同体中世代承袭，其传承内容既来自纳西族人的现实生活，同时又经过宗教化的提炼与整合，从而成为一个有机的整体。"这就好比一颗颗的珍珠要成为项链需要用一根主线结起来一样，宗教具有这种主线联系的作用。没有经过穿进主线的珠子容易失落，没有经过宗教整合的文化观念也难以传承。"① 东巴教对于纳西族传统文化各要素的整合及传承正是起了这种"主线"的作用。而在藏族苯教传入纳西族地区时，东巴教在与之冲突、妥协中相互吸收和借鉴，并最终使自身融入部分苯教因素获得新的发展，在这一过程中，东巴教对民族文化也起到了整合的作用。宗教的包容性往往使其信徒形成宽厚、忍让和亲和的性格。这可以从纳西族人身上得到印证：道教主张的"天道""无为"及"一切顺其自然"的观点，佛教的"慈悲为怀""众生皆亲人"及"利乐众生"的信义，以及东巴教"万物皆有出处、万物会变化、万物有神灵""神灵可助人"的主张无不对纳西族人产生着潜移默化的影响，使其形成谦逊有礼、诚实忠厚、正直守信的性格特征。而这种民族个性又促使纳西族人对外来文化能采取开放吸收的态度，并把其融合进自己的民族文化中，从而传承和发展了纳西族传统民族文化。

第四是民俗传承。无论从衣食住还是传统节庆来看，纳西族的民俗都含有丰富的民族传统文化内容，在这些民俗中，还内隐着深层的民族心理和民族精神。从服饰来看，纳西族妇女喜欢穿羊披，这显然是历史上游牧生活的文化遗留，羊披一方面可以抵御滇西北高原上的严寒，另一方面又可当作背负重物时的垫背。经过改良后的羊披，缀绣有精美的七星，有的还加缀日、月图案，披

---

① 赵世林.1994.民族文化的传承场.云南民族学院学报，(1)：63～69.

肩带上绣有蜜蜂、蝴蝶。对其寓意的解释，传统观点认为，日、月及七星图案"象征着纳西族妇女'肩担日月，背负繁星'，以颂扬纳西妇女起早贪黑地辛勤劳动之美德。由七枚小圆盘中心下垂的十四根麂皮细线，则表示日月星辰放射出的光芒，寓光明温暖之意"①。此外，也有学者认为纳西族的羊披服饰是寓意青蛙图腾的服饰。② 总之，尽管对其文化内涵的理解不尽相同，但人们就是在代代相传着服饰的同时传承着相应的民族文化。纳西族的饮食以米、面和乳类为主，这正是其半农半牧生产方式的反映；纳西族人还喜欢喝酥油茶，这种习俗也是与其生活于高寒环境中、热量消耗大的生境相适应的。从传统民居看，纳西族的"木楞房"正房（即祖房）中有一高出地面的灶台，上供神主，这反映了纳西族人对神的崇拜；灶台上的火塘是非常神圣的，不能跨越，亦不能向其内乱仍不洁之物，这种对火塘的敬仰实际上是对火的崇拜，为其祖先古羌人的文化遗留；祖房的横梁上悬挂猪的膀胱用来"镇火"——纳西族传统民居是木质结构，火塘又是直接置于灶台上，容易发生火灾；此外，祖房的横梁上还悬挂猪颌骨，猪颌骨越多象征，家庭越富裕。节日作为民俗的一个重要因子，也承载着丰富的文化内容。节日活动往往会涉及民族服饰、饮食、歌舞，以及仪式、信仰等内容，因此，其对于民族传统文化的传承是综合的。这里重点介绍一下纳西族的狮子山盛会：

> 农历七月十五日，为永宁纳西族朝拜狮子山盛会，又称干木女神节。届时，人们身着节日盛装，齐聚到狮子山麓的女神庙前，烧天香、供祭品，进行虔诚的祭拜仪式。礼毕，青年男女对歌跳舞，交往阿注，就地野炊，场面隆重。

有学者认为，"通过这一节日，纳西人传承了山石崇拜、女性崇拜的深层心理意识，也传承了传统的民族服饰、饮食歌舞以及结交阿注的习俗"③。

纳西族的另一重要节日"三多"节，也有其深刻的文化内涵，通过这一节日活动，纳西族人认同"三多"为他们的民族保护神，人们敬仰勇敢善战的"三多神"，信奉作为玉龙雪山化身的"三多神"，在这些共同心理素质的基础

---

① 和品正.1991.纳西族羊皮服饰的崇拜寓意//郭大烈，杨世光编.东巴文化论.昆明：云南人民出版社，306～307.

② 和品正.1991.纳西族羊皮服饰的崇拜寓意//郭大烈，杨世光编.东巴文化论.昆明：云南人民出版社，306～307.

③ 李近春.1986.丽江纳西族的文化习俗和宗教信仰//《民族问题五种丛书》云南省编辑委员会.纳西族社会历史调查（二）.昆明：云南民族出版社，83～89.

上，加强了彼此民族认同的心理，纳西人自豪地自称"三多若"，即三多的儿子，从而使民族的内聚力得以强化。

第五是市场传承。纳西族聚居区位于南方丝绸之路和茶马古道上，尤其是丽江，更是一个重要的集市、商品中转站，因此纳西族与外族的商品交换及贸易往来历史悠久。早在汉晋时期，纳西族先民就同巴、蜀汉商交换布、帛和盐、铁及畜产品；唐宋时期与吐蕃及南诏、大理的交往更加频繁；到元明时期，丽江坝和巨甸一带，已有数十种土特产品可供交换。① 而至清乾隆年间，丽江府城"日中为市，名曰坐街，午聚酉散，无日不集。四方男妇偕来，商贾之贩中甸者，必止于此，以便雇脚转运"②。就是在这种贸易往来中，纳西族人与外族人民接触、交往，外来文化不可避免地对其产生了影响，这也大大促进了纳西传统文化的发展。纳西族的许多集市都伴随着具有文化传承功能的各种娱乐活动，如正月的白沙护法堂庙会，三月的黑龙潭物资交流会，七月的骡马会等。在各种市场上，不仅进行着本民族文化的传递，同时还有其他民族文化的传播，而这种通过市场传递的外来文化传播迅速，且对固有文化的冲击大。然而，每种文化尤其是精神文化都有其自我保护机制，纳西族传统也不例外。因此，在与其他民族的交往中，纳西族人不仅认识了其他民族，也进一步认识了自己，从而使自己的自我意识增强。不同民族间的经济交往，一方面造成了物质文化的趋同；另一方面则是民族内聚感、认同感的增强。

第六是学校传承。纳西族学校教育始于元代，是在汉文化的影响下形成的，其主要教学内容也是汉族的儒家文化。明代丽江木氏土司家庭已具有很高的文化修养和造诣，而改土归流后，纳西族的学校教育得到了进一步发展，许多流管和知府都重视教育，至光绪末年，纳西族地区已有雪山、玉河及天鸡3个书院，另外还有31个义学馆，并涌现出了一批有成就的文学艺术家。纳西族地区创办最早的新式学校是成立于1905年的丽江高等小学堂，之后，丽江府中学堂、师范学堂、实业学堂等先后创办。辛亥革命以降，丽江的学校教育得到进一步发展，20世纪三四十年代增设了国立师范、县立中学及私立幼稚园等，多数乡都有了高等小学，各保有了保国民学校，县里还成立了民众教育馆，各地建立起了民众学校。到新中国成立前夕，丽江县有各类学校247所，学生

---

① 郭大烈，和志武.1994.纳西族史.成都：四川民族出版社，499～500.

② （清）管学宣修，（清）万咸燕纂，杨寿林等.1991.乾隆《丽江府志略》（铅印本）.丽江：丽江县志办，24.

13 800 多人，教师 440 多人，丽江县的教育有了一定的规模和基础。[①] 学校教育这一文化传承模式，尤其是近代新式学校，以传递其他民族先进的文化成果为主，是提高纳西族文化素质的重要手段，亦是引起民族文化发展和变迁的内因所在。

---

① 杨启昌.1998. 丽江纳西族自治县教育简史//丽江县政协文史县.丽江文史资料（第一辑），58～63.

第三章 纳西族教育的文化溯源

　　卡西尔将人定义为符号的动物（animal symbolic），他认为只有这样定义人，"我们才能指明人的独特之处，也才能理解对人开放的新路——通向文化之路"①。换言之，"人是文化的产物"，这一定义深刻地隐含着"文化本身是一种教育力量"这一思想。一个人即使不接受学校教育，只要他生存于一定的文化环境中，也能经历一个"文化化"的过程。② 英国比较教育学家迈克尔·萨德勒（Michael Sadler）也曾指出："校外的事情比校内的事情更为重要，并且它支配和说明校内的事情。"③ 那么，纳西族民族文化有哪些教育功能呢？

第一节　教育——文化的传承

　　一个民族的教育与其文化生态系统是一个相辅相成的有机统一体，"教育与一定的文化生态系统是紧密契和的、一定的文化生态系统中有一定的教育；一定的教育又作用于一定的文化生态系统……"④ 纳西族独特的文化生态系统孕育了其教育，反过来，教育又通过传统文化的传承反作用于这一文化生态系统，这主要表现在以下几个方面。

---

　　① 〔德〕恩斯特·卡西尔.2004.人论.甘阳译.上海：上海文艺出版社，37.

　　② 肖川.1990.教育与文化.长沙：湖南教育出版社，29.

　　③ Hingginson J H. 1961. The centenary of an English pioneer in comparative education. *International Review of Education*，7（3）：286～298.

　　④ 张诗亚.1994.西南民族教育文化溯源.上海：上海教育出版社，22.

一、生存与适应技能的培养

美国心理学家卡尔·罗杰斯（Carl Rogers）曾描述过一个在严酷环境中生存了 2 万余年的澳大利亚土著部落，他发现这个部落的生存秘诀是"教授"（teaching），即上一代教授下一代各种知识和技术：如何在沙漠中找水源，如何追踪猎物，以及如何在茫茫大漠中辨别方向。凡此种种，皆是作为一种行为方式、一种生存本领教授给年轻一代的。对此，罗杰斯感慨道："显然，在一种敌意的和相对无变化的环境中，教授知识，为它提供了生存之路。"① 由此可见，教育与知识、技术及生存问题是紧密相连的，而知识和技术则又是人类在对一定文化生态系统中的外界和内部环境的调节与适应中发展起来的。而关于一个民族及其文化对其生存环境如何适应的问题，恩伯夫妇（Carol Ember and Melvin Ember）有一段很精彩的论述②：

> 比如说，如果我们对南部非洲长拉哈里沙漠的昆人（! Kung）③ 了解不多，那么很可能就会断定昆人是低级的野蛮人——他们几乎赤身裸体，身无长物，栖息于简陋的窝棚中，从来享受不到任何我们享有的技术精华。然而，让我们设想一下，如果一个典型的美国社区的居民，突然一觉醒来，发现自己生活在昆人的生活环境之中，他们又会作出什么样的反应呢？这些美国人会发现，这里没有可耕地，没有牧场，根本不可能进行农牧业生产，这时，他们也许不得不考虑选择游动式的生活方式。接着，他们就可能抛弃许多财物以便自由迁徙，从而充分利用变化多端的水源和野生动植物来源。由于气候异常炎热，又没有多余的水来洗涤衣物，他们也许会觉得近乎赤身裸体比穿衣服更实惠些。毫无疑问，他们会发现不可能建造精巧的住宅。作为社会福利措施，他们很可能开始平均分配集体内部获得的食物。这样，如果我们能够生存下来的话，最终将会从外表到行为变得更像昆人，而不像典型的美国人。

通过上述澳大利亚土著部落和非洲昆人部落的两个个案我们不难看出，不管人们以何种方式生存抑或适应自然环境，都必须依靠教（teaching）和学

① 张诗亚.1994. 西南民族教育文化溯源. 上海：上海教育出版社，8.
② 〔美〕C. 恩伯，M. 恩伯.1988. 文化的变异——现代文化人类学通论. 杜杉杉译. 沈阳：辽宁人民出版社，16～17.
③ "! kung"中的感叹号表示舌根与软腭之间的倒吸气爆破音。

(learning)。纳西族这种关于生存与适应本领的教与学，也有其具体的内容和形式。作为一个山地民族，狩猎和采集都曾是纳西族先民获取食物的重要形式，无论狩猎还是采集都需要进行训练，而这些训练常常是从小就开始的。在此，我们重点介绍一下纳西族人狩猎技艺的养成。下面是纳西族脍炙人口的《欢乐调·猎歌》中关于猎人用猎狗协助捕猎的精彩描述①：

> 猎狗耳朵尖，猎狗鼻子尖，边嗅边寻找，鹿迹找到了；汪汪叫三声，叭叭抓三下，猎狗望主人，听着吹口哨；口哨尖又响，猎狗纵向前，穿林跨山涧，如像箭离弦。后来，猎狗与马鹿失踪，经过多方面曲折，才找到了猎狗，捕获了马鹿。

在这里，猎人这种从对猎狗叫声的"理解"到用口哨对猎狗的"指挥"的本领，都是其上一代对其教化的结果。而今，许多山区纳西族猎手还善于利用飞石索、地弩、套子、扣子、压码、木矛及陷阱等工具捕捉猎物。其中，无论是对各种工具的制造过程，还是对各种野兽特征、习性和活动规律的把握，以及决定采用何种方法或有利时机下手捕获它们，无不弥漫着有关生存与适应的"随境式教育"② 与学习。

二、民族凝聚力及集体意识的养成

培养的凝聚力与人们的集体意识是教育与文化生态系统中一个重要的功能。而图腾及其他崇拜物往往是某个民族的文化象征，同时也是宗教观念的浓缩化。因此，利用图腾和其他崇拜物来增强民族凝聚力，强化集体意识的宗教教育在民族教育中占有特殊地位。③ 那么，纳西族是如何利用图腾崇拜与灵物崇拜来形成其民族凝聚力与集体意识的呢？

图腾为印第安语（totem）的音译，源于奥季布瓦（Ojibwa）的方言（oto-teman），意即"他的亲属"或"他的图腾标志"④。据东巴经的记载，纳西族先民既崇拜过老虎、木石，也崇拜过牦牛、青蛙，它们都有一个共同点，即皆以

---

① 郭大烈.1987.纳西族民间文学//赵志忠.中国民族民间文学（下册）.北京：中央民族学院出版社，513~516.

② 所谓随境式教育，是相对于专门化的教育（如宗教教育形式和世俗学校教育）而言的，是指教育活动是随人们从事的具体活动（生产、生活、庆典等）自然而然展开的。见：张诗亚.1994.西南民族教育文化溯源.上海：海教育出版社，18~19.

③ 张诗亚.1994.西南民族教育文化溯源.上海：上海教育出版社，36.

④ 任维愈.1981.宗教词典.上海：上海辞书出版社，661.

崇拜图腾为万物之祖。① 另有学者经调查研究认为，"纳西族先民称图腾为'阿术'，意为父族的亲戚"②③。在东巴文化中，"术"是氏族图腾物的综合体具象，它既有形象的综合内容，又有次生图腾的文化内涵。纳西族先民在氏族的形成过程中，统领其思维的是关于增殖的观念，因此，生殖力旺盛的蛙、蛇，以及群体性、适应性（也是生殖力强的表现）较强的猴、熊就成了他们的图腾动物。而这些动物只是纳西族的原生图腾，"起先它与人是兄弟姐妹相称的平列关系，但东巴祭司把各氏族的原生图腾综合改造成次生图腾'术'，'术'的东巴象形文字是蛙头（舅亲）、人体、蛇尾（兄弟亲）的形字。而'术'可掌管人间万物，还司布雨下雪和气象变化，是既能赐佑人类财富，也能殃及人类的精灵"④。显然，纳西族先民把图腾作为人的亲缘或祖先，通过图腾佑人与殃人的两面性，将其作为限制人们的行动规范。

　　由图腾崇拜演化而来的灵物崇拜也非常普遍。灵物，指某种体现宗教观念的物体，或动物，或植物，或山、石、树木等自然物，抑或是经过加工的人造物。利用自然物作为灵物在纳西族地区比较常见，如纳西族人请东巴做法时，必用米祭一小块神石，且家家置一神箩，内放鹅卵石代表家神，备受崇拜。各家门口还竖有两锥形石，右为"瑟阿主"，左为"陆阿普"，是为护门神。此种崇石之风源于上古。据东巴经记载，最初的造物之神是"动"与"色"（即阳神和阴神），石头象征"动"，而木头象征"色"。⑤ 服饰及其图案是灵物的另一种变形，其宗教意义也很明显。例如，纳西族妇女的羊皮服饰（纳西语称"优轭"）背上绣有七星，"其宗教用意是：愿日月星辰不分昼夜地陪伴着纳西妇女，保佑她们平安无事。一句话，羊皮上的日月七星成了纳西妇女的护身符"⑥。而这七星同东巴法杖上的日、月，同传统葬礼中女尸只用七堆柴（男尸用九堆柴），同东巴古籍《崇般图》中描述创世的"开天九兄弟，辟地七姐妹"也是有文化渊源的。可见这种服饰是其民族历史传统和宗教观念的物化形式，包含着

　　① 杨杰宏.2002.纳西族的图腾崇拜及其传承关系//白庚胜，和自兴编.玉振金声探东巴——国际东巴文化艺术学术研讨会论文集.北京：社会科学出版社，295～307.

　　② 也有一些学术论著中称为"署""束"，笔者以为"术""署"或"束"皆为纳西语音译，它们所指相同。

　　③ 木丽春.2005.东巴文化揭秘.昆明：云南人民出版社，2.

　　④ 木丽春.2005.东巴文化揭秘.昆明：云南人民出版社，13.

　　⑤ 袭友德等.1986.云南少数民族的石崇拜//云南省社会科学院宗教研究所编.宗教论稿.昆明：云南人民出版社，26～35.

　　⑥ 和品正.1991.纳西族羊皮服饰的崇拜寓意//郭大烈，杨世光编.东巴文化论.昆明：云南人民出版社，314～315.

深刻的寓意。因此，它实际上是一种日常化的宗教教育的表现形式。

综上，有了共同的图腾和灵物崇拜，便自然有了共同的习惯和禁忌，共同的传统、道德与价值观，共同的行为规范与行为方式，而这些共同养成了纳西族的民族向心力、凝聚力及人们的集体意识。

三、民族精英的塑造

关于民族精英的造就方式，张诗亚先生将其分为两大类（不包括现代民族教育）四种：一类是非制度化的，可分为两种，一种是通过竞技的方式自然形成的（如傈僳族对狩猎的模拟而导致的射弩比赛），另一种是有意识、有目的地培养的（如彝族毕摩，纳西族东巴的培养）；另一类就是制度化的，又可分两种情况，一是在本民族内培养（如伊斯兰教的经堂教育和藏传佛教的寺院教育），另一种是采用留学的方式（如南诏国时期的白族教育）。① 下面我们重点介绍一下纳西族东巴及巫师的培养。

纳西族的东巴无论祖传或师承，必须完成一定的认可仪式。凡是东巴均须到东巴圣地——白地朝圣。一拜白水台东巴祖师——东巴裟沙，二拜阿敏洞的阿敏，拜时须诵《置扎经》（即记载第一代东巴事迹的经文），三拜白地大东巴为师，随其学习半年至一年半的教规教义。听其每天讲解一次经典教义、祭祀程序，教写东巴文、画东巴画，然后，举行结业仪式，并由大东巴赠其一张东巴拉裟画像放在其头上并说"此后不论到哪里，祝你健康长寿"后，才能成为正式的东巴。

纳西族除了东巴教中的祭司"东巴"之外，还有不少民间的巫师，如"吕波"（又叫"桑尼"）、"尼勒""苏托""拉许"等。② 巫师作为神与人的中介，往往是民族文化的精英。巫师特殊而又重要的社会职能要求其必须要经过长期、虔诚的学习。而这种学习造就了集民族文化精华于一身的原始时代的"超人"。随着原始宗教的发展，巫师们又成了公认的民族精英，其社会地位不亚于土司、长老等，而文化知识（当然包括宗教知识）则远在其上。由此可见，巫师是最早的知识分子，也是最早的教师，这一点无论对于宗教教育还是对于整个人类教育来说皆是如此。

① 张诗亚 .1994. 西南民族教育文化溯源 . 上海：上海教育出版社，43～48.
② 张诗亚 .2001. 祭坛与讲坛——西南民族宗教教育比较研究 . 昆明：云南教育出版社，154.

无论从哪方面看，最早的教师出身于原始巫——当然也包括盲瞽之巫——是站得住脚的。正如"毕摩"在彝文中，本来就有"教师"的含义，而在纳西语中，"东巴"也是"宗教上的导师，导师也就是智者"①。东巴的传承途径主要有两条：一是上辈亲戚中有人当东巴，后辈男性便可自幼在其口传心授的教育下，加上耳濡目染而渐修习成东巴；另一途径是去拜谒有名望的大东巴为师，从为其当助手开始见习，虽师父学习诵经并出席各类仪式，逐渐学成而后自立门户。② 据现存的 1400 余卷东巴经籍的内容来进行分析，可大致分为占卜类、医书类及舞谱类等约 20 大类，其中每大类又可包含数十本乃至百余本经书。可见其内容是十分庞杂的，几乎牵涉了纳西族人生活的每个方面。③ 东巴是纳西族的民族精英，不管是哪种途径，因为东巴要通晓东巴经文及各种宗教活动，非长期学习是不能得其要领的，因此，东巴都是自幼便开始学习的。如果说增强民族民族凝聚力与培养民族集体意识主要是从民族的生存、适应的角度来讨论纳西传统文化的教育功能的，那么精英的造就显然是从民族群体的发展方面来体现这一功能的。

第二节　"内源于生活"的丰富教育内容

一、生产教育

纳西族的生计类型经历了由游牧向农业过渡的演变，近代形成了以农耕为主，畜牧为辅的生计方式。可以说，纳西族的生产教育是伴随纳西族人始终的，教育史上教育的劳动起源说，即认为生产教育是首要的教育。这一起源说虽未形成定论，然而生产教育是教育至为重要的内容却是毋庸置疑的。纳西族的生产教育涉及对生产者的歌颂、关于生产过程的教育、生产工具的制作或使用、对生产对象的歌咏及关于生产关系的教育等方面。我们以生产过程教育为例予以论析，请看下面摘引的纳西族著名的叙事长诗《耳子命》中关于农业生产劳动的记述：

---

① 习煜华，杨逸天.1991. 从东巴经中的藏语借词看藏族宗教对东巴教的影响//郭大烈，杨世光编. 东巴文化论. 昆明：云南人民出版社，158～162.

② 和少英.2000. 纳西族文化史. 昆明：云南民族出版社，114.

③ 卜金荣.1999. 纳西东巴文化要籍及传承概览. 昆明：云南民族出版，3～13.

万象更新的阳春三月，布谷声声叫，牧奴正缺粮。九十个小伙，上山去开荒；左手掌犁把，右手播麦种；带杜鹃木耙，垦地整平了。麦子成熟后，打白铁镰刀；七十个姑娘，开镰收割忙；快马驮麦把，卸下家门前。松木做粮架，麦把挂上架；用连枷打场，用簸箕扬场；用斗升来量，装在仓柜中。制成春粮碓，找来酒曲药；打红铜煮锅，修蒸酒甑子；烧成装酒瓮，虹管吸黄酒。

姐姐带银锄，妹妹带金锄；哥哥佩银剑，弟弟佩金剑；他们四个呀，在修闸分水。一条引村前，引进白谷田；一条引村后，引进红麦田；白米做扁米，白面做粑粑。阿达古恒哥，箭囊搭上肩，弯弓当手杖；射鹿射中了，鹿脑做献礼；撵熊撵上了，熊肉做献礼。熏棚琵琶肉，腊肉做献礼；做牛油奶渣，取高岩蜂蜜；献树上核桃，献石坡红柿；献河里鲜鱼，献水中花菜；乌木四方桌，献礼都摆全。

敬酒不会喝，请用绿石杯；献饭不会吃，请用黄木碗。勿羡慕富户，穷人会断粮；勿暴食过饱，饱时要想饥！①

这首长诗对纳西族人种麦煮酒、引水种稻及寻找野味等过程的描写，无不是对生产者智慧及勤劳的歌颂，而该诗结尾处对人们无限珍惜劳动成果的告诫，更是堪称富有哲理性的格言警句，极具教育意蕴。

二、行为道德教育

行为规范与道德，体现在人际交往的各个方面。下面我们从纳西族与他族的交往、家庭关系及社会公德等几个方面来讨论其行为道德教育。

首先是与他族交往过程中的道德教育。纳西族聚居区自古就是一个多民族迁徙往来频繁的地带，虽然各民族间有过一些械斗纷争，但更多的是与周边汉族、白族、藏族及彝族等民族的友好交往关系。我们可以从一首歌颂纳西族、藏族民族团结的纳西族民歌《相会在一起》中，体会纳西族、藏族两民族间源远流长的友好关系：

茶叶没有脚，茶叶没有脚。

经过马帮驮，来到了船边。

西藏的酥油，一包捆五饼。

---

① 郭大烈，和志武.1994.纳西族史.成都：四川民族出版社，556～557.

经过马帮驮，来到了船边。

茶叶和酥油，来到丽江城。

两族两颗心，相会在一起。①

　　这种纳西族、藏族友好往来的观念，自古就扎根于纳西族的深层认识中，类似的大家喜闻乐见的民间文学形式在纳西族地区还有很多，它们并没有多少道德说教，但事实上却反映了纳西族与他族相互交往、学习，以及和睦相处的情境，正可谓以事实本身对后代进行着生动的教育。

　　其次是家庭道德教育。家庭道德教育与家庭的类型密不可分。人类家庭发展史大体经历了血缘家庭、母系制家庭、对偶婚家庭、父系制大家庭，以及一夫一妻制小家庭的过程，而直到 20 世纪 50 年代前，纳西族地区几乎存在以上各种家庭类型。这里我们以宁蒗永宁纳西族的家庭类型为例，来讨论纳西族地区的家庭道德教育。在永宁，母系家庭被称作"衣社"，女家长被称为"达布"，通过当地的谚语可以窥见其对"衣社"内女性地位的重视：

无男不愁儿，无女水不流。

生女重于生男，女儿是根根。②

兄弟姊妹在一起，是纳西族的老规矩；

大家抱成一个团，生活才能有幸福。③

　　这种家庭的道德和行为教育，以服从母亲为主，并由此扩及整个家庭的团结齐心。家中很少有人攒私房钱，男子外出务工所得收入大部分交给达布，仅留少量用来结交阿夏。家中尊老爱幼，很少有人吵架：室内落座，先让老人，吃饭亦先端给老人；对儿童皆一视同仁、视为己出，很少打骂儿童。而当家的达布并无特权，而是秉公办事、吃苦在先，故受到了成员的普遍拥戴。

　　最后是社会公德方面的教育。纳西族非常重视以互助、公平为基础的社会公德，他们憎恶自私、欺诈等不道德行为。这与其传统的生活方式是不无关系的，下面是纳西族流传的一些堪称社会公德教育的谚语、格言④：

石头不烫蜂不搬，官家不恶奴不逃。

豺也有伴，鹰也有伴，恶人无伙伴。

① 王明达，张锡禄.1994.马帮文化.昆明：云南人民出版社，257.
② 严汝娴等.1984.永宁纳西族的母系制.昆明：云南人民出版社，65～70.
③ 高发元等.1990.中国西南少数民族道德研究.昆明：云南民族出版社，53.
④ 和少英.2000.纳西族文化史.昆明：云南民族出版社，140.

下面是过去纳西族地区各村寨一些有关生态保护的乡规民约摘录①:

> 不能砍伐水源林,不能污染水源,不能在饮用水上游洗涤脏物,不能倒脏物于水沟中,不能砍伐和放牧过度而使山上露红土,不能叫自己的牲畜毁坏别人的庄稼,不能随意砍伐大树和幼树,连被风刮倒的大树也不能随意抬回家。

对于以上各条约,各村寨还会通过村民大会公推德高望重的老人组成长老会,督促实施。这些乡规民约虽常伴有一些自然崇拜或宗教信仰的色彩,譬如,它们皆为"神林"或"圣泉",而且有"术"神保护,但它们实质上是对自然的一种调节措施,也是一种颇具特色的社会公德教育。

三、文化知识与科技教育

文化知识主要指东巴文等文字的学习,而纳西族的科技教育内容丰富,涵盖了天文历法、传统医学,以及手工造纸等多个领域,此处重点介绍天文历法。

纳西族的文字主要有东巴文、哥巴文,以及 20 世纪 50 年代创制的以拉丁字母为基础的拼音文字三大类,此外,阮可文和玛丽玛萨文也在纳西族部分地区流行,它们实际上为东巴文中衍生出来的两种文字变体。这里重点介绍一下东巴文字和哥巴文字。

东巴文是一种较为古老的象形表意文字,被称作"森究鲁究","森"即"木","鲁"即"石","究"为"痕迹",语意为"木上的痕迹",后引申为文字,由于掌握并使用这种文字者多为东巴教的经师和祭司,故纳西族民众将其称为"东巴文"。据统计,东巴文只有 1000 余个字形,其中既有一字一音的象形文字,又有一部分用图画表意的、主要起提示作用的"缩略语"式文字,可以说正处于由图画文字向象形文字过渡的阶段。在这种东巴文象形文字体系中,还有许多形声字、会意字和指示字。②

纳西族的祭司除创造了东巴文这种象形文字外,还创造了一种哥巴文。哥巴文为一种音节文字,被称为"哥巴特恩","哥巴"即"弟子"之意,"特恩"即文字,或可引申为"书",合为"弟子之文字"或"弟子之书"。而相传哥巴

---

① 郭大烈,周智生.2006.家住长江第一湾的纳西族.武汉:湖北教育出版社,58.
② 和少英.2000.纳西族文化史.昆明:云南民族出版社,109.

文为东巴什罗的 360 个弟子所创。① 关于这种哥巴文，李静生认为，它"是以记号文字为主，吸收了相当一部分脱胎于东巴象形文及新创的表意文字，以及有少量几个表音假借字的文字系统。……哥巴文的产生则说明纳西先民已觉察到东巴象形文的局限性，并对原有文字体系着手进行改造和创新工作"②。

传授天文历算知识，是纳西族传统科技教育中一个重要的方面。卡西尔曾指出："天的现象的重要性从来就没有被完全忽略过。人一定很早就已意识到这个事实，他的全部都是依赖于某些普遍的宇宙状况的。"③ 从《崇般图》《懂术战争》《什罗祖师传略》《献冥马》《虎的来历》及《迎净水》等较集中反映纳西族先民对宇宙起源、天地存在与结构、天地运动认识等的东巴经经典可以看出，纳西族先民对自然万物的认识，都包含在神话、巫术及宗教中，这决定了其科学知识的传递也只能借由神话、巫术及宗教的形式实现。英国人类学家詹姆斯·弗雷泽（James Frazer）在其名著《金枝——宗教与巫术之研究》（*The Golden Bough*：*a Study in Magic and Religion*）中曾谈道："……随着人类知识的增长，人们清楚地认识到自然的广袤无垠和自己在自然面前的渺小与软弱。然而这样的认识并不导致相应的信念：认为自己想象的那些存在于宇宙内的超然神也是软弱无能的；相反，却更加强了认为神具有能力的信念。这是因为那时的人对于宇宙是按照不变规律活动的自然力量体系的这种思想，还没有充分认识，或者还是蒙昧无知。"④ 而将纳西族先民对人类起源的朴素说法归纳起来，可以得出这样一个线索，即在纳西族的古老观念中，认为人类最初根源于"气"，演生于"水"，脱胎于"蛋卵"。⑤ 纳西族在演唱这类创世史诗时，都要举行虔诚、庄重的仪式。他们将这种传承宇宙起源、人类起源知识的教育，看作十分重要的大事。而这种"知识的传承，不仅传递了先民们关于自然的认识，而且，还传递了一种他们认识和思维事物，继而处理事物的方式。前者，是显性的；后者，则是隐性的"⑥。

纳西族先民很早就学会了以日、月、星辰的运行作为掌握时令、判断季节

---

　　① 李静生.1991.论纳西哥巴文的性质//郭大烈，杨世光编.东巴文化论.昆明：云南人民出版社，131～150.

　　② 张诗亚.2001.祭坛与讲坛——西南民族宗教教育比较研究.昆明：云南教育出版社，208.

　　③ 〔德〕恩斯特·卡西尔.2004.人论.甘阳译.上海：上海文艺出版社，64.

　　④ 〔英〕J.G.弗雷泽.1998.金枝——宗教与巫术之研究.徐育新等译.北京：大众文艺出版社，140.

　　⑤ 郭大烈.1999.纳西族文化大观.昆明：云南民族出版社，568.

　　⑥ 张诗亚.1994.西南民族教育文化溯源.上海：上海教育出版社，136.

的标准，东巴经籍中已出现诸如《祭星》《星占》之类的专门经典。北极星在东巴经典中被称为"星王"，纳西族人将它作为测定方位和设置祭坛位置的主要依据。而彗星、五大行星、二十八宿，以及月亮、太阳的运行情况，在不少东巴经籍中都有记载。此外，在纳西族人的观念中，一年分为春、夏、秋、冬四季，每季 3 个月，共 12 个月；月大 30 天，月小 29 天，每 4 年有 1 个闰年。每天被划分为 12 个时段：鸡鸣为虎时，天明为兔时，日出为龙时，早餐毕为蛇时，日当午为马时，午饭后小憩时为羊时，日落前为猴时，日落时分为鸡时，天黑后为狗时，结束一天劳作上床睡觉时为猪时，子夜时分为鼠时，深更半夜则为牛时。[①] 纳西族的这些物候历往往是与农事活动结合起来进行的。换言之，它们既是农事节令，又是开展其他活动习俗的依据。以此种形式进行天文历法教育，可谓完全与生产劳动、生活习俗相结合。

四、艺术教育与体育

纳西族艺术教育涵盖广泛，这里我们主要通过舞蹈、音乐及绘画等艺术形式来对艺术教育做一概览。正如张诗亚先生所言："音乐、舞蹈在教育中既有工具性，又具有实质性，也就是具有双重教育功能。"所谓工具性，他谈到，是指"音乐和舞蹈本身具有一定的技艺，若要参与唱歌、跳舞等活动，就必须加以学习。这种学习就是一种工具性的学习，能使学习者在某一方面的潜能得到发展"。而所谓实质性，"是指在完成工具性学习的同时，必须会受到词和舞蹈语汇所表现的思想情感的感染，从而也接受了一定文化观念及民族意识的教育"[②]。

纳西族民歌浩如烟海，不同地域、不同时期各有其不同门类、不同唱腔、不同情调和不同风格（表 3-1～表 3-3）。

表 3-1 纳西民歌分类（按地域）

区域	范围	特征	例证
西部方言区	玉龙山、金沙江西南的纳西族	舒缓悠长、含蓄委婉、忧伤哀怨	《谷气调》《喂蒙达》《四喂喂》
东部方言区	玉龙山、金沙江东北的摩梭人	奔放明朗、高亢粗犷	《阿哈巴拉》《歌唱狮子山》

资料来源：郭大烈.1999.纳西族文化大观.昆明：云南民族出版社，400～401

---

① 和少英.2000.纳西族文化史.昆明：云南民族出版社，199～204.
② 张诗亚.1994.西南民族教育文化溯源.上海：上海教育出版社，138～139.

表 3-2　纳西民歌分类（按历史发展轨迹）

时期	内容	例证
氏族公社前	狩猎、游牧	《热美蹉》
农耕定居期	农耕生活	《栽秧歌》《劝牛调》
阶级社会	被压迫者呻吟	《喂蒙达》《拉伯谷气》
商品经济期	商品经济	《毪鲁裤子》《买卖岁寿》
建国前后	颂扬新生活	《阿哩丽》《劳喂歌》

资料来源：郭大烈主编.1999.纳西族文化大观.昆明：云南民族出版社，400~401

表 3-3　纳西民歌分类（按类别）

类别		时间/地点	特征	例证
山歌		田野山间、途中	节奏自由、舒缓婉转	《谷气》《阿卡巴拉》
小调		闲暇时	音域不宽、结构短小；自娱性	《纳西小调》《喂劳歌》
劳动歌		劳作时	音域较窄、节奏鲜明、旋律简单	《栽秧歌》《春碓歌》《犁牛调》
习俗歌	情歌	恋爱时	独特含蓄	《谷气》《诗授》
	婚歌	婚嫁时	欢快喜庆	《四喂喂》《窝莫里》
	丧歌	丧礼时	哀伤低沉	《幕布》《热尺》
儿歌			轻快活泼、形象生动	《放风歌》《月亮歌》

资料来源：郭大烈.1999.纳西族文化大观.昆明：云南民族出版社，400~401

纳西族的舞蹈类型也很繁多，按不同表演形式和场合，大致可分为 7 类（表 3-4）。纳西族的音乐和舞蹈多与社会的生产、生活等融为一体，也是一种极好的随境式教育。在纳西族地区，即使是非常偏僻的寨子，也会有音乐舞蹈教育。纳西族人从小就耳濡目染于这种习俗化的音乐、舞蹈教育中，他们个个都堪称其音乐、舞蹈的"行家里手"。很显然，这是一种普及化了的音乐、舞蹈教育。

表 3-4　纳西舞蹈类型表

类别	所反映的内容及功能
劳动生产舞	采集、狩猎、畜牧、农耕等生产生活过程
风俗歌舞	婚礼、节庆活动等社会内容及心理
禽兽虫鱼舞	对各种动物动作的模仿和图腾的崇拜
祭祀舞	祈丰禳灾、驱恶扬善等观念与心理
丧葬舞	对死者的追悼及对生的渴求
战争舞	对战争的模仿和扬善惩恶观念
自娱性舞蹈	调节生活与宣泄情感

资料来源：郭大烈.1999.纳西族文化大观.昆明：云南民族出版社，400~401

此外，在古代纳西族音乐、舞蹈教学专门化的过程中，还出现了相应的教材——纳西族东巴象形文字舞谱（图 3-1）。图中 1~30 为神舞类；31~41 为禽兽舞类。其具体名称分别如下：1 为亨迪俄盘舞、2 为亨衣格孔舞、3 为丁巴什罗分娩舞、4 为丁巴什罗学步舞、5 为巴什罗出魔海舞、6 为神女拉姆舞、7 为丹音拉姆舞、8 为茨里拉姆舞、9 为朗究敬究舞、10 为多格尤玛舞、11 为巴乌尤玛舞、

12 为图赤尤玛舞、13 为蒙布汝绒舞、14 为尤玛磨剑舞、15 为达拉米布舞、16 为卡饶米究四头大神舞、17 为左提尤玛舞、18 为格泽楚布东方大神舞、19 为色日米贡南方大神舞、20 为纳塞崇陆西方大神舞、21 为古塞克巴北方大神舞、22 为索羽季古中央大神舞、23 为沙利乌登舞、24 为魔女固斯麻舞、25 为玛米巴罗舞、26 为罗巴托格舞、27 为塔尤丁巴舞、28 为羽培爪索十三战神舞、29 为羽吕爪索十三战神舞、30 为羽季爪索十三战神舞、31 为白海螺大鹏鸟舞、32 为白海螺狮子舞、33 为绿松石飞龙舞、34 为猛虎舞、35 为走龙舞、36 为飞龙舞、37 为金色神蛙舞、38 为白山羊舞、39 为白额黑犏牛舞、40 为白牦牛舞、41 为进孔雀舞。以上仅是总的舞谱，接着还有关于各种舞蹈具体跳法的动作谱等，非常详尽。

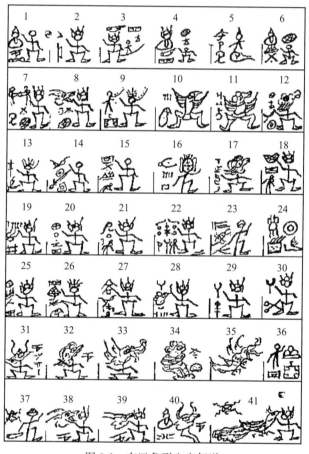

图 3-1　东巴象形文字舞谱

资料来源：戈阿干．1991．古纳西象形文舞谱及其谱源探考//郭大烈，杨世光编．东巴文化论．昆明：云南人民出版社，580～599

纳西族东巴画是一种古老的绘画艺术形式，它用线条和色彩等手段构筑一定的艺术形象，反映纳西族社会生活的各个不同侧面，按其制作形式与反映的内容可分为木牌画、竹笔画、纸牌画和神轴画4大类。这些画多取材于东巴经典籍，所绘内容涉及各种神灵鬼魅、鸟兽虫鱼、树木花草及人物形象等。东巴画中最负盛名的当属大型神轴画"神路图"①：在长达15米左右的布卷上，一般要画上300多个神灵鬼魅和东巴等人物，以及近80个珍禽异兽，此画为东巴在举行开丧和超荐等仪式上必不可少的法器。可见，以纳西族绘画艺术为代表的美术教育同音乐、舞蹈教育一样，也具有工具性和实质性的功能：一方面，它培养了一批能工巧匠，创造了纳西族甚或中华美术史上的不少杰作；另一方面它又把诸如宗教观念、图腾崇拜等的民族文化观念和习俗一代代传递下去。

纳西族人的传统体育活动非常繁多，其中"规模较大，参与人数较多的有赛马、东巴跳、打跳、芦笙跳、射弩、摔跤、拔河、斗牛、放河灯、放孔明灯、跑罐子、转山、转海、布球、木球、草球、猪尿泡球、投石器、掷坑、踢毽、母鸡棋、足球以及放鹰等项目"②。这些形式多样的传统体育活动，既有在生产劳作和日常生活中产生出来者，又有从战争和"人神交往"的宗教祭祀仪式中发展而来者。概而言之，这些体育活动集"竞技性""娱乐性"和"宗教性"于一体，具有强身健体、增进民族向心力、传承民族传统文化观念等多方面的功能。

第三节　"寓融于活动"的独特教育形式

一、别具特色的教材

第一是神话传说及史诗。神话、传说、历史故事及史诗等作为纳西族传统教育的一种教材，具有现代教材系统所不具备的一些特点。③

一是通俗性与普及性。纳西族古老的神话、传说、历史故事及史诗堪称古代百科全书，包含的内容非常广泛。而其中所包含的人类对大自然及人类社会的认识与经验，皆以民族成员所熟悉的形式来表现。譬如，关于祭天习俗的传

---

① 纳西族称之为"恒丁"，即指引死者亡灵奔向乐土之路的画图。
② 和少英.2000.纳西族文化史.昆明：云南民族出版社，207～208.
③ 张诗亚.1994.西南民族教育文化溯源.上海：上海教育出版社，149～150.

说，东巴经《人类迁徙记》（又名《创世纪》）中有这样的记载①：

> 远古时，纳西始祖崇忍利恩与天女成婚，生了三个儿子，大了都不会说话。后来，人祖派蝙蝠到天上，侦探得知天神子劳阿普的秘密，即用黄粟树两枝、柏树一枝诚心祭天。果然，祭祀仪式还未结束，就见有匹马来吃蔓菁，孩子们心一急便开口说话了，长子说的是藏话，变成了藏族；次子说的是纳西话，变成了纳西族；而幼子说的是白话，变成了白族。

这里用这种传说的方式解释纳西族与周边两大民族——藏族和白族的"同胞"关系，虽然现在看来有些荒谬，但却是生动有趣的，在无法产生科学解释的远古时代是非常有生命力的，这也是完全适应于纳西族先民的认知水平和生活经验的。

二是形象性。从《人类迁徙记》中可以看出，神话传说往往有原始初民们所熟悉的拟人化人物和喜闻乐见的故事情节，这具有很强的形象性。

三是易于传颂性。心理学的相关实验已证明，形象记忆最容易形成，也最易保存。纳西族这种教材导向的以强烈的兴趣唤起为前提的接受，因此必会进入记忆的深层，加以音乐、舞蹈等辅助形式的作用，从而使信息的接受、提取变得格外容易。

四是生活情境性。任何一个民族的神话、传说、历史故事及史诗等，都是该民族的"集体表象"，也是其传统文化的一个有机组成部分。纳西族神话、史诗等作为教材实际上就是以生活本身作为教材，因为它们与纳西族人的习生活方式是互为补充、互为依存的。

五是随时强化性。神话、传说、历史故事，以及史诗等这类教材本身就是纳西族人生活的一个有机构成，因此，通过他们所学到的知识、习得的观念，便会很自然地在生活中找到自身的意义。如此，知识便能在自己的生活中随时随地得到强化、检验、评估及应用，类似于巩固、复习这样的问题在此几乎不存在。

第二是各种器具及自然物。纳西族地区各种日常器具及自然物在民族传统教育中也常被用作天然的教材。

人们用自己的双手制造了各种器具，同时也赋予了它们以教育意义。正如前文所述，此种教育与以自然为教材的教育一样，往往是借诗歌的形式进行。

---

① 郭大烈.2008.略论纳西族心理素质特点及其变异因素//郭大烈.郭大烈纳西学论集.北京：民族出版社，1～8.

各种器具和自然物一旦同宗教观念相结合，便成了法器和灵物。这里我们以法器为例来做一探讨。法器，是指宗教人员从事法事活动时所用的的器物。法器的种类很多，有专为法事而做的器物，也有被赋予宗教意义的一般生活、生产用具。[①] 如纳西族东巴手中的法杖，因其顶端所饰为日、月，被认为具有强大的魔力，指向魔鬼，魔鬼就会丧命，必须资深、学问高的东巴大师才有资格使用。平时东巴深藏之，不轻易示人。

此外，东巴在做法事时所用的法器还有象征着太阳的"展兰"（铜板铃），象征着月亮的"达克"（皮手鼓），以及神轴画、海螺、五幅冠、刀、弓等。[②] 这些法器是有其来由的，譬如，皮手鼓是用羊皮制作的，这与氐羌族系的羊图腾崇拜有关。在他们看来，只要敲起羊皮手鼓，便能听到祖先的声音和教诲，使自己的心与祖宗的灵魂沟通，从而获得先祖英雄般的智慧与力量，唤起一种强烈、持久的情感。显然，法器中凝铸着纳西族的历史和各种英雄传说，是其民族宗教观念的物化形态，可以说具有多方面的教育意义。

第三是各种禁忌及习惯法。在纳西族中，禁忌与习惯法贯穿于日常生活的各个领域，它们也堪称是一种特殊的教材。在此我们以禁忌为例做一探讨。居住在香格里拉三坝乡白地村的纳西族人至今仍生活在一种丰富多彩的观念世界中，他们的想象里几乎处处都是神、鬼与人生活在一起，因而便在日常生活中形成了许多禁忌，当地纳西族人的主要禁忌如下[③]：

严禁砍伐村寨的童树，认为如砍了此类树便会引起刮大风和下大雪之类的自然灾害。

在立春之后，如发现豌豆或鸡豆地里有水的痕迹，就不能放水灌溉，否则会影响收成。

妇女分娩时家中烧香和点灯，产房门口要悬挂一个盛着清水的瓶子，内插筷子，这样既可防止外人进入，又能够避邪。分娩后的 3 天之内，丈夫需睡在产妇房内，以防妻子做噩梦。

显然，上面的各条禁忌，从不准砍伐"童树"到产妇禁忌，按现代科学观点看来都是对相应对象的保护：保护"童树"是从源头上保护生态；而刚分娩的产妇身体虚弱，易受病菌侵袭，而相应的禁忌正是让其恢复体力、安心休养的"举措"，可以说这是一种相当好的教育形式。当然，禁忌这种教育形式通常

① 张诗亚.2001.祭坛与讲坛——西南民族宗教教育比较研究.昆明：云南教育出版社，190.
② 和少英.2000.纳西族文化史.昆明：云南民族出版社，114.
③ 和少英.2000.纳西族文化史.昆明：云南民族出版社，188～189.

是通过宗教的神圣威慑力来迫使人们遵从某些古老习俗的。

在人类文明的初级阶段，"禁忌"一词"包括了宗教和道德的全部领域……禁忌的本质就是不依靠经验就先天地把某些事情说成是危险的。……禁忌体系尽管有其一切明显的缺点，但却是人迄今所发现的唯一的社会约束和义务的体系。它是整个社会秩序的基石"①。弗兰克·杰文斯（Frank Jevons）则把禁忌说成是某种绝对命令——原始人当时所知道和能理解的唯一命令，他谈道："事实上，那些东西在某种意义上并不是危险的，把它们看作危险物的信仰是不合理的。然而，如果那时不存在那种信仰，那么也就没有现在的道德，从而也就没有文明。……这种信仰确是一种谬误。……但是这种谬误乃是一个护套，它保护着一个就要开花并结出无价之果的胚胎——社会契约的胚胎。"② 在这里，卡西尔和杰文斯两位大师关于禁忌的描述，皆指出了作为一种教育形式的禁忌对社会发展的重要意义。

二、独特的教育方式

首先是关于家族历史的一种教育形式——连名制。连名制是许多民族为了让其后代子孙记住自己家族的血缘联系及民族迁徙的辛酸史，在给下一代或村寨取名时，往往采用连名制。连名制有母-子连名制、父-子连名制及地名连名制。③ 这堪称是关于家族历史及其民族迁徙史的一种独特教育形式。下面是从《木氏宦谱》中节录的纳西族父子连名的情况：

……哥来秋—秋阳—阳音都谷—都谷剌具—剌具普蒙—普蒙普王—普王剌完—剌完西内—西内西可—西可剌土—剌土俄均—俄均年西—年西年磋—年磋年乐—年乐年保—年保阿琮……④

在这里，木氏家族各代的血缘继承关系，从父子连名上可看得一清二楚。

第二是关于性爱方面的教育。性爱教育首先表现在性与生殖崇拜上。历史上纳西族地区的生存环境相对严酷，生产力极其低下，纳西族先民对环境所表现出的抗争（抑或顺应）形式大致有二：改善获食系统和本能地增加人口数量。而在这一抗争中，很自然地会出现性与生殖崇拜这一教育方式。例如，云南永

---

① 〔德〕恩斯特·卡西尔.2004.人论.甘阳译.上海：上海文艺出版社，145～150.
② 〔德〕恩斯特·卡西尔.2004.人论.甘阳译.上海：上海文艺出版社，145.
③ 张诗亚.1994.西南民族教育文化溯源.上海：上海教育出版社，156.
④ 郭大烈，周智生.2006.家住长江第一湾的纳西族.武汉：湖北教育出版社，164.

宁纳西族支系摩梭人的生育女神是"那蹄"。在祭祀时，达巴（神职人员）用糌粑捏成一个女性形象，腹部放一个鸡蛋，象征多产、生育，俨然为一典型的多产妇女形象。当地妇女不育时，还有祭祀格姆女神生殖器的习俗。[1] 生殖崇拜是人类社会各民族文化的深层结构之一，"人类及其关心的是传种与营养。传种与营养对于宗教的关系时常被人承认，特别是性，常被看作宗教的主要根源，然而实际上，看看性的力量在一般的生活是多么厉害，则觉得对于宗教的影响未免小得惊人了"[2]。性与生殖崇拜的对象在形式上是性器官、性交及其象征物，实质上是民族的繁衍、发展与保持祖宗的传统。而这样的崇拜活动源自人类的本能，具有极大的刺激性与普遍性，男女老幼皆可参与，是经过长期的社会实践而总结出的一种适合民族整体文化水平的行之有效的教育方式。

最后是情爱教育。这里主要以纳西族青年男女的恋爱习俗为例来透视其情爱教育。在古代纳西族青年男女婚前就享有谈情说爱的自由：他们"十五六岁即开始社交，恋爱方式文雅，谈情说爱必有小水沟或树木相隔，以弹口弦或吟诵'诗授'，表达爱慕之情……庙会、节日、街子天或村寨办红白喜事等场合为青年男女恋爱的好时机"[3]。至今还存在"阿夏婚"的泸沽湖摩梭人少男少女在13岁行过"穿裤子""穿裙子"礼后，便可参加社交活动，结交阿夏。男女通过生产劳动、节日和平日接触，有了一定的感情后，男的可主动向女的提出："今晚若有空，我来找你玩可以吗？"若女方回答："你愿意来就来吧！"这样男子便可去女方家走访，按习惯，双方要交换腰带、戒指、手镯等信物。阿夏关系最初是秘密的，尤其是女孩初次结交阿夏，一般会告诉男阿夏一个秘密的地方约会；有的则事先约好暗号，如男的往女的屋顶丢个石子、敲几下门，女的便闻声开门……[4]四川木里俄亚通行"安达"（当地纳西语为"朋友"之意）婚的纳西族，其婚前男女结交安达的形式也是多种多样的：一般通过上山砍柴、下地劳动或上山采集用于织布的火草活动，建立感情……也有的通过节日和红白喜事活动，跳舞唱歌，对歌传情。[5] 在此，笔者节录永宁泸沽湖摩梭人的一段情歌《阿哈巴拉》如下[6]：

---

① 严汝娴，宋兆麟.1983.永宁纳西族的母系制.昆明：云南人民出版社，200.

② 〔英〕马林诺夫斯基.1986.巫术、科学、宗教与神话.李安宅译.北京：中国民间文艺出版社，24.

③ 郭大烈，周智生.2006.家住长江第一湾的纳西族.武汉：湖北教育出版社，176.

④ 郭大烈，周智生.2006.家住长江第一湾的纳西族.武汉：湖北教育出版社，179.

⑤ 郭大烈，周智生.2006.家住长江第一湾的纳西族.武汉：湖北教育出版社，189.

⑥ 和志武.1980.摩梭情歌.玉龙山，（2）：16～19.

阿都我们两个呀，好像水和奶一样；

清水白奶来相会，大油桶里来交融。

阿都我们两个呀，好像茶和盐一样；

绿茶白盐来相会，煨茶罐里来交融。

大刀刃上要修路，马鹿角上要搭桥；

风吹山头草摇晃，狂飙刮我不动摇！

这里用日常生活中常见的水、奶、盐和茶结合来比喻爱情的交融，给人以自然贴切的感觉，并有密不可分之意；而对爱情则要"刀刃修路""鹿角搭桥"，表现了纳西族先民两性坚定不移、忠贞不渝的爱情观。可见，纳西族地区各种不同形式的恋爱中还渗透着诸如"弹弦吟诗""对歌跳舞"等各种不同知识和生产劳作技术的学习。综上，把知识和技术的学习同恋爱这一人人必须经历的人生大事结合起来，并使之"风俗化"，无疑是一种使传统文化得以传承的行之有效的方法。也正是借以这些方法，纳西族的传统文化才能历经数千年的沧桑而传承至今。

第四章 | 纳西族学校传承民族文化的必要性及现状

第一节　学校教育传承纳西族文化的必要性

　　当今，全球文化与经济的一体化使纳西族文化处于劣势，在民族地区，文化交流在很大程度上是发达国家及国内主流文化的单向输入，民族文化传承面临着严峻的挑战：一是民族文化的生存和发展面临着危机；二是民族文化传承的固定空间被打破。[①] 从前两章对纳西族传统文化的传承与功能的分析可以看出，历史上纳西族文化有多种传承模式，然而，在现今的纳西族地区，传统的纳西族文化已在很大程度上丧失了原有的生存基础，除学校传承外，前述其他诸种传承模式的功能出现了不同程度的削弱，甚至式微，纳西族文化的传承陷入了困境。而在这种形势下，学校教育担负起传承传统文化的重任也就显得非常必要。

一、纳西族文化的当代传承困境

　　人类学家认为，文化的变迁是一切文化的永存现象。[②] 的确，在历史的长河中，任何事物都是在不断发展和变化着的，然而"这种文化变迁的驱动力主要是来自文化主体的外部，主体处于被动适应的情况下，难免会被迫放弃或牺牲传统文化中许多有价值的东西"[③]。这种变迁的一个显著特征便是民族心理的变

　　① 曹能秀，王凌. 2010. 试论教育中的少数民族文化传承面临的问题与挑战. 当代教育与文化，(1)：14～18.

　　② 黄淑娉，龚佩华. 2004. 文化人类学理论方法研究. 广州：广东高等教育出版社，216.

　　③ 黄光成. 2006. 云南民族文化纵横探. 北京：科学出版社，313.

迁。费孝通先生曾指出，心理素质"这个特性可能比其他的特性在形成和维持民族这个人们共同体上更显得重要"①。而"民族心理是指一个民族作为一个大群体所具有的典型心理特点，也包括该民族成员身上所表现出来的个体心理特点"②。换言之，民族心理包含群体民族心理和个体民族心理，族际关系的存在及该群体内部社会生活方式在人们心理上的共同反映即为群体心理。而一个民族心理特征就表现在该民族的传统文化之中。近现代以来，地域的开放性、经济的发展、交通的发达与便利，使得纳西族与以汉文化为主的社会交流密切，加之大众传媒的冲击，纳西民族心理发生变迁，传统民族文化的传承面临着一定的危机。尤其是随着近年来纳西族地区与外界社会交流的增多，纳西族地区兴起了"打工热""旅游热"，纳西族传统文化的生存空间更是受到了前所未有的挤压。下面仅以纳西民族语言传承困境为例来详细论证之，以期以一斑而窥全豹。

首先，是来自旅游业的冲击。正如有研究显示的那样，旅游业可以通过 3 方面使语言发生变化：一是经济变化。由于旅游发展而产生的就业机会往往被外人所得，当地人不得不用自己族群语言以外的语言与外面的人进行交流。二是示范效应。外面的人所显示的物质优越感和他们的言谈举止会使当地人对外面的世界产生兴趣，为了追求同样的社会地位，本族群的人会积极地学习他族语言。三是直接的社会交往。在旅游地，游客和当地居民在各种情况下进行直接交往，尤其是零售商和其他服务行里的当地人，他们只有用外语才能与外面的游客沟通。③ 因旅游业的发展而带来的同化力量严重地威胁着旅游地语言的纯洁性，而本族语言的衰弱则会动摇旅游地稳固的社会模式和文化特征。在这方面，纳西族聚居的丽江地区堪称首当其冲，丽江古城于 1986 年被确定为国家级历史文化名城，1997 年又荣登联合国教科文组织评选的世界文化遗产之列④，尤其是自从 1996 年 2 月 3 日地震以来，以古城为代表的丽江旅游在一夜之间名声大噪，国内外游客纷纷而来。例如，2005 年，丽江市共接待海内外游客 404.23 万人次，其中海外游客 18.28 万人次，国内游客 385.95 万人次⑤，这样纳西族人每天都会与外来游客接触，为不影响与外面游客的语言交流，纳西族

① 费孝通.1981.民族与社会.北京：人民出版社，17.
② 王军.2007.教育民族学.北京：中央民族大学出版社，216.
③ A.马西森，戴凡.1993.旅游业的社会影响.地理译报，(3)：16～20.
④ 郭大烈，周智生.2006.家住长江第一湾的纳西族.武汉：湖北教育出版社，62.
⑤ 《纳西族简史》编写组.2008.纳西族简史.北京：民族出版社，120.

人只能抛弃自己的语言以方便与外来游客进行沟通。这种现象使纳西族语言文化的内部结构受到了严重的影响。

其次是现代媒体语言对纳西族青少年学习本族语言的影响。媒体语言是指各种媒体对语言文字的使用方法、过程及结果，具体包括报刊语言、广播语言、电视语言和网络语言。[①] 除了家庭、学校之外，青少年接触社会的主要窗口、手段及途径就是媒体，因此，媒体是广大青少年社会化的重要因素之一。以电视为例，近年来随着纳西族地区电视的普及，电视成了青少年了解外面世界的"窗口"，也是他们休闲娱乐的主要方式之一。电视语言对青少年价值观的影响，具体地体现在青少年语言习惯的形成和语言意识的培养方面。[②] 作为推广普通话的样本，电视语言深深地影响了广大青少年的语言习惯，使其渐渐抛弃了学习本民族语言的意识。

再次是纳西族语言使用价值的弱化。随着纳西族地区外出"打工热"的兴起，纳西语与普通话等"外来语"相较而言，其价值明显处于劣势，这影响了父母对待孩子学习自己语言的态度，从而也影响了纳西族语言的传承。例如，笔者在丽江市古城区黄山社区黄山村及邻近的士满村对 30 户村民进行调查，当被问及"您在家和孩子是用纳西语还是汉语讲话"的问题时，他们对此做的回答如图 4-1 所示。

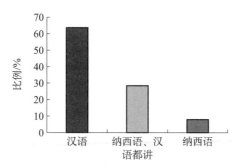

图 4-1　纳西族家长与其子女在家用何种语言交流比例统计图

这里三种情况都不是绝对的，图中"汉语"，是指以汉语为主；"纳西语"是指以纳西语为主；
"纳西语、汉语都讲"是指两种语言使用频次差不多

与此同时，纳西族义务教育也已普及，纳西族地区的生产、生活方式在改变，其民族心理亦悄然发生着变化。许多纳西族家长认为孩子们只需要在学校

①　姚喜双等 . 2007. 媒体语言对青少年价值观的影响 . 教育研究，(11)：16～24.
②　姚喜双等 . 2007. 媒体语言对青少年价值观的影响 . 教育研究，(11)：16～24.

学习知识即可，没必要再学习那些父辈们曾学习的东西。例如，当笔者问及"您对学校里开设一些纳西族文化的课（比如，跳东巴舞蹈、唱纳西民歌）有何看法"时，他们的回答如图 4-2 所示。

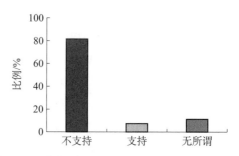

图 4-2　纳西族家长对学校开设民族文化课的态度统计图

另外，外出打工者多为青壮年，每逢重要节庆活动由于缺少青壮年的参与，许多传统民族项目因无法进行而废止，孩子们因此缺少受教育的机会，纳西族传统文化传承逐渐出现断层。正如米德所言："我开始明白，认同和义务的无常是同一个更大问题的一部分，即整个世界处于一个前所未有的局面之中，年轻人和老年人——青少年和所有比他们年长的人——隔着一条深沟在互相望着。"①的确，文化需要代际传延，然而这一无形的"深沟"却阻碍了民族传统文化的传承，因此出现了民族传统文化的断层，致使一些文化样式正濒于消亡。

二、纳西族文化进校园的依据

（一）理论依据

首先，从宏观层面看，纳西族学校民族文化传承是文化全球化和多元文化发展的必然要求。随着全球化进程的加剧，人类面临着两大挑战：一是如何理解、处理"全球一体化"与"民族文化多元化"的冲突与和谐的关系；二是如何处理多民族国家的"国家一体化"与"民族文化多元化"的冲突与和谐的问题。②而正确认识和处理文化全球化和多元化的关系问题，是积极应对以上两大挑战的关键。

---

① 〔美〕玛格丽特·米德.1988.代沟.曾胡译.北京：光明日报出版社，6.
② 曹能秀，王凌.2007.少数民族地区的学校教育和民族文化传承.云南师范大学学报（哲学社会科学版），（2）：64～68.

　　一方面，不同地域、不同民族的文化要渐趋走向融合，成为全球文化。全球化的两个客观表征为内容的综合性与时空的压缩性。罗兰·罗伯逊（Roland Robertson）认为，"作为一个概念，全球化既指世界的压缩，又指认为世界是一个整体的意识增强"①。全球化具有"去民族化""去疆域化"特征，但这并不意味着要消灭民族性、疆域性，而是将民族性、疆域性纳入世界范围内考虑，在世界的相互关联中凸显民族性。正如安东尼·吉登斯（Anthony Giddens）所言："全球化的概念最好被理解为时空分延（time-space distanciation）的基本方面的表达。全球化使在场和缺场纠缠在一起，让远距离的社会事件和社会关系与地方性场景交织在一起。"② 在全球化进程中，各民族国家为避免被同化甚至蚕食，都会力争保持自己的独立性。因此，全球化过程是全球化与本土化的博弈过程，全球化并非一种单一的整体，而是一个多元一体，有趋同的一面，更有多元的一面。换言之，全球化不是要放弃民族化，而恰恰是为了民族文化，因为"只有民族的才是世界的"。

　　另一方面，我们在承认文化全球化的同时，也要认可文化的多元化。"全球化中的文化或文化的全球化，永远包含着世界的与民族的、全球的（global）与本土的（local）两种充满张力的要素；它是世界——民族的或民族——世界的，或者，是全球——在地的或在地——全球的。"③ 文化的多元化是人类社会进步的象征，是人类社会生活丰富多彩、充满活力的保障。在联合国教科文组织大会第三十一届会议上通过的《世界文化多样性宣言》（Universal Declaration on Cultural Diversity）的第一条和第二条中有这样一段阐述："文化在不同的时代和不同的地方具有各种不同的表现形式。这种多样性的具体表现是构成人类的各群体和各社会的特性所具有的独特性和多样化。文化多样性是交流、革新和创作的源泉，对人类来讲就像生物多样性对维持生物平衡那样必不可少。从这个意义上讲，文化多样性是人类的共同遗产，应当从当代人和子孙后代的利益考虑予以承认和肯定。在当今社会中必须确保属于多元的、不同的和发展的文化特性的个人和群体的和睦关系和共处。并在第三条中强调：文化多样性增加了每个人的机会；它是发展的源泉之一，它不仅是促进经济增长的因素，而且

---

① 〔美〕罗伯逊 . 2000. 全球化：社会理论与全球化 . 梁光严译 . 上海：上海人民出版社，12.
② 〔英〕安东尼·吉登斯 . 1998. 现代性与自我认同 . 赵旭东等译 . 北京：生活·读书·新知三联书店，23.
③ 苏国勋，张旅平，夏光 . 2006. 全球化：文化冲突与共生 . 北京：社会科学文献出版社，99.

还是享有令人满意的智力、情感、道德精神生活的手段。"① 因此，不论是"全球一体"抑或"国家一体"，都是在不同民族和地区的多元基础上的不可分割的整体，而非其中某个国家或民族的文化同化其他国家、民族的文化。

在上述文化全球化和多元化共同发展的背景下，学校教育作为文化传承的重要途径之一，要处理好"全球一体化""国家一体化"及"民族文化多元化"等之间的关系。具体到纳西族地区来说，学校教育要担负起传递至少3类文化的功能：一是以汉族为主体的我国优秀传统民族文化；二是纳西族自己的优秀传统文化；三是我国其他民族及世界其他民族的优秀传统文化。其中，纳西族学校传承自己的文化尤为重要，原因如下：第一，从文化全球化的视角来看，一个民族的传统文化要走向全球化，不仅要以开放的心态面对其他文化的进入，而且要主动地向外界展示自己的真实面貌，要在人类的评判与取舍中获得文化认同，在不断融合的世界文化中呈现文化的多样性。为此，纳西族地区应该在宽容和学习其他文化的基础上，注重对自己文化的守护和传承；而纳西族学校教育在传承我国主体民族文化和其他文化的基础上，更应注重对自己文化的传承。第二，从文化多元化的视角来看，文化是一个地区重要的精神支柱，一个民族唯有维护自身文化的独特性，才能在国内外产生一定的影响，继而才能促进该地区经济和政治的发展。纳西族学校在传承和发扬自身民族文化的独特性、扩大其影响方面既有一定优势，同时也负有不可推卸的责任。

其次，从中观层面看，纳西族学校民族文化传承是构建纳西族和谐社会的必然要求。2005年2月19日，胡锦涛同志在省部级主要领导干部"提高构建社会主义和谐社会能力"专题研讨班上的讲话中，对我国构建社会主义和谐社会的基本内容和重要特征做了总结："根据新世纪新阶段我国经济社会发展的新要求和我国社会出现的新趋势、新特点，我们要建设的社会主义和谐社会，应当是民主法治、公平正义、诚信友爱、充满活力、安定有序，人与自然和谐相处的社会。"随后，在中国共产党十六届四中全会上明确提出要"构建社会主义和谐社会"的重大命题，至此和谐成了时代的主旋律。而我们通常所言的"社会主义和谐社会"也就有了公认的标准，即"民主法治、公平正义、诚信友爱、充满活力、安定有序、人与自然和谐相处"，这就要求各种社会资源共生共存，各种社会关系协调一致，个体及各社会群体的合法权益应得到充分尊重、切实保护。为了应对和谐社会的构建，教育面临着新的挑战：一方面，应该关注教

---

① 《世界文化多样性宣言》，在联合国教科文组织大会第三十一届会议上通过。

育公平问题，尽量缩小区域差距、城乡差距，帮助弱势处境的儿童改善受教育的状况，以促进社会的和谐发展；另一方面，应以构建和谐社会为目标，以促进人的全面、均衡与和谐发展为终极目的，培养各级各类人才，以奠定和谐社会的基础。对于纳西族地区的学校教育来说，构建和谐社会的要求主要体现在以下两个方面：一是通过学校教育促进当地民族教育发展，为缩小和其他地区的差距，实现社会的公平、正义作出贡献。这就要求纳西族学校要不断提高教育质量，尽量缩小与发达地区之间的差距。二是通过学校教育培养具有民族自信心和民族精神的人，以期为形成普遍的国家认同与民族认同，促进社会稳定、国家统一而添砖加瓦。这就要求纳西族学校必须关注每个学生的身心健康和可持续发展，使其找到自己的精神坐标，获得最适合自己的成长机会，实现最优化的发展结果。从这个意义上讲，纳西族学校有必要在传承国家主体民族文化的基础上，传承纳西族自己的传统文化，以便使纳西族学生获得国家认同和民族认同，并确定自己的最佳发展方向。

最后，从微观层面看，纳西族学校传承民族文化是促进该地区经济和社会发展的必然选择。民族文化进校园虽然在一定程度上符合民族群众发展本民族文化的愿望，但这一活动显然不能脱离群众的现实生活，否则就不会具有持久的生命力。因此，必须注意考虑如何实现民族教育、民族文化、民族经济、民族社会的良性互动问题。时下，几乎所有的经济活动和物质产品都包含着文化因素和文化内涵，文化已经成为当代经济增长的基本推动力量和社会生产力的原发性因素。因此，要摒弃那种单纯靠发展经济来促进民族地区社会发展的理念，在大力发展经济的同时，又要注重发展文化，形成人、社会、经济和文化综合发展的良好态势。纳西族地区拥有丰富的民族传统文化，纳西族学校教育既要着眼于当前，通过传承传统文化，力促区域内文化资源的挖掘，创造文化产品，促进当地经济、文化和社会的全面可持续发展，又要放眼未来，通过传承纳西族传统文化，培养具有民族自信心和民族精神的下一代。

（二）现实依据

首先，新的课程政策为纳西族地区民族文化进校园提供了保障。根据各民族地区的差异，《中共中央国务院关于深化教育改革全面推进素质教育的决定》明确提出试行国家、地方、学校三级课程管理，我国新的课程政策要求，民族地区学校教育中"主要反映主流文化的国家课程在总课程中的比例为88%～90%，而主要反映民族性的、地方性的文化知识的地方课程和校本课程的比例为 10%～12%"①。而云南省也积极响应国家的大政方针，采取了一系列的教育配套改革，选取丽江等地作为国家三级课程的试点，这些都为纳西族民族文化进校园传承提供了有力保障。

其次，中小学布局调整后，纳西族学校教育与校外教育出现了文化断裂。文化知识是教育得以进行的前提和基础，不同民族由于自身所处文化环境的差异，所体现出来的文化知识侧重点也互不相同。譬如，山地民族擅长攀爬和对歌交流；林区民族侧重安全防火知识、辨别方向及射箭捕猎；海边民族则长于潜水、捕鱼。我们的学校课程若无视这些学生的文化背景和生活世界，就会出现民族地区学生难以适应学校教育的现象。特别是自国家推行中小学布局调整政策以来，一些偏远山区的孩子从初中就要到离家几十公里的陌生环境中寄宿、就学，这造成了其文化生境的断裂。而民族文化进校园活动既能从课程内容的选择上使学校文化与家庭文化之间的非连续性得以链接，促进民族传统文化的传承与发展，同时又能在一定程度上满足不同民族个体因发展现实生活而产生的实际需求，从而对学生潜力的发展发挥重要作用。

最后，纳西族学生本身的特殊性。纳西族地区的学生尤其是中小学阶段，学生的感性思维优于理性思维，但其民族心理还未成熟，民族价值观仍需完善，如果对其仅仅实施以关注主流社会文化为主要价值取向的现代教育体系，势必会导致学校教育追求社会的均质化、地方性知识的失语，以及民族学校教育与民族社区教育、家庭教育的割裂。这种体制培养出来的人，一方面得不到当地传统社区的认可，另一方面也不能融入外界工业化社会，不仅于纳西族文化传承没有助益，对于纳西族的现代化进程也不利。

综上所述，纳西族在同汉族等其他兄弟民族的上千年历史交往过程中，逐渐形成了开放的文化心理。然而，由于纳西族人主体意识不强，民族意识相对淡薄，面对"无孔不入"的现代文化侵袭，缺乏文化自卫的心理屏障，即使自己民族的传统文化销声匿迹，也无动于衷。而从文化发展的历史来看，文化的有效再生机制是教育，尤其是学校教育，它以一种最经济的方式将族群中的个体整合到族群中，从而使文化本身具有强大的凝聚力和同构功能，保持着对本族成员的磁吸效应，使民族民间文化后继有人。② 相对于实物传承和文献传承，在众多文化传承的式样中，以人为载体的传承无疑是最有价值的，因为人传承

① 王鉴.2006.我国民族地区地方课程开发研究.教育研究,(4):24～27.
② 吕虹.2005.振兴贵州民族民间歌舞戏剧文化创造多元化民族文化生态圈.贵州民族研究,(6):157～160.

的文化不仅积累的是活的文化,与生产、生活密切相关,而且人还可以通过创造使文化更加丰富。如此,在时下的大背景下纳西民族文化进校园传承就是顺理成章的事情了。

第二节　纳西族学校民族文化传承的现状扫描

前面,我们对纳西族文化进校园的必要性做了分析,一方面对纳西族文化的梗概及其教育功能有了一个全面的把握,另一方面对纳西族文化传承的当代困境也有了一个清晰的认识。那么,纳西族学校是如何承担起民族文化传承的重任的呢?为此,我们有必要先从纳西族学校教育中民族文化传承的现状谈起。

一、纳西族学校民族文化传承状况概述

为获得第一手研究资料,笔者曾多次深入丽江地区古城区和玉龙纳西族自治县纳西族学校、村寨社区及家庭,就民族文化在学校里的传承情况进行了为期近两个月的田野工作(field work)。田野工作被学者们看作"现代人类学的基石",它是人类学研究的最主要、最基本的方法。[1] 在调查过程中,根据具体情况,采用了不同的具体技术手段,如问卷、实物收集、参与式观察(participant observation)、非参与式观察、半结构性访谈与非结构性访谈等方法,以获得研究的第一手资料。

关于人类学的参与式观察,费孝通有一段话说得很精辟:"异文化容易使人类学者能'出得来',而参与式观察则是要求人类学者能'进得去'。主张以异文化研究为己任的人类学者认为,人类学者在本文化中容易犯'出不来'的毛病,因而认为本土人类学者往往无法从自己所处的社会地位和文化偏见中超脱出来作出'客观的观察和判断'。不过,'异文化'的研究往往也存在'进不去'的缺点,也就是说,研究他人社会的人类学者通常可能因为本身的文化偏见而无法真正进行参与观察。"[2] 笔者在进入校园、课堂和校外民族文化传承场域进行参与式观察时,都尽量保持了"客观的观察和判断",并注意了主客位角色的适时转换。

---

[1]　庄孔韶.2002.人类学通论.太原:山西教育出版社,247.
[2]　费孝通.1997.跨文化的"席明纳"——人文价值再思考之二.读书,(10):3~9.

从 1999 年原丽江纳西族自治县被确定为云南省中小学艺术教育试点县之一，从那时起，丽江就已进行了纳西族文化进校园传承的尝试，到现在已经有十几年的时间了，这也是笔者选择丽江作为考察点的原因所在。十多年来，纳西族传统文化的学习逐步被引入一些小学，建立了兴仁、黄山、白沙、塔城等传承民族文化精品教育基地，实施教师、学生、学者参与式共同编写乡土教材，举办东巴象形文字、纳西古乐等课外兴趣班，以及成立歌咏、书画艺术团等教学方式传承民族文化。在调查点的选择上，从空间和时间两个维度兼顾城区、郊区及边缘农村地区等地域差异，同时也考虑到小学及中学的年级段差异，在考察中，笔者重点调查了一些在民族文化传承方面有特色的 9 所学校，以期有一个全面的把握，下面是笔者所调查学校的概述。

调查点古城区和玉龙纳西族自治县的概况如下。

丽江市古城区位于云南省西北部横断山脉向云贵高原的过渡地带，区政府所在地海拔 2400 米，属低纬度高原季风气候，年均气温 12.6 摄氏度，年均降雨量 950 毫米，夏无酷暑，冬无严寒，气候宜人，为丽江市委市政府所在地，是全市的政治、文化中心。古城区辖金山、金安、七河、金江、大东、大研、西安、祥和及束河等 9 个乡镇及街道办事处，面积 1127 平方千米，总人口 140 837 人（2003 年），有纳西族、汉族、白族、藏族、彝族及普米族等 10 余个民族和睦相处，其中纳西族人口为 86 049 人，占总人口的 61%。

玉龙纳西族自治县是我国唯一的纳西族自治县，位于滇西北高原，东邻古城区、宁蒗，北与香格里拉隔江相望，西接维西，南与剑川、兰坪接壤。全县总面积 6393 平方千米，人口 209 710 人（2003 年），有纳西族、汉族、白族、藏族、普米族、傈僳族等 10 多个民族，其中纳西族人口 119 333 人，占总人口的 57%。玉龙纳西族自治县现辖黄山、石鼓、巨甸、白沙、拉市、太安、龙蟠、鲁甸、塔城、大具、宝山、奉科、鸣音、石头、黎明及九河 16 个乡镇，100 个村委会，913 个村民小组。[①]

（1）调查点一：白龙潭小学概貌

白龙潭小学始建于 1920 年，原名蒙泉小学，1956 年正式更名为白龙潭小学。原址位于狮子山公园旁，1966 年迁至祥和街道义和居委会卿云村至今。学校共有 81 名在职教师，1 名后勤人员，具有本科学历的教师有 18 人，大专学历的教师有 46 人，专科及以上学历者占在职教师总数的 71%。学校有 30 个教学

---

① 和永，张春艳.2006.纳西文化知识读本.昆明：云南美术出版社，4~6.

班，1500 多名学生，其中 76% 的学生属进城务工的农民工子女，生源复杂。

（2）调查点二：兴仁方国瑜小学概貌

兴仁方国瑜小学位于丽江古城中的大佛寺，学校始建于 1905 年左右，现有 12 个教学班，500 多名学生，教职工有 34 人。其中，纳西族学生占 20% 左右，生源多为来古城做生意的商人子女，生源较为复杂。

（3）调查点三：大研中心小学概貌

大研中心小学始建于 1944 年，1949 年与文伯小学、县中附小合并改名为大研高级小学，1960 年，又正式命名为大研镇中心小学。学校位于古城东郊，有教职工 50 余人，在校生 1000 多人，生源主要为大研居委会、古城内经营户及进程务工人员子女。

（4）调查点四：黄山完全小学概貌

黄山完小坐落在玉龙纳西族自治县黄山镇安乐村西，是一所郊区小学，始建于 1967 年，现有教职工 38 人，12 个教学班，在校生 472 人。生源主要为周边村庄及进程务工人员子女，纳西族学生约占总学生数的 40%。

（5）调查点五：白沙中心完小概貌

白沙中心完小建于清朝雍正二年（1724），位于丽江古城以北 8 公里处的白沙乡驻地，是一所近郊乡镇中心完小。该校现有教职工 33 人，纳西族教师为 28 人，有 12 个教学班，在校生 295 人，几乎全部是纳西族，仅有 2 名从外地转来的学生是非纳西族。

（6）调查点六：七河乡贵峰小学概貌

贵峰小学位于古城区金山乡三元村，是一所农村完小，现有教职工 12 人，员工 1 人，7 个教学班（含 1 个学前班），在校生 200 多人，全部为纳西族。

（7）调查点七：塔城乡中心完全小学概貌

塔城乡中心完小位于玉龙纳西族自治县西北部金沙江畔的塔城乡驻地老村，1958～1962 年为初级小学，1963～1980 年改办为完全小学，1981 年改为塔城中心校，1985 年开办半寄宿制高小班，1994 年恢复完小，以塔城行政村的生源为主，是一所边远农村完小，现有教职工 11 人，现有 7 个教学班，在校学生 140 余人，纳西族学生占 80% 以上。

（8）调查点八：福慧学校概貌

福慧学校位于丽江市城区西安街道，是一所九年一贯制学校。学校的前身是始建于 1990 年的原丽江县第八中学，建校之初该校为一所完全中学，后经调整变为九年一贯制学校，学校现有教职工 70 余人，有 40 多个教学班，在校生

2000多人，纳西族学生约占40%。

（9）调查点九：丽江市第一高级中学概貌

丽江市第一高级中学位于丽江古城中，创建于1905年，学校现有46个教学班，在校生约2700人，汇聚了纳西族、白族、彝族、藏族、傈僳族及普米族等民族，少数民族学生占在校生的65%，现有教职工220人。

在调查中，笔者得知丽江市古城区已于2003年在全区小学全面铺开纳西族母语的传承，而中学由于升学、会考等课业负担较重，开展的学校相对较少。关于为何只在小学全面开展，古城区教委的杨主任谈道①：

> 之所以选择优先在小学传承纳西族母语，主要出于三方面的考虑：首先，我们在兴仁方国瑜小学等做过调研，结果发现以古城区为圆心向四周呈现汉化减弱趋势：一方面，从区域来看，即离城区越近，会讲纳西族母语的孩子就越少，边远地区语言环境要好得多；另一方面，从年龄段来看，年级越小，会讲纳西族母语的比例就越低。其次，低年级的课程压力要相对小些。第三方面的原因是，据有关研究证明，孩子越小，学习语言相对越容易。所以，我们古城区主要是在城区和全区纳西族聚居区小学一至四年级开展纳西族母语课，我们有相应的通用教材，这是最基础的。在学会了一些纳西族母语后，各个学校可根据本校实际，开展其他方面的纳西族文化传承活动。目前，我们古城区形成了一批很有特色的民族文化传承的学校，比如，黄山完小的东巴舞蹈及东巴文字传承、兴仁方国瑜小学（以下简称兴仁小学）的纳西族手工刺绣传承、白龙潭小学的纳西族童谣传承、大研中心小学的纳西族歌舞传承等。

总的来看，纳西族学校在民族文化传承方面取得了一定的成效。下面就对纳西族学校民族文化传承现状及其存在的问题做一详细梳理（表4-1）。

表4-1 纳西族学校民族文化传承情况统计表

学校	传承内容	传承方式	授课人	学校所在地	学校类型
兴仁小学	纳西族母语传承、刺绣、十字绣	地方课程、手工课	本校教师兼职	丽江城区	小学
白龙潭小学	纳西族母语传承、纳西族民间童谣	地方课程、校本课程	本校教师兼职	丽江城区	小学
黄山完小	纳西族母语传承、东巴象形文字、舞蹈	地方课程、兴趣班	本校教师兼职、外聘东巴文化专家	古城区城郊	小学

---

① 该段谈话于受访者古城区教委杨主任办公室中进行，时间为2010年11月6日下午。

续表

学校	传承内容	传承方式	授课人	学校所在地	学校类型
白沙中心完小	纳西族母语传承、白沙细乐	地方课程、校本课程	本校教师兼职、校外传承人	玉龙县城郊	小学
贵峰小学	纳西族母语传承	地方课程	本校教师兼职	古城区坝区农村	小学
塔城乡中心完小	纳西族勒巴舞	兴趣班	本校教师兼职	玉龙纳西族自治县塔城乡农村	小学
大研中心小学	纳西族母语传承、纳西族歌舞	地方课程、活动课	本校教师兼职	丽江城区	小学
福慧学校	纳西族母语传承、东巴画	地方课程、美术课	本校教师兼职	丽江城区	九年一贯制学校
丽江一中	民族文化综合传承	校本课程	本校教师兼职	丽江城区	高级中学

资料来源：根据丽江市古城区教育局和玉龙纳西族自治县教育局提供的资料整理

二、纳西族学校所传承民族文化的类型分析

如何科学地将纳西族传统文化引入校园，是能否取得实际传承收效的关键。就笔者的调查情况来看，目前，纳西族学校根据适宜校园的原则出发，其所传承的传统纳西文化主要有以下几种类型。

首先是知识普及型文化，包括文学、技艺、活动、艺术、语言、文字等纳西族传统文化，对此学生可以了解性地掌握。

其次是技能掌握型文化，是指通过教师讲授和学生简单练习就能基本掌握和运用的纳西族传统文化，特别是一些艺术形态的文化，如纳西族传统乐器、歌舞、民间剪纸等。

再次是活动娱乐型文化，是指在校园让学生通过活动、展演来培养其技能以达到愉悦心情和锻炼身体的项目，如纳西族东巴舞蹈、勒巴舞蹈、民间体育等。

最后是展示型的文化，系指那些既可以在课堂教学又适宜在校园固定展示的纳西族历史、人文资源、民俗、人物及文艺作品介绍等。

第三节　纳西族学校民族文化传承的途径

纳西族学校主要通过3种途径传承纳西族传统文化，即课程开发、课堂教

学中的渗透、团体活动中的应用。

一、课程开发中的纳西族文化传承

课程是文化的载体，传递文化是课程的基本使命之一。[①] 古迪纳夫对于"文化"有一个经典的定义，他指出，"一个社会的文化是由个人必须知道或相信以便能够按照该社会成员可以接受的方式操作的一切所组成的"[②]。在这里，古迪纳夫实际上为民族文化课程开发提供了文化学基础：每一个民族的本土文化都有鲜明的地域特色、独特的价值及丰富的内涵，生存于期间的每一个个体总是天然地同本地域的文化有着千丝万缕的内在联系。而民族个体的"社会化意味着个人不仅适应着社会文化，而且这种适应本身也是受社会文化影响的"[③]。个体若疏远自身存在的文化形态，必然会阻碍其社会化的进程。因此，无论是从一个地方乃至一个民族的延续，抑或从个体的生存、发展的需要出发，保护、传承地方文化都十分重要。对此，克利福德·格尔茨（Clifford Geertz）也有一种很有见地的观点，他谈道："关于我们人类的最有意味的事实之一最终可能是，我们都从能供养一千种生活方式的自然条件开始，而最终只选择了一种生活方式。"[④] 的确，每个民族都在自己的生存、延续和发展过程中形成了一种体现自己"生活方式"的独特内容和形式的知识体系——本土知识[⑤]（local knowledge）。这种知识体系是对包括信仰、道德、习俗和个人作为社会成员所必要的能力及习惯在内的民族文化心理结构的深刻反映，它为本土人民提供一种他们自己熟悉的界定问题、观察问题、分析问题和解决问题的视角。因此，必须为少数民族学生提供系统学习本民族知识文化的机会，培养其对本民族知识文化的认同，获得理解民族知识所必需的基本技能。詹姆斯·班克斯（James Banks）指出，在课程内容中必须反映出其他族群的历史、经验、价值观念，给少数民族学生以了解自己文化的机会，培植他们的民族自尊心，同时也给优势

---

① 金志远.2009.新一轮课程改革背景下少数民族文化传承与民族基础教育课程改革.民族教育研究，(5)：53～59.

② 〔美〕克利福德·格尔茨.2008.文化的解释.韩莉译.南京：译林出版社，13.

③ 赵钢.2001.地域文化回归与地域建筑特色再创造.华中建筑，(2)：12～13.

④ 〔美〕克利福德·格尔茨.2008.文化的解释.韩莉译.南京：译林出版社，49.

⑤ 有些学者也将其翻译为"地方知识"，本书中同时使用"本土知识"与"地方知识"是为了忠于原引文。

族群的学生以了解他们文化的机会，消除偏见。① 费孝通也曾说，人们首先要认识自身的文化，理解多元文化，才有条件在多元化的世界里确立自己的位置，与其他文化一起取长补短，共同建立一个大家认可的基本秩序。② 的确，教材是教学开展的基础，因此课程开发事关民族文化传承成败的大局。

民族文化课程的开发主要涉及以下一些问题：一是课程资源的选择问题；二是谁来开发的问题，此问题包括开发主体是谁、课程开发的培训及保障问题；三是民族文化课程的类型问题。而从人的要素来看，主要涉及课程开发的主体的相关问题。纳西族学校现行使用的地方课程、校本课程教材的编写人员主要有 3 个群体：一是东巴文化传习院（即丽江市东巴文化研究会前身）的研究人员；二是纳西民族文化方面的专家；三是一些一线教师。其中，前两者是东巴文化相关内容的主要撰写人员，而一线教师主要是参与编写校本课程。

下面是笔者对地方课程《纳西文化读本》编者之一的一位纳西族文化专家的访谈片段③：

问：您作为课程的编者之一，能谈谈该套课程开发方面的一些问题吗？

答：我们之所以要开发这套教材，是有经过前期调研的，主要是以保护纳西语为初衷。纳西语在广大农村和山区仍然是日常用语，但丽江古城及其近郊正在萎缩，约有 70% 的纳西族小学生已不会说母语，年轻人说纳西话也是掺杂一半汉语。旅美纳西族学者方宝贤曾说过一句话："50 年后丽江古城再也听不到母语了。"50 年也就是两代人，所以就很有危机感了。保护语言文字有很多途径，根据我们在黄山小学、兴仁小学的试点经验，进校传承，从娃娃抓起是行之有效又较为现实可行的做法。为此，我们协调省、地区、县各级部门通过原丽江县人大常委会决议，在全县范围内纳西族聚居和杂居地小学铺开传承。

问：能不能介绍一下教材本身有些什么特点？

答：教材这块，我们开始时是组织教员边上课边编写教材，同时也把另两本教材作为临时教材在应急时使用，那两套教材没有这套系统。这套教材的教员主要是来自原东巴文化传习院，即现在东巴文化研究会，在他们的努力下，编写了这套教材，教材注意了知识性、系统性与应用性，并同时采用了象形字、国际音标、纳西拼音文、汉语注音及汉语五对照。除

---

① 〔美〕詹姆斯·A. 班克斯. 1998. 多元文化教育概述. 李苹绮译. 台北：心理出版社，89~90.

② 张冠生. 1985. 人们现在有一种需要——费孝通教授近读访谈. 博览群书，(4)：4~5.

③ 被访者：G君，纳西族，访谈地点：G君办公室，时间：2010 年 6 月 9 日上午.

了本套书之外，我们还编写了"纳西母语和东巴文化传承读本"三种：包括《纳西象形字东巴文》《纳西象形字东巴文应用》和《纳西东巴古籍选读》。每本里的课文又分正文和参考资料两部分，这给教员上课留下了发挥的空间。

问：像《纳西东巴古籍选读》这样的教材涉及了很多东巴经方面的东西，师资是怎么解决的？

答：一开始，也是主要请东巴文化传习院的专家进学校上课，同时我们也选了部分教师进行集中培训，现在许多老师经过培训已能正常上课了，但外面的专家只要时间允许还是经常进课堂讲课，而且这些人上课都是义务的。

方法要素主要涉及课程开发的类型。纳西族地区学校民族文化传承课程开发的主要类型有地方课程、校本课程及各种潜在课程。

（一）地方课程

目前，在纳西族聚居的古城区和玉龙纳西族县，投入使用的地方教材有以传承纳西族母语为主的《纳西文化诵读本》，艺术教育类《音乐》9 册、《美术》8 册等几套教材（图 4-3）。下面我们以《纳西文化诵读本》为例，分析一下纳西族学校地方课程教材的民族文化传承情况。

图 4-3　纳西族学校的美术、音乐地方教材

《纳西文化诵读本》

丽江市古城区三至六年级教材目录及内容简介：

一、道德规范

（一）序

（二）公民道德

（三）社会公德

（四）职业道德

（五）家庭道德

（六）学习品德

二、纳西谣

（一）环境

（二）历史

（三）传统

（四）人才

三、汉文诗译

（一）静夜思（李白）

（二）重到文峰寺（杨元之）

（三）云中白鹤飞（和柏香）

（四）题梅花图（和光）

（五）题麒麟图（杨绍书）

（六）自述（木公）

（七）饮春会（木公）

（八）采药南山（木增）

（九）玉龙雪山（马子云）

（十）"迎官厅"雪山（马子云）

（十一）花马竹枝词（牛焘）

（十二）丽江竹枝词（杨品硕）

（十三）筏子（李玉湛）

（十四）丽江杂述（杨菊生）

（十五）悯农（李绅）

四、纳西民歌

（一）请歌　1.踏歌来团圆　2.雪山跳鹿坪

（二）祝词　修湖

（三）引歌　美名天下传

（四）相会调　1. 鱼水相会　2. 蜂花相会

（五）古调　1. 不见白鹤影　2. 把鹤送云间

（六）即兴调　1. 最高玉龙山　2. 最深金沙江

五、纳西儿歌

（一）放猪娃

（二）阿勒找什么

（三）神仙放风来

（四）母鸡诉苦

（五）月亮嬷

（六）云儿云儿让一边

（七）数字歌

六、东巴经《创世纪》选句

（一）树木会走路的时代

（二）建造若罗神山

（三）我是纳西人

七、谚语"科空"

（一）气象谚语（12 条）

（二）乡规民约（8 条）

（三）修养（12 条）

八、纳西语汉语口诀

九、汉纳常用词

十、纳西象形字东巴文读音表

十一、纳西象形字东巴文读音汉义表

十二、纳西语拼音文字方案、汉语拼音方案和国际音标对照表

附小常识：历史悠久、文化灿烂的纳西族；消失的文明——古代一些地区的象形文字；古老神奇的纳西象形字东巴文；纳西语拼音文字。

从其目录可以看出，该教材是基于"保护语言"而编制的，其内容多涉及纳西谣、纳西民歌、纳西儿歌及纳西谚语等。此外，教材中还将《静夜思》等诗词翻译成纳西语，以激发学生的学习兴趣。

（二）校本课程

纳西族学校，从小学到高中，都有开发校本课程，如玉龙纳西族自治县白沙中心完小的《白沙——我的家乡》、古城区白龙潭小学的《纳西童谣》等。校本课程通常与学校周边的风土人情相结合，弥补了国家课程和地方课程的不足。笔者在调查中了解到，其中质量较高者，还被采用为地方课程，如原丽江地区第一高级中学编制的《纳西文化知识读本》《神奇的丽江》（*The Wondrous Lijiang*）（图 4-4）。这里重点介绍一下白沙完小的校本教材。

图 4-4　纳西族学校的英语校本教材

白沙——我的家乡（一）

白沙中心完小自编乡土教材（适用于三、四年级）目录及主要内容简介：

白沙中心完小编制

第一章　我们的家园

第 1 课　我们的房子

图示并介绍远祖的帐篷、先祖的木楞房和现代的瓦房。

第 2 课　我们的院子

图示并介绍纳西族传统的庭院和畜院结构、用途。

第 3 课　我们的房前屋后

房前屋后的树木、道路、溪流、菜园、果园及药材。

第 4 课　我们的家谱（选学）

实物图示木氏宗谱碑文局部、《木氏宦谱》封面、木氏宦谱引子；祭天经《蒙增·查班绍》（献牲·人类繁衍篇）选节、祭天经《查班绍·丹树》（人类繁衍·忏悔篇）选节、超度经《喜务·查班查筚》（超度·人类繁衍篇）选节。

第5课　我们的家人

爷爷是猎手、奶奶是歌手、父母是种田能手。[①]

第6课　我们的家畜

东巴象形文字图示狗、牛、猫、猪、鸡、鸽子等家畜并简介其用途、饲养、轮牧。

第7课　我们的服饰

图示并介绍四川木里俄亚、云南香格里拉县三坝、玉龙纳西族自治县塔城乡和奉科乡、丽江坝区等不同地区的纳西族服饰。

第8课　我们的用具

利用东巴象形字图示各种日常用具并介绍其原材料、制作、使用及保管。

第9课　我们的食物

利用东巴象形文字图示各并介绍各种食物如粑粑、腊肉、凉粉、酥油茶、蜜饯、腌菜；不同节日里如年猪客、满月客、红事、白事、清明、端午、冬至及年夜饭时的食物搭配及特点介绍。

第二章　历史·文化·人物

第10课　我的家乡——白沙

利用地图介绍白沙乡、白沙村的地理位置、土地面积、人口、气候、海拔及服饰；木氏土司先祖阿琮阿良的相关事迹介绍。

第11课　玉龙雪山

玉龙雪山的位置、海拔、动植物品种、景点简介；图示东巴象形字中出现的玉龙雪山中的禽类与兽类；玉龙雪山的作用：雪山冰川固体水库、大地空调山涧溪流、灌溉用水及人畜饮用水水源。

第12课　北岳庙

北岳庙（三朵庙）的历史、"三朵"神的传说、"三朵"节（二·八节）简介。

第13课　万朵山茶

玉峰寺万朵山茶的树龄、茶花特征、相关传说。

---

① 笔者注：这里隐喻时间维度下纳西族生计类型的转换。

第14课　白沙壁画

白沙壁画的历史及分布、白沙壁画的多宗教融合特征、白沙壁画的内容及其艺术表现手法。

第15课　白沙细乐

白沙细乐的别称及其名称由来、图示白沙细乐的乐器构成、白沙细乐12调的存失情况及其曲风、演奏特征简介、《白沙细乐》与《丽江洞经音乐》共同构成"丽江古乐"。

第16课　东巴文字

丽江三大"世界遗产"：世界文化遗产——丽江古城、世界自然遗产——"三江并流"自然保护区（核心区位于玉龙县老君山）、世界记忆遗产——纳西东巴古籍（由东巴象形文字书写）；图示16个东巴常用字（东巴字与相应汉字对照）；东巴字在人类文字研究中的作用。

第17课　洛克博士

美籍奥地利人洛克博士的在丽江27年的生平事迹及其对传播纳西族文化做出的贡献简介。

第18课　无臂书法家

身残志坚的纳西书法家和志刚生平事迹简介。

第19课　雪山神医

白沙街老中医和士秀先进事迹及其"丽江玉龙雪山草本草诊所"。

第20课　和惠桢

美籍纳西族精英和惠桢的生平，对白沙完小的捐资援建事迹，图示白沙完小惠桢子琇楼。

第三章　社区与资源

第21课　我们的村子

利用地图简介白沙村的地理位置、人口及生计类型。

第22课　看图猜一猜

利用实物图介绍玉龙完小校钟——第二次世界大战期间美国战机失事后残留的空氧气罐、青龙河上的吉祥桥及其传说、松毛堆及其用途、白沙居民常用野生油料果——青刺果的价值。

第23课　我们特有的食物

白沙煎凉粉的原料、制作、不同吃法简介。

第24课　我们的旅游资源

利用地图介绍白沙乡的旅游景点及其旅游地的价值、文化价值。

第 25 课　铜器是怎样制作出来的

图示古"茶马古道"抢手货白沙铜器手工作坊及铜器制作用具介绍、铜器的制作步骤及其所涉及的科普知识。

第 26 课　水与水的利用

白沙丰富的水资源介绍、纳西族先民对水资源的利用及管理经验。

第 27 课　森林资源与管理

以白沙乡丰乐村的森林资源及其管理方式为例，介绍了如何对森林资源保护与管理。

第 28 课　谁管理我们的村子

新中国成立前纳西村落里的"本虽"（村长）的选拔方式、任期及其责任与义务；村中"恒暨"（神房）的功用；青松果采摘、水磨使用的村规民约。

第 29 课　建房赛

以丰乐村"建房赛"为例，介绍了纳西族"赛"①的组织方式、运作机制。

第 30 课　我们的农事历

图示纳西族农事历并介绍纳西族人日常生活与其农事历的关系。

白沙——我的家乡（二）

白沙中心完小校本教材（适用于五、六年级）目录及主要内容简介：

玉龙纳西族自治县白沙中心完小编制

第一章　古建筑、古遗迹

第 1 课　巨坚寺

图示玉龙雪山脚下的玉湖村及其通往"巨坚寺"的古道。

第 2 课　玉柱擎天

玉柱擎天位置、"玉柱擎天"摩岩。

第 3 课　玉峰寺

---

① "赛"，作为一种重要的民间金融组织形式，在丽江有着悠久的发展历史，并呈现出了丰富的变异形态，伴随着文化的变迁，"赛"发展出了超经济的新形式，最终不仅成为一种独具地方特色和民族特点的小群体社会交往模式，而且成为纳西族的一种休闲生活方式，从而形成了内容丰富的"赛"文化。20 世纪 90 年代以来，"赛"这种古老的风俗活动已得到了继承和发扬。男女老少都去化"赛"，主要流行于城镇，大都以职工、城镇居民和退离休职工组织的居多，形式、内容和目的与传统的"赛"也大不相同了，有同学赛、老乡赛、姊妹赛、同事赛等。

丽江五大喇嘛寺之一的玉峰寺及寺内"万朵茶花"树介绍。

第4课　北岳庙（三多阁）

北岳庙位置、"三多"神的传说、"三多节"活动简介。

第5课　福国寺（解脱林）

汉传佛教寺庙福国寺位置、规模介绍；图示（法云阁）五凤楼及介绍。

第6课　明代建筑群

民居建筑群和宗教建筑群：金刚殿、大定阁、琉璃殿、大宝积宫。

第7课　白沙壁画

白沙壁画的绘制年代、内容、风格介绍；大宝积宫西壁的《如来会佛图》、北壁正中的《观音普门品图》、南壁正中的《孔雀明王法会图》的内容介绍及其当代荣誉。

第8课　白沙古街

白沙古街的文化渊源、当代风貌。

第9课　云集庵

云集庵的位置及历史简介。

第10课　白沙驼峰机场

白沙驼峰军用机场的地点及其在第二次世界大战期间国际援华抗战的独特地位。

第11课　木氏土司故宅——木家院

木家院遗址；木公、木高诗刻；烽火台。

第12课　龙泉寺　三圣宫

龙泉寺、三圣宫遗址及其历史渊源介绍。

第13课　石莲寺　大觉宫

介绍束河松云村后的石莲寺、今为束河完小西院的大觉宫的历史变迁简介。

第二章　文化、人物

第14课　东巴文字

图示东巴经书中的文字片段、常用东巴文与汉字对照表、白沙东巴世家第三十三和三十四代传人介绍、他们的家谱及其家族事略。

第15课　爷爷奶奶的信仰及崇拜

纳西族先民的自然崇拜与万物有灵信仰。

第16课　和耀曾与白沙完小

官至建武将军的纳西好儿子和耀曾的卓著军功和突出政绩。

第17课　白沙著名诗人——木正源

纳西族诗人木正源生平简历及其《雪山十二景组诗》。

第18课　美丽的香格里拉之说

英国小说家希尔顿作品中的"香格里拉"与美国农业部特派员约瑟夫·洛克亲历的丽江吻合，即丽江是希尔顿"理想王国"的原型。

第19课　抗日英雄——木壬林

纳西族爱国将领木壬林的生平事迹简介。

第20课　纳西民族之《鱼水相会》

介绍《鱼水相会》的内容、修辞及教育意义。

第21课　听爷爷奶奶讲过去的故事

明代木天王之女龙女公主助夫反父及龙女树（虑朱）的故事。

第22课　纳西民间美术介绍

东巴绘画卷轴画《神路图》、金沙江崖画、丽江纳西民间美术的价值。

第23课　学生美术作品鉴赏

第三章　名木古树、名人故居

第24课　白沙名木古树

哥吉出水源头的五角枫、玉峰寺的万朵山茶、北岳庙的银杏树和千年唐柏、大宝积宫旁的银杏、束河完小里的银杏树、琉璃殿大门口的观音柳、向阳村的古皂荚树、文昌宫的桂花、玉峰寺的夜合欢。

第25课　白沙名人故居

杨邦卫进士故居、书法家黄辑熙故居、和惠桢故居、洛克故居。

第四章　白沙细乐及鉴赏

第26课　白沙细乐

不同版本的白沙细乐的产生传说以及其构成、内容、曲风。

第27课　白沙细乐鉴赏

选介了七乐章不同主题的细乐曲，包括融引子、序、跋、基础、精华等多种解释于一体的乐曲《笃》，此外还有《一封书》《三思吉》《公主哭》《赤脚舞》《弓箭舞》及《阿丽丽苟金旁》，并附有相应的乐谱。

（三）潜在课程——学校（课程）文化的营造

纳西族地区学校也重视校园文化的营造，这主要体现在以下几个方面：一是长期坚持《拉起我们的手》的课间民族打跳，将纳西族、藏族、普米族等不同民族的舞蹈动作很好地融入进课间操（图4-5和图4-6）；二是通过创建"东巴文化长廊"、宣传栏、标志牌等宣扬民族文化，如用纳西拼音、英语及东巴象形文字三种文字书写的"班级字牌""卫生区域标志牌"、校园古树名花的东巴刻牌装饰，以及东巴字、汉字两种文字标志的厕所等；三是利用东巴象形文字创制校园壁画进行思想教育和道德教育，如许多学校墙壁上刻有一些纳西族祖先的劝学警句，运动场墙壁上刻有纳西族先祖的运动警句等（图4-7）；四是把学生的校服精心设计成别具一格的纳西族现代服饰。总之，通过以上各种途径共同营造一个充满浓郁民族文化氛围的校园，对学生进行民族文化的熏陶、感染，强化了其民族认同感。

图4-5 贵峰小学的课间打跳舞

图4-6 塔城完小的课间勒巴舞

图 4-7　纳西族学校随处可见的东巴象形字标识语

二、课堂教学中的纳西族文化传承

在课堂教学中，主要涉及教育者与受教育者。受教育者的学习兴趣，教育者的意识、素质对课堂教学中渗透民族文化传承的作用举足轻重，本部分将主要从教育者这个方面来分析。下面是笔者在古城区兴仁小学同和老师①的谈话节录：

数学学科本身的特点决定了部分内容比较枯燥，课堂气氛不易搞活跃。我在教学过程中经常把数学问题情境化、生活化，将我们纳西族的民族文化渗透到课堂教学中，学生很感兴趣。具体做法我举三个例子吧，这也是我曾上过的三节课：

一是将纳西民族服饰文化渗透到课堂中。我在教学"7 的乘法口诀"时，就以我们纳西族妇女的服饰——七星披肩为教学素材。在导入正课时，通过课件展示一块七星披肩，并问："同学们，你们知道这是哪个民族的服饰吗？"同学们异口同声地回答："纳西族。"这时，我就趁机向同学们讲述七星披肩的来历及其包含的意思，接下来，让学生数一数，算一算一块披肩上有几颗星，然后是两块披肩上，三块披肩……直到七块披肩上各有几颗星。这样又快又生动地完成了"7 的乘法口诀"的教学。

二是抓住小学生的心理特点，合理开展教学，并将纳西族民间文化渗

---

① 受访者：和老师，女，纳西族，数学教师，受访地点：和老师办公室，时间：2010 年 11 月 9 日下午。

透于其中。我们纳西族的一些民间传说故事，比如，阿一旦①的故事、三朵神的传说等，我觉得特别有意思，这些你应该挺熟了吧。为此，我特意从新华书店买来相关的书籍，然后认真研读，并从中选出一些特有教育意义的讲给学生听，学生们非常喜欢。此后，每当有学生在课堂上"开小差"时，我就适时地说："如果大家专心听讲，提前完成作业的话，老师就给你们讲阿一旦的故事。"这样一来，学生们立刻个个兴趣高涨，精神大振，学习任务提前完成了。在提高学习效率的同时，学生的民族文化知识也丰富了。

三是灵活运用教材，渗透纳西族的生态文化。比如，三江并流是我们丽江的三大文化遗产之一：世界自然遗产。为了让孩子们从小就对此有所了解，我在教学"准确数和估计数"时，没有用课本中给出的素材，而是利用课件出示了这样的一段话："'三江并流'是指金沙江、澜沧江及怒江这三条发源于青藏高原的大江在云南省境内自北向南并行奔流 176 公里，穿越担当力卡山、高黎贡山、怒山和云岭等崇山峻岭之间，所形成世界上罕见的'江水并流而不交汇'的奇特自然地貌景观。这其间澜沧江与金沙江最短直线距离仅为 66 公里，而澜沧江与怒江的最短直线距离不到 19 公里。"末了，我让学生找出这段话中的数字，然后进行准确数和近似数的教学。

从这段谈话中可以看出，作为纳西族的一员，和老师是一位达到费孝通先生所言的"文化自觉"的教育者了。在纳西族学校中，像这样的教师还有许多，正是他们使纳西族文化得以更好地在课堂中渗透。

从组织方法看，纳西族学校课堂教学中的民族文化传承方式主要有教学科目式传承、学科渗透式传承两种类型。

（一）教学科目式传承

纳西族地区许多中小学校开设的民族文化教学科目是"纳西母语"课（图 4-8 和图 4-9）。这种课只在城区及近郊的一些学校开展，因为这里的学生许多为外来务工人员子女，他们会讲纳西话的很少。而在远郊及广大山区等纳西族聚居的地区，由于其语言环境保存较好，无需教授母语，可以直接进行其他纳西族文化的传承。

---

① 人名，民间传说中纳西族的先祖之一。

图 4-8　白龙潭小学的同学们在学习纳西童谣

图 4-9　校外专家在黄山完小教授东巴象形文字

母语课一般在小学中年级（三至五年级）段开展，因为低年级的学生由于年龄太小理解力跟不上，而高年级学生面临升学，科目也相对增多，教学时间变得紧张。每年级每周一节，教师或是兼职，即经过培训的其他科目的教师；或从校外聘请专家。目前，开展母语课是纳西族学校民族文化进课堂的最常见形式。

（二）学科渗透式传承

所谓学科渗透式传承，是指将纳西族文化融进主流文化课的教学中，这是比较普遍的传承方式，收效不错。在纳西族学校，民族文化几乎渗透进了所有科目的教学中，而与民族文化结合的最好的科目有美术和音乐等艺术教育类课。

下面是笔者在福慧小学调查时搜集到的一位美术教师的课件。

案例1：一节小学美术课课件

世界上唯一"活着"的象形文字——东巴象形文字

授课教师：刘琼　授课班级：四年级（4）班

[教学内容]

了解与感受东巴象形文字的特点，并尝试用几个字组成象形字画。

[教学指导思想]

引导学生在本土文化背景中开展研究性的学习，在资料收集的基础上，在自我探究的过程中去发现和创造，并根据新课标要求关注学生对美术文化与艺术的热爱的情感和态度。

[教学目的]

（1）了解并感受东巴象形文字的特征及文化背景。

（2）认识东巴象形文字的象形性、图画性、学术价值、审美价值。并尝试用自己喜欢的方式创作一幅东巴象形字画。

（3）加深对艺术的社会作用的认识，培养学生对家乡本土文化的热爱，树立民族自豪感。

[教学重难点]

重点：在于对东巴象形文字的艺术特征与文化的感受。

难点：以单个象形文字组成一幅象形字画。

[教学过程]

一、解题导入，激发兴趣

1. 世界上发现的一些象形文字已成为"死文字"

世界上发现的一些象形文字已不能解读和运用了，如埃及的罗塞塔碑上的象形文字，中美洲玛雅象形文字，苏美尔人的文字体系——楔形文字等虽有部分破译但不能运用，这些文字已成为"死文字"，需要一代代学人费劲心力去研究。

2. 解释"活着"

我们丽江也有象形文字，如图4-10所示。让学生汇报自己收集的资料，再利用多媒体屏幕展示：（东巴经书、古城中卖的旅游工艺品、纳西人家大门对联、东巴字画……）

图 4-10 "活着"的象形文字
资料来源：根据刘琼老师的课件整理

我们看到的东巴象形文字，除纳西族传统文化的传承者东巴祭司能识、读和书写外，进一步的传承工作也在进行，一些纳西文化的爱好者和学者在积极学习，在我们家乡专门开设纳西母语课和东巴文化传承班，让孩子们从小学习东巴象形文字，学习纳西族传统文化。可见，这一古老的文字还在发挥作用，所以东巴象形文字被誉为"世界上唯一'活着'的象形文字"。

二、东巴象形文字的不同称谓及其意义

纳西语称"斯究鲁究"，即木石上的痕迹，国内学术界称东象形文（东巴经被称为：纳西古文明百科全书），国外学术界称纳西象形文（教师根据屏显文字解释其意义，增强学生民族自豪感）。

三、东巴象形文字的图画性，象形性

（出示课件）

（1）东巴字既是文字，又是图画，处于图画向文字的渐变过程。（传说东巴始祖丁巴什罗造字时："手握金鹿送来的竹笔，沐浴着蓝鸟带来的灵感，面对粗糙的树皮，用刚萌芽的智慧，观奎星圆曲之势，查龟文鸟迹之象，博采众美，合而为字。"）字体线条刚健流利，手法夸张，概括，动态的表现和特征的摄取构成了东巴象形文字的艺术特征，具有极高的学术价值和审美价值。

（2）欣赏东巴字画。

四、布置作业，鼓励创作

出示几个象形文字（教师示范）

五、学生创作，师巡视指导

六、成果展示，激励评价

七、课题小结，教学拓展

东巴象形文字给人一种满纸日月山川、鸟兽虫鱼的洪荒太古之美的感受，是人类永远的财富。

鼓励学生课外进一步收集相关资料，准备用象形文字描绘东巴经中记载的纳西族神话故事。

该课件很好地将东巴象形文字与美术课结合了起来，而且还将纳西族的服饰文化、民间传说故事贯穿其中，是将民族文化传承渗透与课堂教学的典范。

案例2：一节小学数学课课堂志

5 颗小石子

授课地点：丽江市白龙潭小学　班级：一年级

授课教师：和冬梅

授课过程：

和老师：……（和老师导课词略），同学们，这节课我们要做个游戏，这个游戏其实是一首纳西童谣，歌词为：

Meeq lei ji gaiq lei rheq, Meeq lei ji seeq lei yuq ddee lei yuq, Meeq lei ji zzeiq lei rheq zzeiq lei rheq, Meeq lei ji ha lei seel ha lei seel ha lei seel ha lei seel. （纳西语）

这个游戏纳西族称"Lv rheq lv gul"或"Lv ceil"，有多种各地不同的唱词，但大概的意思都是一堆一堆放下去，一堆一堆捡起来，一堆一堆放下去，一颗三颗捡起来；一堆一堆放下去，一双一双捡起来，一堆一堆放下去，三颗一颗捡起来，一堆一堆放下去，一颗一颗又一颗。同学们，下面我们就分组做这个游戏，游戏法则如下（和老师边讲解游戏规则，边示范）：

（1）每组两人，一人5颗石子。通过翻手心手背将小石子抛接于手背又接于手心有几颗来决定两人玩的先后。

（2）手拿5颗小石子，向上抛出1颗的同时，将其他4颗摆在地上，立即又去接抛出的那一颗；又抛出一颗的同时抓拣地上的石子，紧接着去接抛出的石子。依次类推，抓一抓三、抓二抓二、抓三抓一、抓一抓一抓一抓一，然后将手心的5颗小石子抛接于手背又抛接于手心。看能接住几颗小石子。由接于手心的石子决定胜负。

（3）抓石子时有特别的规矩，该抓几颗必须一次抓起，不能有抓漏的现象，也不能碰着不该抓的石子，否则换人再玩。

同学们，请大家分组来尝试做这个游戏吧。

接着和老师让同学们做游戏。在孩子们做游戏的过程中，意想不到的事情发生了：太多的孩子不会将小石子抛接于手心手背，游戏难以进行下去。和老师只好放弃让孩子们自己玩，改玩游戏为看游戏。同时，她的左手当一个游戏角色，右手当另一游戏角色。让他们通过看老师做游戏，说说从游戏里看出了些什么（让他们分组讨论后汇报）。以下是孩子们的观后汇报：

学生一：这个游戏可以让我们比大小。一开始和老师的右手接着五颗小石子，左手只接着两颗。5比2大，所以，右手赢了，右手先玩。

学生二：我看出了5可以分成1和4，抛1个摆4个。

学生三：我不让抛出去的那颗石子参加，所以我知道4可以分成1和3、3和1、2和2，还可以分成4个1。

学生四：他的做法不公平。应该这样，5可以分成1、1、3，可以分成1、2、2，可以分成1、3、1，也可以分成1、1、1、1、1。

学生五：我发现老师每次取的和摆的石头个数都是4。第一次，老师摆下去4颗，又一次取完地上的4颗石头。第二次，老师摆4颗后，先取了1颗又取了3颗。第三次，老师摆了4颗，先取2颗，又取2颗。第四次，老师先取3颗，再取1颗。第五次，老师把地上的石头一颗一颗地拣完了。

学生六：今天我能分清第几和几是不一样的。

……

就这样，孩子们逐渐对这个游戏熟练了起来，这时和老师又趁热打铁让孩子们练习了起来，直到下课。课后，笔者采访了和老师，她谈道：

　　合理利用地方课程资源，充实教学课堂，激发学生的学习热情，是新课程标准的目标范畴。为此，近年来我校进行了"纳西童谣和游戏在小学教育中的运用"的课题研究，抢救了一些濒临失传的纳西童谣和游戏，并作为校本教材正式走进了课堂。

　　上学期，我上完了一年级数学上册中的 1 至 5 的认识后就进行了一次利用纳西族传统游戏的综合活动课，给了我一些启迪。

　　据调查，纳西族有许多有关"小石子"的游戏，这些游戏曾在纳西族居住地流传广泛，是孩子们百玩不厌的游戏。这些"石子"是让孩子们在游戏中建立数的概念、增长数学知识的活教具。2003 年 12 月，我曾跟束河开普村的黄贵香等老人学习过有关"石子"的游戏，黄奶奶骄傲地告诉我，她这一辈子在劳动之余经常做些小生意，卖些小菜、卖几个鸡蛋、卖一些水果等，她从未进过学校，但她的加减心算能力还比有学问的买者快。主要的原因是小时候通过玩这些"lv rheq lv gul""ceel ko yuq ko jji"等习得的算术。

　　"5 颗小石子"的教学活动验证了黄奶奶的那一番话。它使我又一次体验到了小小游戏所蕴含的东西真不少，它是一份宝贵的教育资源，但愿有更多的人来关注纳西族民间游戏及童谣，将寓教于乐的教育功能更好地发挥出来。

　　和老师将纳西族民间游戏及童谣渗透进数学课，在培养低年级孩子的数学学习兴趣的同时，传承了纳西族文化，也是很值得推崇的。

三、团体活动中的纳西族文化传承

　　团体活动的主要开展方式有举办各种纳西族文化的兴趣班、兴趣小组、组织艺术团，以及开展各种主题活动等。

(一) 兴趣 (班) 小组

　　兴趣班或兴趣小组活动主要是结合劳动技术教育和音体美教育开展的。学生们可以按照自己的兴趣爱好，分别参加美术、声乐、英语、竖笛、书法、体育、纳西族歌舞及手工制作小组，一方面扩大了学生的知识面，另一方面也让其了解了纳西族丰富多样的民族文化。这方面较为突出的是兴仁小学的"七星刺绣"手工活动小组 (图 4-11) 和黄山完小的纳西族文化兴趣班 (图 4-12)，我们以后者为例详细说明。

图 4-11　兴仁小学手工兴趣组学生学绣 "七星"

图 4-12　黄山完小兴趣班学生在学跳东巴舞蹈

下面是笔者对 "七星刺绣" 手工活动小组负责人杨老师的访谈节录①：

问：杨老师，您能谈谈 "七星刺绣" 手工小组的开展情况吗？

答：我们是按照学生的个人兴趣自愿报名的，其实这个 "七星刺绣"

① 杨老师，女，纳西族，该校劳动技术课教师，访谈地点：该校手工课教室，访谈时间：2010 年 11 月 10 日下午。

手工组是由劳动技术课衍生出来的。我们学校还有好多兴趣小组，比如，书法、绘画等，只是"七星刺绣"手工组在传承民族文化方面与其他学校相比比较突出。学生进来后，先给他们讲解一些纳西族服饰方面的知识，比如，为什么纳西族妇女要穿羊披、七星的来历及寓意等，然后再进行手工课的传授。

问：您是经过专门的培训吗？学生的兴趣如何？

答：我没有。你看我本身就是老龄妇女嘛，哈哈……（笑），我本来就会刺绣，然后我又自己抽空看了些服饰文化方面的书籍，加上我本身就是纳西族，所以就我一个人就把孩子们的理论、实践课全包了。我觉得作为纳西族的一员，能够把自己民族的东西传给孩子们，很自豪。学生们也很感兴趣。另外，你看我们墙壁上的展览就知道了，我还教他们绣"美羊羊""灰太狼"的，可以说把传统的民族的东西和现代的东西都教给他们了吧，所以他们很感兴趣。你看，还有好多男孩子都参加进来了呢！

通过与杨老师的谈话可以看出，"七星刺绣"手工活动小组将民族文化内容渗透进劳动技术课之中，既注意理论的教授，又锻炼了学生的动手能力，可以说是对素质教育很好的践行。此外，从谈话中也可以看出，杨老师也是一位对自己民族文化拥有"文化自觉"的教师。

（二）艺术团活动

艺术团活动是纳西族学校民族文化传承的一种较为普遍的方式。所谓艺术团活动，即是将对民族文化兴趣较浓厚且又有一定基础的学生组织起来，以团体的形式进行的小班级教学活动。艺术团一般具有规模小、水平高的特点，其成员不受年龄限制，来自不同年级。艺术团一般聘请校外民族文化专家协同校内音乐教师、体育教师进行一些民族歌曲、民族舞蹈等方面的训练，他们还经常应邀参加一些县、市、省级的文艺演出，有的甚至还参加国家级的演出，并获得了不少荣誉。在纳西族学校中，合唱团活动比较突出的有大研中心小学的"雪山精灵"合唱团（图4-13和图4-14）、玉龙纳西族自治县的塔城完小的"勒巴舞"艺术团，以及白沙完小的"纳西古乐"艺术团。

（三）主题活动

开展各种主题活动是纳西族学校民族文化传承的又一举措。总的来看，这主要有两种方式。

图 4-13　大研中心小学"雪山精灵"合唱团

图 4-14　校外民族文化艺人在给该合唱团上课

　　首先，充分利用各种节庆活动。他们通常以"六一""元旦"等节日活动为契机，为学生搭建纳西族文化实践活动，以及自我表现、自我评价的平台，进行一系列主题或比赛活动（图 4-15 和图 4-16），如"用纳西语讲故事比赛""纳西民族舞蹈赛""东巴绘画书法赛"等。以古城区兴仁小学为例，该校学生的各类活动作品在各类比赛中屡屡获奖（表 4-2），其中该校自创自编的纳西歌舞《丰富多彩的校园生活》还曾应邀赴香港参加"香港回归 9 周年"演出。

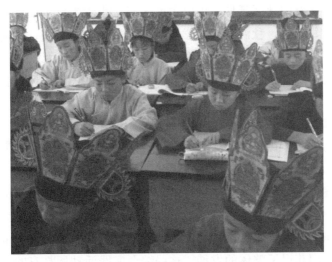

图 4-15　东巴象形字画比赛活动

图 4-16　纪念世界母语日活动

表 4-2　古城区兴仁小学学生各类活动作品获奖情况表

作品名称	作品类型	赛事名称	所获荣誉	年份
《丰富多彩的校园生活》	纳西歌舞	全国青少年文艺展演	二等奖	2005
《丰富多彩的校园生活》	纳西歌舞	云南省第二届艺术节	歌舞类三等奖	2005
《纳西娃娃嘎妱蹉》	纳西歌舞	全国青少年文艺展演	二等奖	2006
《纳西娃娃花花色》	歌舞	丽江古城区纳西娃娃合唱节	一等奖	2007
《太阳月亮好》	歌舞	丽江古城区纳西娃娃合唱节	二等奖	2008

资料来源：根据兴仁小学提供的资料整理而来

　　其次，将课堂向社区延伸。仍以古城区兴仁小学为例，该校特别重视学生的社会实践，每年春、秋游都组织学生到实践基地，如古城、束河古镇、黑龙潭东巴文化研究博物院、文峰寺、东巴谷、玉水山寨，以及东巴王国等地进行纳西民族文化的实地观摩，让学生参观和体验纳西族民俗民风，将课堂理论知识与具体实际相结合。学生们通过观察学习，写出了许多优美的文章。该校并于 2005 年出版了第一本兴仁小学"纳西文化传承实践活动记录"《学生作文集》，为创设共同学习的平台，将其分发给学校学生，受到了学生和家长的好评和欢迎。

　　综上所述，这种主题活动往往是基于学生的经验、兴趣及生活，强调了学生的体验，学生积极参与到各项实践活动中去，在做、考察及探究等一系列活动中应用知识、感悟人生、累积经验和建构活动的意义，认识了事物之间的联系和关系，从而获得了整体的发展。这些综合实践活动所具有的内容和形式上的"整合性""活动性"及"体验性"特征，与民族文化的经验性、趣味性及实践性等特征十分契合，因而最易于民族文化的传承，是学校教育传承民族文化的有效途径。

第五章 | 纳西族学校民族文化传承的机制、成效与问题

第一节 纳西族学校民族文化传承的机制

在《汉语大字典》中，"机"有 19 种解释，"制"有 13 种解释①，综合起来，"机制"可理解为"事物变化或运行的制度性原因"。机制，系指事物内部各要素之间及内部要素与外部因素之间的互动结构及其影响方式。其内涵包括事物的结构及其功能目标、事物的内部要素、事物的外部因素、各要素间的互动结构及其影响方式、要素结构及影响方式的属性实现情况。

"机制"，英文为 mechanism，英汉大词典中有 9 种解释：①机械装置；②机械作用；③机构；结构；④（产生自然现象等的）物理过程；化学中指"历程"；⑤办法；途径；⑥（绘画、音乐等的）手法，技巧；⑦生物学中指"机制"、"机理"；⑧心理学中指"心理机制"；⑨哲学中指"机械论"。②

综上所述，本书将"机制"界定为纳西族学校民族文化传承的内部要素（传递者、承接者、内容、方法、形式等），外部因素（学校教育系统之外民族文化传承如家庭、社区、寺庙等，以及社会组织结构和社会环境如政治、经济、文化等）及内部要素与外部因素间的互动结构及其影响方式。

在纳西族学校教育中所传的民族文化，从形式上看是由传承主体、传承内容和传承方法构成的，其传承是在一定的研究、规划及管理下实施的；而其推进总是在一定的政策、经费的支持下和大的社会文化环境中发生的。本书将前者的总和理解为纳西族学校民族文化传承的内部要素，将后者的总和理解为

---

① 汉语大字典编辑委员会.1986.汉语大字典.成都：四川辞书出版社；武汉：湖北辞书出版社，1298，335.

② 陆谷孙.2007.英汉大词典（第二版）.上海：上海译文出版社，1194.

纳西族学校民族文化传承的外部因素。

传承主体，即人的要素，包括学校领导、教师及学生，它同传承内容、传承方法，以及科研规划、教学管理等内部要素同时体现在课程开发传承模式、课堂教学传承模式和团体活动传承模式之中。

在调查地点的选择问题上，主要考虑了两个维度：一是城乡、地域差异，所以笔者所抽样考察的学校涵盖了城区、城郊、农村等不同区域，同时对农村学校还根据坝区和山区两个类型进行抽样；二是考虑到目前纳西族学校民族文化传承主要是在小学实施，所以调查以小学为主，兼顾中学。

利用分层随机抽样的方法，抽取不同年级学生 326 人，发放问卷 326 份，回收 312 份，回收率为 95.7%，经整理筛查，有效问卷为 298 份，有效率为 95.5%；抽取不同学校不同学科教师 122 人，发放问卷 122 份，回收 118 份，回收率为 96.7%，经整理筛查，有效问卷为 114 份，有效率为 96.6%；访谈对象涉及教育局领导、纳西族民族文化专家、教师等数十人，进行非结构性访谈、半结构性访谈，以弥补问卷的不足。

通过问卷调查并结合个别访谈、参与式与非参与式观察，来确定教师的态度、素质对民族文化传承的影响；了解学生对于民族文化传承课程学习的态度；学校民族文化传承的措施、成效及学校开设民族文化课遇到的问题等内容。

一、纳西族学校民族文化传承内部要素间的关系

从学校内部来看，课程开发、课堂教学、团体活动 3 条途径是相辅相成，共同传承民族文化的。其中，课程开发是基础，教师的课堂教学是关键，而团体活动则很好地弥补了课程开发和课堂教学中的不足。具体来讲，从内容要素来看，哪些文化可以走进校园传承，哪种不宜进校园，都是要经过考量的。目前，纳西族学校进校园的文化主要集中在 4 种类型，前文对此已有叙述，此处不再赘述。从人的要素来看，主要涉及传授者与承受者，这其中无疑前者的作用更加显著，因为教师的教学活动无不带有牢固的民族文化印记，正像埃里克·坎德尔（Eric Kandel）说的那样，"与其说它们受到教育哲学家们思索的支配，倒不如说它们更多地受微妙的民族成见的支配"[①]。因此，任何实际教育活动模式的进化和发展，都离不开本民族的历史文化的土壤。换言之，教师的自

---

① 赵中建等.1994.比较教育的理论与方法——国外比较教育文选.北京：人民教育出版社，128.

身素养，对民族文化的传承起着举足轻重的作用。从方法要素来看，这3种传承模式是与制度化的学校教育相契合的，而这3种传承模式又是在一定的管理、科研、规划等保障体系下得以运转的。

（一）人的要素是前提，内容要素是基础

从纳西族学校民族文化传承的3种模式来看，传承主体的意识与态度是关键，换言之，人的要素是前提。传承主体主要包括两方：一方是学习者，而起决定作用的是传授者，包括教材编写者、学校领导和教师，其中，起决定作用的是教师。图5-1显示，有46.8%的教师在日常教学中从未利用过传统文化课程资源，能做到经常用的有18.8%，其中能大量使用的仅有8%。从表5-1的统计看，有63.2%的教师从未与校外民族文化专家、艺人交流，经常交流者仅有5.2%。在进一步的调查中，笔者发现，正是这部分"经常用"和"经常交流"挑起了纳西族学校民族文化传承的大梁。这另一方面也反映出了民族文化教材的重要性，即内容要素的基础性。因为多数教师把民族文化校本教材当成了唯一的依靠，这一方面源于自身对纳西族文化的相关知识掌握不够全面，另一方面则是"行为定势"使然，即教师不注重对教材的二次创造，而是"照本宣科"。

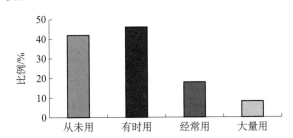

图5-1　教师日常教学中利用传统文化课程资源情况统计图

表5-1　教师与校外民族文化专家、艺人交流情况表

交流情况	频数	百分比/%	有效百分比/%	累计百分比/%
经常交流	6	5.2	5.2	5.2
偶尔交流	13	11.4	11.4	16.6
很少交流	23	20.2	20.2	36.8
从未交流	72	63.2	63.2	100.0
总和	114	100.0	100.0	

（二）民族文化传承的某些因素不受主体意识的影响

图5-2显示，67.2%的教师支持"除开设纳西族母语课以外，再开设其他纳西族文化课程"，也就是说从态度来看，他们都倾向于在学校多开设纳西族文化

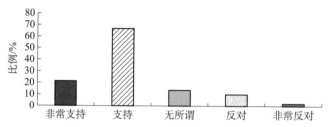

图 5-2 教师对"除开设纳西族母语外再开设其他纳西族文化课"的态度统计图

的相关课程。然而，在调查中，笔者发现，部分教师的行动是与问卷调查的结果有出入的，结合个别访谈，笔者认为，学校的评价制度、管理体制，以及学生家长的态度都会对教师实际行动产生影响。例如，在中学阶段，特别是高中阶段，虽然大部分教师也意识到了学校中民族文化传承的重要性，但他们把更多的时间和精力放在了提高学生非民族文化课成绩上。因为无论是学校绩效工资的考评标准，还是学生家长对教师教学能力的认可标准，学生的成绩都是最重要的指标，这样在有限的教学时间内，教师把主要的时间和精力放在考试科目上就不足为怪了。而民族文化课之所以在小学阶段开展得较好，升学压力小、教学时间相对较充裕都是重要的影响因素。

二、纳西族学校民族文化传承的内部环境及其相互关系

（一）科学规划纳西族文化的学校教育传承

自 1999 年实施"纳西民族文化进校园"以来，原丽江县教育局制定了以绘画、歌舞、手工等为特色培养试点学校，进行分块发展的模式，并提出加强师资培养、整合地方课程与教育经费的工作计划。此外，许多学校制定了较为系统的发展规划，如黄山完小的东巴舞兴趣班、小东巴兴趣班，经过几年的训练有一定功底后，全班升入福慧学校中学部，继续练习，确保中学毕业时在听、说、读、写诸方面都能达到一个"纳西族人"的标准，并计划与高中、高校呼应，培养纳西民族文化方面的特殊人才。

（二）开展纳西族学校民族文化传承的科研工作

纳西族学校在开展民族文化进校园活动的过程中，除积极让民族文化走进校园、课堂外，还通过开展相关科研工作，探究民族文化教育与纳西族等少数民族学生发展之间的关系，探索新的教育形式和教育方法，以期提高教育成效，

如通过申请课题的方式传承民族文化。以兴仁小学为例，十几年来，教师在纳西母语教学中不断总结和积累经验，先后有 12 篇纳西族文化传承方面的论文获奖，并于 2007 年完成丽江市十五规划课题"纳西文化传承研究"，2008 年，该课题荣获古城区"优秀科研成果奖"。

（三）实行校内专职教师负责制管理模式

在教学过程中，针对校外专家、艺人教学时间无法得到保障，以及丰富的教学内容与灵活的教学形式因组织无序而显得随意等问题，纳西族各学校制定了相应的管理措施，以确保教学正常有序地进行，如白沙完小建立了由校长把关、教导主任分管、两名专业老师参与的民族文化工作小组，统一领导、实施学校的民族文化教育工作。而黄山完小则是由校长领衔、两名专业老师担任负责人，配备一名专业老师作为民族文化传承班主任，并指定专门的教务管理人员、后勤保障人员及财务人员加强教学管理，协调解决教学场地、教室、师资及服装道具等后勤保障问题，确保教学正常有序地开展。

（四）纳西族学校民族文化传承与普适性科学文化知识传授间的关系

表 5-2 和表 5-3 是对纳西族学校学生和教师关于"开展民族文化课程是否会影响其他科目学习"的调查统计。

表 5-2　学生关于"开展民族文化课是否会影响其他科目的学习"的看法

看法	频数	百分比/%	有效百分比/%	累计百分比/%
不影响	191	64.1	64.1	64.1
有些影响	21	7.0	7.0	71.1
影响很大	3	1.1	1.1	72.2
利于其他科目学习	83	27.8	27.8	100.0
总和	298	100.0	100.0	

表 5-3　教师关于"开展民族文化课是否会影响其他科目的学习"的看法

看法	频数	百分比/%	有效百分比/%	累计百分比/%
不影响	41	35.9	35.9	35.9
有些影响	19	16.7	16.7	52.6
影响很大	2	1.8	1.8	55.4
利于其他科目学习	52	45.6	45.6	100.0
总和	114	100.0	100.0	

从中可以看出，有高达 91.9% 的学生和 81.5% 的教师认为是不影响的（此处是指作出"正面"回答的，包括"不影响"和"利于其他科目学习"两项），而有 27.8% 的学生和 45.6% 的教师认为开展民族文化课程利于其他科目的学习。结合访谈，笔者认为，整体来看，一方面，纳西族民族文化传承与普适性科学文化基础知识传授之间是相互促进的关系，比如，通过民族文化课程的学习激发了学生的学习兴趣，调动了学生学习的积极性，唤醒了学生的民族自信心与自豪感，这反过来又会影响他们对普适性科学文化知识的学习；另一方面，从学习时间上来看，这两者之间存在事实上的相互消长关系，因为学生在学校的学习时间是有限的，若民族文化课占用过多时间，这势必会影响到对普适性科学文化知识的学习。

三、纳西族学校民族文化传承的外部环境及其影响分析

（一）校外文化环境

埃尔温·托马斯（Elwyn Thomas）认为，研究教育要突出学校教育过程中文化背景（cultural context）的关键性作用。[①] 纳西族地区有相对良好的校外文化环境，这些都为纳西族民族文化的传承提供了坚实的基础。目前，在丽江地区还存在一些依靠社会力量办起的东巴文化民间传承点、学校共 14 处。比如，1981 年，丽江东巴研究室成立；1982 年，丽江县东巴博物馆成立；1995 年，丽江县东巴文化博物馆开办了东巴文化学校；1995 年，原丽江纳西族自治县塔城乡署明村成立了东巴文化学校；1998 年，迪庆藏族自治州唯一的纳西族乡、东巴文化发祥地——三坝乡白地成立了汝卡东巴学校；1999 年，著名纳西族学者郭大烈先生及其夫人黄琳娜女士创办了纳西东巴文化传习院，并依托黄山小学开办了东巴文化学习班。[②] 另外一名纳西学者和力民在其家乡古城区金山乡贵峰村委会三元村开办了一个面向当地妇女的东巴文化传习馆（图 5-3），鲁甸乡新主传承点（图 5-4），都收到了一定的成效。此外，宝山乡梧母村东巴传承学校、玉水寨东巴传承协会及东巴文化传承基地等在传承民族文化方面也都作出了自己的贡献。

---

① Thomas E. 2000. *Culture and Schooling: Building Bridges Between Research Praxis and Professionalism*. New York: John Wiley & Sons, Ltd., 1~2.

② 杨杰宏，张玉琴. 2009. 东巴文化在学校传承现状调查与研究. 民族艺术研究，(6): 79~86.

图 5-3　古城区金山乡贵峰村东巴文化传承点

图 5-4　玉龙县鲁甸乡新主村东巴文化传承点

（二）政策支持

从政策层面看，纳西族地区学校将民族文化引进校园也是有一定依据的。无论是目前国家推行的三级课程管理体制，还是省、市、区等各级行政部门出台的政策，都给纳西族学校民族文化传承提供了政策支持和保障（表 5-4）。

表 5-4   丽江地区纳西族学校民族文化传承的政策、法律保障措施统计表

法律条例、政策名称	颁布者	颁布时间
《云南省丽江纳西族自治县东巴文化保护条例》	原丽江纳西族自治县人大	2001 年
《云南省纳西族东巴文化保护条例》	云南省人大	2005 年
《关于在全县小学教育中开设纳西语言传承和普及教育的决议》	原丽江纳西族自治县人大常委会	2003 年 1 月 29 日
《暑期纳西语文师资培训班》	原丽江县教育局、丽江古城区教育局、玉龙纳西族自治县教育局	2003 年、2004 年、2007 年

资料来源：杨杰宏，张玉琴.2009.东巴文化在学校传承现状调查与研究.民族艺术研究，（6）：79～86

（三）经费支持

目前，纳西族学校民族文化传承所需经费来源主要有 3 个渠道：一是课题或项目经费，如白沙完小的校本教材就是"纳西乡土知识教育"课题组出资开发的，也得到了福特基金会北京办事处的经费资助；二是个人课题经费，这主要是一些具有民族文化自觉的人士，比如，云南省社会科学院的郭大烈先生，多次自愿从自己的课题经费中出资协助地方课程的开发；三是一些社会组织、机构，如全球纳西文化保护学会（Global Naxi Culture Conservation Society）[1]，曾于 2002 年向当时的丽江地区第一高级中学资助 18 万元人民币用以在该校开办"传习纳西文化特色班"。

（四）社会环境对纳西族学校民族文化传承的影响

社会环境对纳西族学校民族文化传承的影响可分为正负两个方面：一方面，社会环境与校内民族文化传承是相互促进的；另一方面社会环境对校内民族文化传承起制约与限制的作用。

首先，学校教育与其所处的社会政治、经济和文化环境是相互依存、相互作用的。教育在文化传统的传递、选择、发现、创造中起着不可替代的重要作用，但同时教育又常常受到传统文化的影响。[2] 在这方面，纳西族地区有许多鲜

---

[1] 该学会简称 GNCCS，是一个非营利性组织，于 1996 年由印度华侨娄杨丹桂和美籍华侨管娄连竺在美国成立。其宗旨是保护与弘扬纳西族文化；沟通全球华人；发挥全球人士互助互爱的精神。

[2] 顾明远.1997.为了未来的教育（代序）//朱永新，徐亚东主编.中国教育家展望 21 世纪.太原：山西教育出版社，2～3.

活的案例，例如，2009 年，兴仁方国瑜小学承担了古城区大研办事处个体工商户纳西文化的传承工作，编排了大研古城纳西文化传承课本，通过提供授课教师、授课场所的方式，为个体工商户举行了 5 期培训班，全部进行考核结业，此案例体现了学校内部要素对外部要素的促进作用。而事实上，外部要素也可以制约内部要素的作用发挥，例如，在山区的一些纳西族学校，由于学生从小生活在讲纳西族母语的环境里，进校后无需对其进行《纳西母语诵读课》的教授，可以直接从事其他方面纳西族民族文化的学习。而在城区或近郊的一些学校，由于受大环境的影响，学生从小就讲汉语，所以需先对其进行纳西族母语的培训，才能进行其他文化的传承。再有，学生家长的态度也会影响到学校民族文化的传承。这些都是外部因素对内部因素影响的表现。

其次，是旅游对文化传承的推进与制约。近些年来，随着以丽江古城为中心的一批精品旅游基地的打造，纳西族聚居的丽江旅游业声名鹊起，国内外大批游客蜂拥而至，这给纳西族学民族文化的传承带来了正负两方面的影响。从正面来看，旅游业促进了学生及其家长主动学习纳西族文化的热情。例如，大研中心小学"雪山精灵"艺术团的小演员们经常会被一些景点请去表演纳西族歌舞，这让家长们看到了参加该团学习纳西族文化的前途，所以许多家长的态度发生了从最初的拒绝到支持的转变。然而另一方面，旅游业的兴起也使（尤其是城区）纳西族的下一代失去了纳西族传统文化的物质载体（如古城），甚至让下一代生活在被"扭曲""异化"的传统文化中。有学者就是否知道"二·八节"（"三朵节"）和是否过"二·八节"两问题对香格里拉县三坝乡白地小学五年级 49 名纳西族学生和兴仁小学 73 名纳西族学生做过了一个调查统计（表 5-5）。① 由表中可见，在白地这样未经旅游开发的地方，被访的所有孩子还仍过传统节日，而在丽江，由于旅游业的影响，仅 37％的被访孩子知道这个纳西族的传统节日，而真正过此节日的，在 73 人中，仅有 2 人。

表 5-5 两地小学生对"二·八节"的了解情况调查

项目	白地（共 49 人）		丽江（共 73 人）	
	回答"是"的学生人数	百分比/%	回答"是"的学生人数	百分比/%
问题 1	49	100.0	27	37.0
问题 2	49	100.0	2	2.7

注：问题 1 为是否知道"二·八节"；问题 2 为是否过"二·八节"

---

① 廖冬梅，张诗亚 .2006. 丽江的旅游开发对传统纳西文化传承的影响 . 民族教育研究，(4)：85～89.

四、纳西族学校民族文化传承的基本经验

结合以上分析,笔者认为,纳西族学校民族文化传承机制大致可以通过图 5-5 来表示。总体来看,纳西族民族文化传承机制是学校内部要素与外部要素的合力互动,有如下特征与功能。

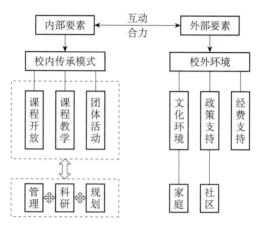

图 5-5 纳西族学校民族文化传承机制示意图

一是纳西族学校民族文化传承体现出"以点带面"的一体化传承特征。所谓"点",是指因地制宜地重点培育几个传承民族文化的精品基地,如黄山完小的东巴舞及东巴字画传承、白沙完小的白沙细乐传承、兴仁小学的手工刺绣传承、白龙潭的纳西民族童谣传承、塔城完小的勒巴舞传承等;"面"是指古城区已于 2003 年在全区小学一至四年级中全面铺开纳西母语课,传承纳西母语;而"一体化"是指他们正按照从小学到中学再到大学的一体化传承模式,培养纳西族文化的继承人。

二是此举接续了纳西族学生的生活教育与学校教育。民族地区教育应是与民族学生实际生存状态紧密相连的,而非仅仅是一种机械的操作程序。这就要求在儿童和青少年的成长过程中,其寓于生活的教育同所受学校教育应处于相互补充、相互融合的状态。纳西族地区学校将民族文化引入校园的做法正是对这一理念的践行。通过地方性课程及校本课程的开发、学科课堂教学渗透、各种民族文化主题活动的开展,大大拓展了纳西族地区学校教育的空间;通过请民间艺人、民族文化方面专家进校园,以及将课堂搬出教室等形式的尝试,打破了仅仅将教育看作课堂教学或在学校中接受教育、将教育形

式看成是讲授及传授知识的旧有观念，这符合纳西族学生的实际生存状态对教育的需求。

（一）纳西族学校民族文化传承的基本目标

一是传承纳西族的优秀文化，培植民族认同感。如前所述，在现代学校教育进入纳西族地区之前，纳西族有着自己的教育形式和教育内容。而在进入现代学校教育形态以后，由于受到主流文化的冲击，纳西族文化知识在学校教育文化的选择上一度被边缘化。但这并不等于纳西族文化已经退出了教育的舞台，在学校围墙之外，纳西族文化仍在以多种形式被传承，显示了其较强的生命力，表明了纳西族人对其特有的情感及其自身得天独厚的地方性价值。而将纳西族文化引入校园，使纳西族学生了解和掌握自己民族的优秀文化成果的同时，亦培养了其对本民族文化的情感、态度及价值观。纳西族地区有着独特的文化生态系统，通过地方课程开发、课堂教学等来反映纳西族地区的自然地理风情和人文社会特点，使之与纳西族学生的生活和经验联系起来，使教学内容结合学生自己身边的人和事，容易被学生理解和接受，适应学生文化和思维的现实基础，能够满足其兴趣和需求，从而培养其创新精神和实践能力。在此基础上，唤醒纳西族学生的民族意识，形成民族认同感。

二是培养纳西族学生在多元文化社会中的跨文化交往能力。中华民族的文化是"多元一体的"，反观纳西族的历史，其传统文化亦有深深的汉文化传统的烙印，而汉文化中也时时可见各少数民族文化的痕迹。因此，在我们这样的国家，教育的目标必须包含"培养学生在多民族与多元文化共存社会中交往所必需的能力"。纳西族学生要在充分地认识和观察自己民族文化的同时，通过与他民族或民族文化的交往来认识异民族与异文化，继而形成多元文化的社会交往能力。唯其如此，才能全面、深刻地理解自己民族的文化，才能看到自己文化与他文化的异同，也才能更好地促进与其他文化间的交流与合作。与此同时，使纳西族学生的民族认同感不断扩展，从对本民族的认同扩展到对民族、国家的认同直至更广意义上的民族认同。

三是注重对纳西族学生批判意识的培养。之所以将培养学生的批判意识纳入纳西族学校民族文化传承的目标之中，主要基于以下思考：一方面，在多元文化中会夹杂一些与社会发展不和谐的音符，所以在尊重、提倡多元文化素养的同时，也要对其保持清醒的意识；另一方面，任何文化都是处在不断变迁和发展中的，培养纳西族学生对本民族文化的认同与接纳并非盲从和闭关自守，而是一种批判性的继承和创造性的发展。鉴于此，提高纳西族学生的文化批判能力、文化选择能力及文化创新能力，理应成为纳西族学校民族文化传承的目标。

（二）纳西族学校民族文化传承的基本原则

在10多年的摸索实践中，纳西族学校与教育领导部门、行政机构及社会力量积极协调，形成了一套相对稳定的民族文化传承机制，解除了活动开展之初部分教师"怕影响教学""怕增加负担"和对东巴文化的误解。在这一过程中，他们始终坚持如下原则。

一是需求性和可行性相结合的原则。从进校园的民族文化内容选择层面来看，科学传承民族文化并非将民族传统文化原封不动地转交给学生，而是使经过精心筛选、细心打磨过的民族传统文化中的精髓部分进入校园、课堂。同时，还把课程对于儿童发展阶段的适切性、对于儿童发展所处的民族文化及心理特征的适切性，教师的文化背景及实施能力等因素考虑在内进行课程的编写，而在教学方式上，则坚持方法的灵活多样性与现实意义性并举的原则。

二是思想性与科学性相结合的原则。纳西族地区学校教育以马列主义、毛泽东思想和邓小平理论为指导，以马克思主义的民族观为理论武器进行民族文化传承。对纳西族文化传统中的精华部分予以保存、继承和发展，而对其糟粕的部分进行批判和剔除。因此，在课程开发、课堂教学等方面要按照淡化宗教成分，强化文化知识，以不在学校宣传宗教为原则。比如，纳西族东巴教是一种民族宗教，进入学校的只是图画象形文、东巴歌舞等文化艺术知识。从教学时间来看，为不影响"正常"教学，民族文化传承课每周两节，不占用主流文化课的上课时间，只利用下午课外活动时间进行；教师以外聘为主，校内教师主要是协助配合管理；教材编写、聘用教师及教学所需费用均不让学校负担，而是积极争取上级拨款和社会支持；教学点以坚持长期稳定传授知识为主，以不谋利进行商业性演出为原则。

三是多元性与一体性相结合的原则。纳西族地区历史上就是一个多民族聚居的地区，除纳西族外，还生存有汉族、藏族、白族等10多个兄弟民族。因此，在民族文化进校园活动中，多元性与一体性相结合也是他们一直坚持的原则。多元性可从两个方面来理解，一方面纳西族学校所传承的民族文化包括纳西族对其他少数民族文化的学习内容，另一方面也包括汉族及其他少数民族对纳西民族文化和自己民族文化及其他民族文化的学习内容。而一体性是指纳西族学校民族文化的传承一方面要在国家的教育方针、政策及目标的指导下进行，另一方面也指以反映纳西民族文化为主，而从历史上来看纳西民族文化就具有多元一体化的特征。比如，纳西族地区许多中小学的课间操就是将纳西族、藏族、普米族等民族舞蹈动作整合的一套新舞蹈操，这使不同民族的学生跳起来都有亲近感。

（三）纳西族学校民族文化传承的有限性

纳西族学校民族文化传承目前处于起步阶段，一方面，从学校教育中教学时间、教学内容及教学方式来看，其对民族文化的传承是有限的，这与学校主流文化教学相比较而言，更像是一种"点缀"。另一方面，从纳西族文化的口传心授、情境化、生活化特征来看，并不是所有文化都可进校园传承。"生命不是等待'学会'什么，而是人在教育生活中，在时间、空间、语言中获得成长。"①纳西族文化传承中的教育都是在生活中进行的，是以一定的习俗、仪式及行为规范等为依托的，与学校教育"有目的、有计划、有组织地引导受教育者获得知识技能，陶冶思想品德、发展智力和体力"②的"意向性"特征相比，这是一种无意识地进行塑造的力量，而且这种塑造作用是由打上深刻烙印的群体对新进入该群体范围内的成员所产生的。这正是克里克所谓的"教育功能"的东西，即文化生态环境对成长着的一代人无意识、潜移默化的塑造作用。

第二节　纳西族学校民族文化传承的成效分析

在笔者的调查中，当被问及"支持将纳西民族文化引进校园的理由"时，70％以上的教师认为这"利于纳西族文化传承；利于满足学生的兴趣；利于学生成为一个真正的纳西族人；利于丰富校园文化生活"，而高达93.9％的教师认为"这利于纳西族文化传承"（表5-6）。

据此并结合个别访谈与分析，笔者认为，纳西族学校民族文化传承的成效主要有以下几个方面。

---

① 李姗泽.2003.少数民族教育困境与对策思考——以沾益县炎方乡苗族学校教育为例.中国教育学刊，（9）：9～12.

② 王道俊，王汉澜编.1999.教育学：新编本.北京：人民教育出版社，41.

表5-6　教师支持学校将纳西民族文化引进校园的理由统计表

选项	被选频数	占被调查者总数的百分比/%
利于纳西族文化传承	107	93.9
利于体现学校的办学特色	73	64.0
利于满足学生的兴趣	95	83.3
利于其他科目的学习	52	45.6
利于丰富校园文化生活	81	71.1
利于学生成为一个真正的纳西人	88	77.2
利于学生将来就业、赚钱	16	14.0
其他	4	3.5

一、培养了学生学习民族文化知识的兴趣，利于其民族认同感的形成

纳西族的传统文化是纳西族人民大众的创作，蕴含着丰富的文化信息、生活素材及艺术养分。然而，随着一批纳西族民间老艺人的离世，一些纳西族文化的瑰宝已经或行将成为"坟墓里的文化"，民族文化传承人产生了断层现象。开展民族文化常识教育，让学生从了解民族沿革、民族风俗开始，继而了解民族的历史、民族文化艺术，使学生对本民族的知识及民族民间文化有一个深刻、感性的认识。这一方面培养了学生学习民族文化知识的兴趣，增强了他们的民族自信心、自豪感，有利于其民族认同感的形成，也为进一步开展系统的民族理论、民族政策，以及民族团结教育打下了基础。通过前面的分析，我们可以看出，纳西族学校自推行民族文化进校园活动以来，教师、学生、家长、民间艺人的积极性都不同程度地被调动了起来，原本分散的力量逐渐聚成搜集整理与传承民族文化的社会热潮。

二、链接了学校文化与校外文化，开辟了纳西族文化传承的新路径

纳西族文化进校园之前，纳西族地区主要是通过建立民族文化专题博物馆、民族文化生态博物馆及鼓励建立民族艺术之乡等措施保护民族传统文化的。纳西族文化进入校园以后，各学校通过课程、主题活动课等形式保护和传承纳西族文化，培养年轻一代的民族文化传承人，初步实现了纳西族文化由"静态"保护向"动态"传承的转变。学校将当地的家庭和社区连接为一体，凭借学校的综合资源，以校园为基地，对纳西族传统文化进行承前启后的挖掘和传承。在这一过程中，学生们通过了解自己的民族，了解自己民族的历史，了解自己

民族的文化，强化了对自己民族文化的认同感和自豪感，使纳西族文化传承具备"造血"功能，继而形成"连锁式"的"学生影响家庭，家庭影响村寨（社区），村寨（社区）影响社会"的纳西族文化弘扬与传承模式。这有效链接了过去存在的纳西族地区学校文化与家庭文化、社区文化的断裂，为纳西族文化有效传承开辟了一条新的路径。

三、丰富了纳西族学校素质教育内容，促进了纳西族教育改革

民族文化进校园之前，纳西族学校教育存在行政管理统得过死和各学校情况复杂多样的矛盾。在实施民族文化进校园活动中，纳西族地区学校根据学生的民族成分和当地的民族文化特点，以及学校自身的优势确定活动项目、内容和实施计划，教育行政部门也改变过往的"一刀切"做法，转而会同当地民族工作部门实施监督、指导及评估的职能。特别是黄山完小、白沙完小、塔城完小等几个地方因地制宜地对东巴象形文字、纳西古乐、勒巴舞等项目的开展，极大地丰富了当地学校素质教育的内容，这一方面培养了学生的良好品德，另一方面也能够为当地培养运动、文艺人才，从而推动了纳西族教育的改革。

四、拉动了纳西族地区经济社会的发展

纳西族地区相对恶劣的自然条件制约着当地经济社会的发展，因此，一个很现实的问题是：当地群众对教育的期望更多地偏重于教育能否改善家庭的经济条件，这就意味着纳西族教育须更为直接地服务于当地的经济社会发展。在这方面，纳西族地区的黄山完全小学、塔城完全小学、大研中心小学都堪称表率。在这些学校，民族文化进校园活动培养了一些民族歌舞等艺术表演人才，学校民族文化艺术团组织的富有民族特色的节目经常出现在旅游推介活动和旅游村寨的文艺表演中，学生的作品如剪纸、刺绣等还成了村寨旅游点的旅游纪念品。这为纳西族文化进校园活动的经济功能延展提供了机会，学校教育成了保住旅游经济灵魂的有效途径。

第三节　纳西族学校民族文化传承中的问题透视

通过以上分析可以看出，纳西族学校在传承民族文化方面取得了一定的成

效，并形成了初步的传承机制。然而，在教材编写、教学教法、师资、政策保障及教学环境等方面也还存在一些问题亟待解决。结合表 5-7 的统计结果与个别访谈，笔者将具体问题总结如下。

表 5-7　教师认为在学校传承民族文化面临的主要困难统计表

选项	被选频数	占被调查者总数的百分比/%
经费不足	93	81.6
缺乏政策支持	78	68.4
缺乏指导	37	32.5
教师不积极	25	21.9
学生没兴趣	14	12.3
学校以主课学习为重，无暇顾及	80	70.2
家长不支持	9	7.9
其他	3	2.6

一、教材偏重"知识传授"，缺乏"层次体系"

（一）教材存在重"传统"、重"知识"而轻"育人"的倾向

纵观纳西族学校的民族文化地方课程与校本课程，其内容多涉及历史记录、语言歌谣、风土人情等。从时间层面看，课程的取材倾向于历史，而对当下及未来两个向度的材料欠缺。民族文化传承的目标不应仅在纳西族先民的文化中涵泳传统特质和认同感，更重要的是协助个体适应当下的生活环境，并创造文化。换言之，不应仅仅沉溺于对过去的回顾，而应重视对为来的前瞻。另外，纳西族地区的地方课程、校本课程存在明显的二元化研究范式倾向，忽视了"育人"的终极关怀，这使得地方课程、校本课程变得冷漠、枯燥、缺乏人性，使其变为新的统治人、压迫人的工具，从而使人沦为"文化传承的工具""为经济服务的工具"，从而忽视了人的自我存在。

（二）教材缺乏层次，未形成开发体系

一方面，由于缺乏统一的理论指导，纳西族地区所用的地方课程并未很好地与"地方性知识"结合，而许多小学的校本课程存在与所用的地方课程重复的现象；另一方面，教材多以综合性资料式存在，而分类的教材相对较少。此外，视听教材、教具等辅助性教材不足。因此，从整体来看，在纳西族学校课程开发中，教材缺乏层次，没有形成开发体系。

二、民族文化传承师资不足，教师专业素质堪忧

从数量上看，师资相对匮乏，许多学校都是其他任课教师（主要是音体美教师）兼授民族文化传承课，有时也会从校外请一些民族文化方面的专家来校授课，但这两者之间因缺乏沟通而使授课内容缺乏统一性、连贯性。

从质量上看，现有师资专业条件不足，无法胜任教学工作；教师的研习活动不足，相关资讯缺乏。正如有学者指出的那样，很多教师受传统民族教育观念的影响，"将课程理解为规范性的教学内容，教师无权更动课程，教学就是教师忠实而有效地传递课程内容。在这种观念的束缚下，教学变成了教师教、学生背书的过程。……在教学活动中，少数民族学生在文化、语言、宗教信仰等不同于汉族学生的差异，并没有引起学校教师足够的重视，教师在教学心理、教学方法等方面并没有过多考虑少数民族学生不同于汉族学生的文化差异和文化特点"①。

三、评价制度缺乏"弹性"，民族文化"失语"

学校评价制度与民族文化内容无关，许多教师迫于绩效"现实"并不热心于此。由于种种原因，"我国民族地区的学校教育的评价制度与内地汉族地区并无二致，也是以汉文化为主的主流文化为评价标准的'一统天下'"②。纳西族地区的学校也一样，民族文化并不是现代教育所要求的考试科目，在这种单一的评价标准下，许多教师和学生，尤其是中学阶段的教师和学生，迫于应试、绩效工资等的压力，也很难对走进校园、课堂的民族文化真正重视。在笔者的调查中，有教师这样谈道：

> 我们也没办法，现在无论是评优还是绩效工资，最终都要拿学生的成绩来衡量老师。家长也是这样来看待老师的，你学生的成绩好，你就是个优秀的老师，反之，你就是不合格的，甚至社会上的一些人也持同样的观点。所以，我们也觉得很有必要在学校中传承民族文化，学生也感兴趣，可是现实是各方面都依成绩论英雄，可是学生考试不考民族文化，没办法……

---

① 金志远.2009.新一轮课程改革背景下少数民族文化传承与民族基础教育课程改革.民族教育研究，(5)：53～59.

② 井祥贵.2011.学校教育视野下的民族文化传承研究.民族教育研究，(5)：104～107.

表 5-7 的统计也显示，有超过 70％的教师认为"学校以主课学习为重，无暇顾及"。由此可见，评价制度中民族文化的缺失成为制约学校民族文化传承的一个突出问题。

四、资金匮乏，保障体系不健全

（一）资金问题

从表 5-7 中可以看出，81.6％的教师认为"经费不足"是纳西族学校民族文化传承面临的主要困难。许多学校由于用来开发民族文化校本课程，以及维持正常教学的资金不到位而无法继续开展民族文化课。例如，在调查中，笔者了解到兴仁方国瑜小学这些年来共整合编写了 8 册校本教材，其中有 6 册是一至三年级使用的纳西族母语教材；1 册是四至六年级使用的东巴象形文字及东巴绘画综合教材；1 册是"纳西七星刺绣"校本教材。这些教材投入该校使用以来收效很好，可由于资金短缺，目前还不能达到学生人手 1 册，只能同桌两个学生共用一本而且是不同年级的学生"循环使用"[①]。类似的情况笔者在调查中曾多次碰到，经费问题已经成为制约纳西族学校民族文化传承的一个瓶颈。

（二）政策、制度保障问题

表 5-7 中的统计显示，68.4％的教师认为"缺乏政策支持"是纳西族学校民族文化传承面临的主要困难。可见，一些政策、制度的不健全，也是纳西族学校民族文化传承的一大障碍，例如，"有的学校结合当地民族文化资源编制了很好的校本教材，可因为云南省教材审订委员会对于地州级教材的审核日期有一个硬性的规定——截止到 2004 年 6 月，在这个日期之后编制的教材除非是两个以上的地州同时需要，否则就无法通过'合法'的途径出版发行"，因此，"这些教材的出版问题按现行制度只好搁浅，最后只能成为教师的'内部资料'"[②]。

---

① 即学生升入高一年级后，将书本收回，留给下一级的学生使用，如此循环下去。
② 井祥贵.2011.学校教育视野下的民族文化传承研究.民族教育研究，(5)：104～107.

五、学校内部要素间的配合仍不够，校际互通有待加强

（一）内部要素间的配合有待加强，仍然是理论研究与实践操作"两张皮"的现象

关于如何处理民族地区现代学校教育与民族文化传承关系的问题，已有许多的相关理论研究，纳西族学校在开展民族文化进校园活动过程中，并没有很好地以这些理论为指导，而是强调在"摸索中前进"。当然，一方面这些理论研究有脱离实际之嫌，另一方面也有纳西族学校一线教师对这些理论的人为疏远，因为在他们看来，这些理论离他们太远，"搞理论是学者、专家的事"，而他们自身只是"教书匠"[①]。

（二）表现在以校为单位的内部要素间的"各自为政"倾向

通过上文的分析我们可以看出，纳西族学校民族文化传承的课程开发、课堂教学、团体活动等的开展，均是各自在某个活动或某几个学校有"特色"地体现出来，而且成效显著，然而几种模式各自为政，没有互通有无、没有集中于一体而稍显势单力薄。

此外，部分学生家长缺乏正确的价值观与支持的态度；社区母语环境不足，对学校民族文化传承的辅助效果有限。而从教学时间来看，民族文化授课时间不够充裕，民族文化传承只是"点缀"于普适性科学文化基础知识的教学中，学习效果不佳。

通过对纳西族学校民族文化传承中存在问题的分析，我们可以看出，民族文化与学校教育文化并没有很好地结合，无论是在课程的开发、师资的培养方面还是在民族文化传承目的、内容、方式等方面，二者都存在相"疏离"的问题。民族教育"一方面要使少数民族儿童青少年能顺利进入现代化主流社会，另一方面还要力求保持和发展各少数民族的文化传统，使他们享有使用自己语言、文字的权利，享有在本民族聚居区实行自治的权利以及学习本民族历史和弘扬民族文化的权利"[②]。对于纳西族学校教育而言，不但要让纳西族学生接受普适的科学文化基础知识，为其以后的"社会化"甚至"国际化"奠定基础，

---

① 受访者：兴仁小学和老师，受访者地点：和老师办公室，时间：2010 年 11 月 10 日。
② 滕星 . 2002. 族群、文化与教育 . 北京：民族出版社，361.

同时又要让纳西族学生掌握本民族文化，成为"名副其实"的纳西族文化传承人。"教"什么的问题在一个知识大爆炸的时代成为教育文化关注的核心问题。在文化内容的选择上，短期的、功利主义的价值取向造成了教育的技术化蜕变。① 那么，纳西族传统文化究竟应该如何在学校中传承？国内外有哪些理论和经验值得借鉴？将在后文进行论述。

---

① 倪胜利.2011.教育文化论纲.重庆：重庆大学出版社,99.

从前文所述可以看出，纳西族地区学校在民族文化传承方面已然有一套自己的机制，在 10 余年的不懈努力下，已取得了可喜的成效，然而也存在一些问题，亟待解决。那么，如何解决这些问题？从已有相关理论层面能否找到解决的路径？在这方面，国内外都有哪些可资借鉴的举措？本章就结合上述问题做一些哲学基础、文化学及人类学方面的理论思考，并对国外和我国台湾地区关于多元文化教育、高山族教育方面的政策措施、理论等做一梳理，对以上几个问题做些探讨。

第一节　纳西族学校民族文化传承的哲学基础

陈友松曾说："教育的问题归根结底是哲学本身的问题。如果我们不去考虑普通哲学的问题，我们就不能批判现行的教育思想和政策，或者提出新的理想和政策。"① 换言之，每种教育背后总是有一定的哲学思想基础作指导的。譬如，美国教育的哲学思想基础是自由主义、实用主义、古典主义之风远不如欧洲那样盛，在美国，民主主义被奉为其政治和生活的圭臬，不仅视民主主义是政治制度，而且是生活方式。"美国教育的一个特征在于实用主义对'什么知识最有价值'的回答是'最有用的——达到个人的知觉目的——的知识最有价值'。因此，对待知道怎样（knowing how）比对待知道什么（knowing that）更认真。"② 而纳西族学校民族文化传承问题实际上是如何处理普适科学文化基础知识传授与纳西族传统文化传承的关系问题，这一对关系的本质涉及人、文化和

① 陈友松 . 1982. 当代西方教育哲学 . 北京：教育科学出版社，28.
② 马骥雄 . 1991. 战后美国教育研究 . 南昌：江西教育出版社，281.

教育三要素。因此，本部分从探讨这三大要素的关系入手，为纳西族学校民族文化传承问题寻找理论支撑。

一、人的复杂适应性与非特定性特征

如何认识人，是理解文化和教育问题的基础。马克思曾说，人的本质"不是人的胡子、血液、抽象的肉体的本性，而是人的社会特质"①。卡西尔则将人定义为"符号的动物"。显然两位先哲都是从人与动物的区别角度来定义"人"的。《文心雕龙·原道》载曰："仰观吐耀，俯察含章，高卑定位，故两仪既生矣。惟人参之，性灵所钟，是谓三才。为五行之秀，实天地之心，心生而言立，言立而文明，自然之道也。"② 在这里，刘勰的"三才"思想，关注的是人与自然相互作用、相互渗透、相互适应的整体性、共进化关系。而在整体论者和文化人类学家那里，人的最显著特征是人的复杂适应性与非特定化特征。

（一）人的复杂适应性特征

在理解人与文化的关系问题上，复杂理论为我们提供了新的视野和方法论基础。"复杂适应系统"是指那种随着环境的复杂性变化而能够通过自组织、自学习、自适应而不断进化的系统。换言之，复杂自适应系统在不断地学习与进化，并且经常同其他的复杂自适应系统相互作用。而它们之所以能生存下来，关键就在于"学习"和"适应"。它们收集信息以制定规则，然后将这些规则不断转化为各种行为模式，并根据实际情况加以调整。如果系统的适应能力跟不上环境的变化，则会衰亡，具有该特征的系统非常普遍。这里"学习"这一概念，是一个科学用语，也就是说，不仅人类会学习，动物也会学习。复杂理论研究者默里·盖尔曼（Murray Gell-Mann）曾指出，复杂适应系统在自然界各不同过程中都在起作用，比如，地球生命的起源、生物进化、生态系统中各种生物的行为，哺乳动物免疫系统的运作，动物的学习与思考，人类社会的演变，金融市场投资者的行为，以及为发展策略或在以往观察的基础上作出预言而设计的计算机软件或硬件的使用等。"所有这些过程的共同特征是，每个过程中都由一个复杂适应系统来获取环境及其自身与环境之间相互作用的信息，总结出

---

① 中共中央马克思恩格斯列宁斯大林著作编译局．1956．马克思恩格斯全集（第1卷）．北京：人民出版社，270.

② 罗晶．1998．中国古典文学百部（第五十五卷）．西宁：青海人民出版社，21.

所获信息的规律性，并把这些规律提炼成一种'图式'（schema）或模型，最后以图式为基础在实际当中采取相应的行动。"① 由此可见，生命系统都可以看作复杂适应性系统。复杂适应系统彼此之间是相互适应的，而且每一复杂适应系统也会产生其他复杂适应系统。从这个意义上讲，符号、词语、思想及观念都是人这个复杂适应系统所产生的新的复杂适应系统，正是借助这些系统，"学习"扩展成复杂的文化系统，"从而在人类文化中又产生了新的复杂适应系统：社团、组织、经济和科学活动"②。

我们知道，动物是通过直接的基因遗传来获得自身生存所必需的绝大部分信息的。那些历经数百万年而不断增值、进化的生命信息所导致的行为方式，常常被相当模糊地称为"本能"。生物进化会促使生物"本能"地解决所遇到的问题，而且在这一过程中，生物体还会产生足够的智慧，通过经验积累式的学习来解决类似的问题。人类则主要靠个人与集体的智慧来获得知识，"人"之所以为"类的存在物"，正是与这种后来将发展成文化的能力有关。与其他动物相比，人类每一个体得之于遗传的特定适应性，似乎都弱于动物。然而有一种东西却在伴随着人类增长：那便是离开了"类"就难以生存的那些特征。

对于人的复杂适应性特征的理解，盖尔曼有一段谈话颇值得品读，他谈道："假定环境对系统的影响是稳定的，各种不同的生物之间的相互作用也忽略不计。因此，给定的生物群体是在一个无重大变化的环境中进化。渐渐地，该群体将能更好地适应其环境，因为群体中的不同基因型彼此竞争，其中一些在产生可成活与繁殖的表现型方面比另一些更成功。结果，环境与生物在信息上的一种差异逐渐地减小了。这个过程不禁使人想起这样一种物理现象，即把一个热物体与一个冷物体放到一起时，它们的温度将以符合第二定律的方式而达到热平衡。生物进化绝不与第二定律相抵触，它还为第二定律提供了一个有益的隐喻。适应过程本身就是一个群体在其环境中的一个成熟过程。"③ 总之，其他动物正是在生物进化中与环境的差异逐渐减小，在稳定的环境中由竞争获得了特定的适应性，而人类则是一个全方位的开放的系统，其复杂性与自然一样，

---

① 〔美〕盖尔曼.2000.夸克与美洲豹：简单性和复杂性的奇遇.杨建邺等译.长沙：湖南科学出版社，17.

② 〔美〕盖尔曼.2000.夸克与美洲豹：简单性和复杂性的奇遇.杨建邺等译.长沙：湖南科学出版社，20.

③ 〔美〕盖尔曼.2000.夸克与美洲豹：简单性和复杂性的奇遇.杨建邺等译.长沙：湖南科学出版社，230.

是不断增加的，而这正是人应付环境的各种复杂变化的"类"特征。

（二）人的非特定性特征

哲学界的观点认为，人在本能上是不确定的。"人是一个完全不确定的实体，是一个'开放的系统'。"① 与其他动物相较而言，人类生命在出生之时无任何优越之处：许多动物一出生即能立刻适应新的环境，它们或有坚硬的躯壳以保护自己，或有肥厚的毛皮以抵御严寒，或有锋利的爪牙来对抗天敌和猎食其他动物；而刚离开母体的人类生命则显得极为软弱，不要说营生，连最起码的自我保护能力都是缺乏的。正如理查德·利基（Richard Leakey）所指出的："人类发展的最重要的方面之一，是婴儿初生时实际上是软弱不能自助的，还要经历一段较长的儿童期。……在动物界中唯独人类才有这种现象：大多数种类的哺乳动物，包括猿类在内，都是从婴儿期几乎直接进入成年期。从一个人的青年个体到成年，在生长突然加快期中身体尺寸的增加大约为 25％；反之，黑猩猩的稳定的生长曲线意味着它们的身材从青年到成年只增加 14％。"② 之所以会出现这种情形，我们可以从脑科学的研究中找到答案，"黑猩猩新生儿的脑子已经占了它成年体积的 70％，而智人的新生儿的脑子只达到其成年时的 23％"③。人们曾一度用"先天的缺憾"来形容人类在本能方面的贫乏，然而这也许压根不是缺憾，而是大自然成就事物的法则。美国密执安大学生物学家巴里·博金（Barry Bogin）对于人与黑猩猩生长曲线的差别有一种创新的解释，他提出："如果青年人必须接受文化的熏陶，那生长突增期的益处是与他们必须达到的高强度的学习有关的。如果生长中的儿童和成人的身体尺寸有大的差别，则儿童可以更好地向人学习，可以建立师生关系。如果幼儿身材是按照与猿相似的生长曲线所能达到的高度，则可能产生对抗而不是师生关系，当学习时期过去以后，身体便凭借青年生长突增期'赶上来'了。"④ 生物学家们近来认识到，"脑子大小不只是影响智力，它还与许多被称为生命历史因素的东西有关，例如断奶的年龄，达到性成熟的年龄，妊娠期和寿命。在脑子大的动物中，这些因素趋于延长：婴儿断奶要比脑子较小的动物物种来得迟些，性成熟晚些，妊娠期长些，个体寿命长些。根据与其他灵长类的比较所进行的一项简单计算

① 〔德〕克里斯托夫·武尔夫.2009.教育人类学.张志坤译.北京：教育科学出版社，174.
② 〔英〕理查德·利基.2007.人类的起源.吴汝康等译.上海：上海科学技术出版社，40.
③ 〔法〕埃德加·莫兰.1999.迷失的范式：人性研究.陈一壮译.北京：北京大学出版社，70.
④ 〔英〕理查德·利基.2007.人类的起源.吴汝康等译.上海：上海科学技术出版社，40～41.

显示，平均脑量为 1350 毫升的智人的妊娠期应该是 21 个月，而不是实际经历的 9 个月。"[1] 有学者[2]认为，由于人类脑扩大化而致的"人类的早产"，以及上述人类的"生命历史因素"，都为一系列教育命题提供了生物学依据，均可成为教育起源研究的重要延伸。的确，智慧生命的演化进程可以说是与某种不确定性密切相关的。"人的非特定化是一种不完善，可以说，自然把尚未完成的人放在世界之中，它没有对人作最后的限定，在一定程度上给他留下了未确定性。"[3] 大自然赋予人类的这种特质，把新生的族类从仅为适应某一特殊的环境而产生的狭隘的特殊性中解放出来，身体与脑子结构的未完成状态的持续，有利于全面的能力和多种适应性品质的发展。

对此，利基谈道："人类通过强化的学习变成人，人类不只是学习维持生存的技能，而且还要学习传统家族关系和社会规律等，也就是文化。无自助能力的婴儿受到照料，较大的儿童受教育的社会环境比猿类社会更具有人类的特征。文化可以说是人类的适应，儿童期和成熟期的不寻常的形式[4]使这种适应成为可能。"[5] 因此，人的不确定性和未完成性特质，常被教育看作为可塑性因素，它为人的后天发展留下了空间。德国哲学家马克斯·舍勒（Max Scheler）有一句极为精辟的话："人就是能无限制地'向世界开放'的 X。"[6]

总之，教育所面临的对象是迄今为止地球生命演化进程中最为复杂的现象，生命发展过程具有不确定性、不可量化性、不能逆转及不可预见等特性。"世界上千差万别的生命形式各有自己的存在模式，模式的存在反映了有差别的事物统一于某种结构与秩序。教育现象中蕴涵着世界的隐秩序，但却是有差别的统一。和而不同的多样化是生命之源。"[7]

二、文化与教育的关系

（一）何为文化

要探讨文化与教育的关系，就会涉及如何界定文化的问题，而对于文化的

① 〔英〕理查德·利基.2007.人类的起源.吴汝康等译.上海：上海科学技术出版社，41.
② 何志魁，张诗亚.2008.人的早产与教育起源——兼评理查德·利基《人类的起源》的教育价值.教育学报，（4）：69～72.
③ 〔德〕兰德曼.1988.哲学人类学.阎嘉译.贵阳：贵州人民出版社，228.
④ 即相较于动物而言，人类儿童期的延长与青春期的突然加速生长。
⑤ 〔英〕理查德·利基.2007.人类的起源.吴汝康等译.上海：上海科学技术出版社，41.
⑥ 〔德〕马克斯·舍勒.1999.人在宇宙中的地位.陈泽环等译.北京：北京大学出版社，228.
⑦ 倪胜利.2006.大德曰生——教育世界的生命原理.桂林：广西师范大学出版社，15.

界说，直到现在学界并未达成共识，据不完全统计，有关文化的定义已超过 300 多种。① 在英文中，文化（culture）一词源自拉丁语（colere），即"种植""培养"，愿意为开垦土地以收获农作物、树木和水果。colere 还同时衍生出了另外一个词 cultus，即"崇拜"，意指对于神的景仰与膜拜，此种同源关系使后来 culture 一词在"精神"意义上的延伸有了解释的依据。在欧洲，1420 年的《牛津词典》中首次通过隐喻引申了"文化"一词，而在大约 16 世纪，"文化"的真正转义——才智、举止的培养与锻炼，才开始引进到语言中来，才摆脱"种植"等本义。文化一词成为一个学术关注的核心概念，则源自 19 世纪中叶以来的人类学学科的发展。爱德华·泰勒（Edward Tylor）提出，"文化是人类在自身的历史经验中创造的'包罗万象复合体'"，而本尼迪克特的定义为，"文化是通过某个民族的活动而表现出来的一种思维和行动方式，一种使这个民族不同于其他民族的方式"②。此后，人类学各流派都给出了"文化"的定义，依据人类学的定义，"文化一词指的是特定的或社会的传统思维方式和行为特征。因此，某个社会集团的语言、一般知识、宗教信仰、事物偏好、音乐、劳动习惯和禁忌等便构成了它的文化"③。下面是人类学家们一些较有影响的关于文化的观点。

法国人类学家克洛德·列维-施特劳斯（Claude Lévi-Strauss）从行为规范和模式的角度将文化看作"一组行为模式，在一定时期流行于一群人之中，并易于与其他人群之行为模式相区别，且显示出清楚的不连续性"。④

英国人类学家布罗尼斯拉夫·马林诺夫斯基（Bronislaw Malinowski）在其《文化论》（*A Scientific Theory of Culture*）中，把文化分为物质设备、精神文化、语言、社会组织 4 个方面，他对文化内部范畴的化分，为人们在文化研究中把握具体对象提供了一定的便利。

恩伯夫妇对"文化"的定义是："一个群体的成员所普遍享有的、通过学习得到的信念、价值观或行为都属于文化的范畴。按照惯例，人类学家通常关心

---

① 20 世纪 50 年代初，美国人类学家克鲁伯（Kroeber）与克拉克洪（Kluckhohn）合著的《文化：关于概念和定义的批判性问题》一书中，罗列的自 1871～1951 年的文化定义就达 164 种；我国学者韩民青在其所著的《文化论》中指出近 200 种，而学者郑金洲在其《教育文化学》一书中提及，其所收集的文化定义已逾 310 种。

② 〔法〕维克多·埃尔.1988.文化概念.康新文等译.上海：上海人民出版社，5.

③ 〔美〕C.恩伯，M.恩伯.1988.文化的变异——现代文化人类学通论.杜杉杉译.沈阳：辽宁人民出版社，8.

④ 李鹏程.2003.当代西方文化研究新词典.长春：吉林人民出版社，307.

的是一个社会的文化特征。所谓社会，就是占有一定领土，具有共同语言的一群人（临近该社会的人一般不懂得这种语言）。所以，当人类学家谈到某种文化时，他通常指的是某个特定社会所特有的一组习得的、共享的信念、价值观和行为特征。"①

拉尔夫·林顿（Ralph Linton）认为，"文化"指的是任何社会的整体生活方式，而不单单是指那些被社会认为比较高级或更有价值的生活方式。因此，当文化指的是我们的生活方式时，它与弹钢琴或谈勃朗宁②的诗无关。对于科学家来说，这些活动只是我们整个文化中的某些要素而已。这一整体文化也包含了诸如碟子或驾驶汽车之类的平凡活动，而且从文化研究的目的来说，这些平凡活动与"生活中更好的事"具有同等的重要性。从社会科学家的角度来说，不存在没有文化的社会甚至是个人。每个社会都有一种文化，无论这种文化多么简单，而每一个人都是"文化的"，因为他都参与到了这样的文化之中。③

美国著名文化问题专家索尼娅·尼托（Sonia Nieto）将"文化"界定为："文化可以被理解为一系列综合因素——如共同的历史、地理位置、语言、社会阶段和宗教等——结合在一起的人口集团创造的不断变化的价值取向、传统、社会和政治态度、世界观。"④

让-保罗·萨特（Jean-Paul Sartre）在其著作《语词》（*The Words*）中，对"文化"概念做了这样一个普遍适用的界定："文化不能拯救任何人或任何事物，它也不能证明什么。但是它是人类的产物：人类将自我投放到文化中，在文化中认识自己；文化是一面具有批判作用的镜子，一直反映这人类的形象。"而阿尔诺德·盖伦（Arnold Gehlen）则从另一个方面，阐述了文化的生产型特征，指出人作为一种"充满缺陷的生物"，面对世界，顺应而变，"被迫创造着自我和自己的世界，这就是文化的意义"⑤。本尼迪克特的"文化模式"理论也认为，

---

①　按照这个定义，社会并不一定与国家相对应。有很多国家，特别是新兴国家，一个国家有着不同的民族，讲着不能相互理解的语言。据我们的定义，这样的国家是由不同社会和文化组成的。另外，照此定义，一个社会甚至可能包括不止一个国家。例如，我们不得不承认，美国与加拿大同属于同一社会，因为两国都普遍讲英语，地域相连，而且还享有许多共同的信念、价值和行为。也有人不同意此说法，他们更倾向于把美国和加拿大看成两个不同的社会，因为它们是两个不同的政治实体。

②　勃朗宁（Robert Browning，1812～1889），英国诗人。

③　〔美〕拉尔夫·林顿.2007.人格的文化背景：文化、社会与个体关系之研究.于闽梅，陈学晶译.桂林：广西师范大学出版社，28～29.

④　Sonia N. 1996. *Affirming Diversity：The Sociopolitical Context of Multicultural Education*. New York：Longman Publishers，138.

⑤　〔德〕克里斯托夫·武尔夫.2009.教育人类学.张志坤译.北京：教育科学出版社，181.

在任何社会中，人类可能产生的行为范畴只能有一小部分得到发挥或受到重视。因此，人们应根据文化发生的来龙去脉来评价文化现象，而不能只偏重于文化特质，即个性的分析。① 她批评《金枝——宗教与巫术之研究》只注重对"文化特性的分析性讨论，却忽视了文化整合的各个方面"，并认为《金枝——宗教与巫术之研究》中关于"婚配和死亡的习俗是由一些从极不相同的文化中顺手拈来的行为来说明的，而讨论则建立起了一个机械地拼凑起来的弗兰肯施坦式的怪物。这个怪物右眼来自斐济，而左眼来自欧洲，一条腿是火地人的，另一条腿却是塔希提人的，而所有手指和脚趾又是从不同的地方弄来的。这样一个家伙过去和现在都没有任何真实性可言。"②③ 这种观点将人类行为的所有形式都看作一个整体，它摒弃了二元论的思想，避免了行为与思想、"社会"与"文化"的分离。然而该定义也有不足之处，即缺少一定的具体性。人类通过文化（甚至在生理学的层面）创造了自身，这种认识相对正确但仍不够全面。文化人类学家给出了更令人满意的解释，即认为人类文化之间有很大差异。这就"使得要想在人的自然的、普通的和一贯的特征与传统的、地区的和变化的特征之间划出界限变得非常困难。事实上，这也说明了这种界限本身就是对人类理解的一种歪曲，甚或是一种严重的误解"④。人类不是在历史与文化表现的差异性的"背后"被发现的，而是在"其中"被发现的。文化的巨大差异性表现为文化形式的多样性与文化形成方式的差异性，为此，格尔茨谈道："在文化概念的再造和文化在人类生活中的作用之外，对人的定义强调的不是人类行为的实际共性，从一段时间到另一段时间，从一个地点到另一个地点，而是众多的机制，通过这些机制，人类内在能力的宽泛性和不确定性被削减到其实际能到达的有限性和确定性。……如果不受文化模式的导引，即重要符号的有组织的系统指引，人类行为将会失控，将变成一种无目的的行为的混乱和情感的爆炸，人类经验将无法形成。文化，是这些模式的总和，它不是人类存在的装饰，而是人类特殊性的基础，是人类的本质条件。"⑤

以上西方学者对文化概念的阐释，都是在一定语境中的用法，是在狭义上

---

① 〔美〕本尼迪克特. 2005. 菊花与刀——日本文化的诸模式. 孙志民等译. 北京：九州出版社，1.

② 弗兰肯施坦（Frankenstein），一个由各类肢体人为拼凑而成的怪物，最初出现于雪莱所写兼有哥特式浪漫故事和科学幻想小说特点的《弗兰肯施坦》（Frankenstein）一书中。

③ 〔美〕本尼迪克特. 2009. 文化模式. 王炜等译. 北京：社会科学文献出版社，33～34.

④ Geertz C. 1993. The Interpretation of Cultures. London：Fontana Press，36.

⑤ Geertz C. 1993. The Interpretation of Cultures. London：Fontana Press，45～46.

使用文化这一概念。对文化概念的不同理解，恰好折射出了人类文化的多样性与复杂性，也反映了人类认识的局限性。

在我国，古代先哲参悟天地之道，创设宇宙模型，寻找富载天地系统作用信息的多年生有灵性生命，创造出蓍卜方法。对此，《易经·贲卦》曰："关乎天文，以察时变；观乎人文，以化成天下。"① 古人关于"文""化"的阐释，体现了"天人合一"的思想，依"文"而"化"的过程便是遵循天地之道而化成人的世界。近现代以来，我国学者对文化现象及文化概念的阐释，受西方及日本的影响，已与古人的"文""化"观有了较大差异。梁漱溟先生对东西方的文化与哲学思想做过较深入的比较研究，他提出文化是"人类生活的样法"，可见其关注的核心问题是人类生活方式，而生活则可包容很多东西。② 我国著名历史学家钱穆对文化有过这样的理解："夫文化不过人生式样之别名，举凡风俗习惯信仰制度，人生所有事皆属之……盖文化当重二义：一者文化当为大群众所有，二则文化必具绵历性……非仁无以群，非群无以久，非久无以化，非化无以成文。是为人类文化之大源，亦即人类文化之通性。"③

概言之，从以上分析可见，东西方学者关于文化的观点趋于一致，而文化概念的原生语境则逐渐淡出视界。人们对文化的阐释虽仍没有终结性的定义，但以上关于文化的认识，却能帮我们更清晰地认识文化与教育的关系。我国教育家叶圣陶先生曾说过："教育像农业，而绝对不像工业。"④ 文化与教育间的意义关联，会使人们习惯于把有文化的人同"受过教育的人""有教养的人"等概念联系起来。然而，文化并不等于传授知识，也不等于教育。

（二）从"教""育"的字源看教育与文化的关系

为了进一步理解教育与文化的关系，我们还可以从"教""育"的字源上加以考证。甲骨文的"教"字（图 6-1），从其构成看，左下方的"子"示儿童，左上方的"爻"，据孔子为《易经》所做的阐释为，"爻也者，效此者也"及"爻也者，效天地之动者也"。"爻"在构成上是"交五"，即两个"五"相交，两个五分别代表天数五（一三五七九）和地数五（二四六八十）。"天数五，地数五，五位相得而各有合。"这里讲天地万物的化成，都是来自天的要素与地的

---

① 徐子宏译注．周易全译．1991．贵阳：贵州人民出版社，367．
② 梁漱溟．2010．东西文化及其哲学．北京：商务印书馆，53．
③ 钱穆．2009．文化与教育．北京：生活·读书·新知三联书店，3～4．
④ 杜草甬，商金林．1989．叶圣陶教育文集．郑州：河南教育出版社，363．

要素的结合。而构成要素的数量和构成方式都随时空变化，从而导致事物形态各异。不同的事物之间存在着不同的生克与消长关系。而这也正是我们所说的"文化"内容。古人是如何知道自己在天地系统中身处何境呢？孔子这样表述："探赜索隐，钩深致远，以定天下吉凶。成天下之亹亹者，莫大乎蓍龟。是故天生神物，圣人则之；天地变化，圣人效之；天垂象，见吉凶，圣人象之；河出图，洛出书，圣人则之。"① 可见，古代先哲观天地变化，总结规律，并创制八卦以推演天地运作之道与占者的关系，从而决定行为的基本理念。甲骨文"教"字的右半边，是手与卜筮的结合。通常人们将"教"字解释为手执教鞭（棍棒）教育孩子。为此，有学者提出了质疑，并结合许慎的《说文解字》有"教，上所施，下所效也"的解释，认为"教"字的基本含义，就是"效"天地之道。②

图 6-1　甲骨文"教"

资料来源：字体转换网 . 2012. 甲骨文字典.
http://www.zitizhuanhuan.com/jiaguwen/
zidian/［2015-4-19］

图 6-2　甲骨文"育"

资料来源：字体转换网 . 2012. 甲骨文字典.
http://www.zitizhuanhuan.com/jiaguwen/
zidian［2015-4-19］

　　甲骨文"育"字（图 6-2），从字形看，上面是一女性人体，下面则是儿子的"子"倒过来，为分娩过程的描述。后来，在"育"字的简化过程中，其结构跟甲骨文时刚好颠倒过来了，但下面是个肉（月），仍可与甲骨文时的"女性人体"有联系，表示婴儿是母体身上掉下的肉。由此，"育"的本义当是指对幼小新生命生与养的过程。在许多教育学论著中提及，"教"和"育"的最早连接见于《孟子·尽心上》："得天下英才而教育之，三乐也。"对于"教"和"育"是否为一个词，有学者提出了另一种解释：所谓"得天下英才而教育之"，即以"教"育之，也就是以"天地之道"为内容，让其在参悟的过程中成长。在古代圣贤们看来，"教"的意义决定着继承者的孕育是贤慧者的事情，其他的路径是"化民成俗"③。

　　综上所述，从字源看，"教"蕴含着原始占卜文化的意涵，而"育"则体现

　　① 倪胜利 . 2011. 教育文化论纲 . 重庆：重庆大学出版社，78.
　　② 倪胜利 . 2011. 教育文化论纲 . 重庆：重庆大学出版社，78.
　　③ 倪胜利 . 2011. 教育文化论纲 . 重庆：重庆大学出版社，79.

的是人之生命的出生、成长乃至成才。由此可窥见教育与文化关系之一斑。

三、文化传播与教育

按文化传播方式的不同，米德将文化分为 3 种类型，她谈道："为了区分这三种文化类型，我使用三个词：当论及'未来重复过去'型时，我用'后象征'（postfigurative）这个词；论及'现在是未来的指导'型时，我用'互象征'（configurative）这个词；在论及年长者不得不向孩子学习他们未曾有过的经验这种文化类型时，我就用'前象征'（prefigurative）这个词。"[①] 在教育活动中，这 3 种文化类型都是存在的，但更多地体现为后象征型文化，尤其是在学校教育中更是如此。在此，我们主要从文化传统、濡化及涵化与教育的关系等几个层面论述文化传播与教育的关系。

（一）文化传统与教育

文化传统是一个民族各种思想规范与观念形态的总体特征。在文化传统的研究上，有学者对文化传统与传统文化这两个概念进行了区分，认为传统文化是比较具体的，而文化传统则比较抽象，后者包括思维方式、价值观念及生活情趣等。[②] 另有学者认为，"传统文化则指历史上凝固了的文化的现实运动，是已定型了的、过去的东西；文化传统则是联结过去、现在与将来的动的流程，它是不断制作和创造之中的尚未定型的东西"[③]。可见，文化传统的传递所涉及的是米德所称的后象征文化，因为这些传统是一个民族在长期的生产与生活实践中积累下来的经验性的东西，总是先掌握在年长者手中。

文化传统大致可区分为 4 个部分：价值体系、知识经验、思维范式及语言符号。[④] 这 4 个方面是相依不离、相分不杂，共同构成了文化传统的基本内容。它们融汇于教育活动过程之中，制约着教育活动的各个方面，诚如斯宾格勒所指出的："一定社会特有的文化传统渗透于社会生活的各个方面，强烈地制约着

---

① 〔美〕玛格丽特·米德 . 1988. 代沟 . 曾胡译 . 北京：光明日报出版社，20.

② 郑金洲 . 2000. 教育文化学 . 北京：人民教育出版社，104.

③ 肖川 . 1990. 教育与文化 . 长沙：湖南教育出版社，153.

④ 关于文化传统的构成并不统一，张立文认为包括"价值系统、心气系统、知识系统、语言符号系统"。王元化则认为包括"在创造力上表现的特点；民族心理素质；思维方式、抒情方式和行为方式；价值观念"。见：郑金洲 . 2000. 教育文化学 . 北京：人民教育出版社，106.

教育过程的进行和人民养育子女的方式。"而这 4 个方面也是具有不同的特性和地位的，并由此决定了教育以不同的方式对它们加以传递。"文化传统中的价值规范和思维方式，主要体现为隐型文化，而知识经验和语言符号则主要体现为显型文化。"① 价值规范与思维方式是文化传统构成的基础，它们隐于文化事实和文化现象之后，为文化中的精深微妙者。因此，学校教育在传递价值规范及思维方式的过程中，与其隐型文化的特质相应，更多地是通过隐性课程（或称隐蔽课程、潜在课程）的方式得以实现的。因为价值规范与思维方式作为文化中根深蒂固的东西，历经长期的传递过程，会自觉或不自觉地由"表层结构"转向"深层结构"，从而成为控制人的思想观念、行为方式的有力工具。与价值规范及思维方式不同，知识经验与语言符号是外显的，它们"寓于文字和事实所构成的规律之中，可以经过耳濡目染的证实直接总结出来"②。因此，教育特别是学校教育中传播知识经验、语言符号的主要方式便是显性课程。与隐性课程相反，显性课程露乎其形，显乎其表，有明显的存在形式和结构，多表现在课程表之中。

透过显性课程与隐性课程，教育所进行的文化传播，于文化发展来说，至少在以下方面是有一定的意义的③：一是它保存了文化，维持了文化的生存。保存一种文化的唯一方式就是传承这种文化，因为文化是个体所从其所属的社会中得到的东西的总和，而非单靠某个个体的创造获得的，作为过去的遗产，它只能由公抑或私的教育加以继承。一般来讲，教育活动中传播的文化传统中的价值规范及思想观念等，是一个民族、一个社会文化的基本内核，它在使后人对其前人所创造的文化具有高度适应性的同时，也维持了文化系统，并保证了文化的延续与相对稳定。二是它促成了文化的积淀，塑造了民族性格。教育对文化的经久保存与传播直接导致了一个民族文化的凝聚与积淀，同时形成了该文化的基本内核。而且，该民族的人们在其文化的熏陶下，会自觉不自觉地将其内化为心理过程与心理尺度，从而养成该民族特有的思维方式与行为方式。这也即我们所谓的民族性格或民族精神了。三是它可以促使文化增殖。教育在传递文化传统的过程中，会因社会变革、受教育者不同的身心状况及教育者自身价值观的差异而赋予文化传统以新的意义；或因各文化要素的重组、整理与融合而使文化传统发生质变，衍生出新的文化要素。

---

① 郑金洲.2000.教育文化学.北京：人民教育出版社，106.
② 〔美〕克莱德·克鲁克洪等.1986.文化与个人.何维凌等译.杭州：浙江人民出版社，8.
③ 郑金洲.2000.教育文化学.北京：人民教育出版社，111~112.

（二）濡化与教育

"濡化"（enculturation）一词是文化学家和文化人类学家在描述文化传递方式时常使用的，其英文前缀"en"有"使成为""使处于……状态"和"进入……中"等含义。也有学者将之译为"文化适应"或"文化熏染"，意为使适应社会上存在的文化类型。而在汉语的对应词中，"濡"有沾湿、润泽的含义，如濡染、相濡以沫等。因此，濡化在汉语中有滋润化育之意。

美国学者马维·哈里斯（Marvin Harris）曾指出："社会文化的许多方面上一代都趋同于下一代，表现出一定的连贯性，生活方式的这种延续性部分地通过我们称之为濡化的进程来保持的。濡化是部分有意识、部分无意识的学习过程，靠老一代指示、引导并强迫年轻一代接受传统的思想和行为方式。濡化首要以老一代人掌握在手的奖惩儿童的手段为基础，教育每一代人不仅重复前一代的行为，而且奖励与自己濡化过程相适应的行为，并惩罚，至少是不奖励，与自身濡化过程不相适应的行为。"① 从哈里斯的表述中我们可以看到，文化濡化用来指发生在同一文化内部的、纵向的传递过程，它是人的文化习得和传承的一种方式。因此，中国儿童使用筷子，而不使用刀叉，讲汉语，而不善食牛奶，原因即在于他们被濡化于中国文化而不是美国文化。

对于人如何被濡化，如何形成区别于其他文化的价值与行为等问题，吉恩（Gienn）区分了三个相对独立的来源：一是个体主体（individual subject），它以个体的经验、期望及愿望等为特征。每个个体的意识与亚意识（subconscious）相结合的方式都是不同的。二是社会群体，它以公共知识（public knowledge）为特征，社会群体需要其成员掌握一定的规则等。三是人类生活于其中且作用于其上的生活环境，它的主要功效在于对人们行为的可能性加以限定。吉恩认为，此三个来源都使得人的思想观念局限于一定范围内，并提供了促使个人熟悉其所属文化的具有独特性质的动力。然而这三者的关系并非完全一致，有时甚至是相互冲突的。

后来，乔治·鲍登（George Borden）根据吉恩等人关于濡化文化的论述，整理出了一个濡化模式（图 6-3）。该模式表示出了濡化的过程，以及认知过程中的变化。在鲍登看来，濡化是在两个维度上进行的：一是抽象（abstract）；二是联合（associative）。在环境中自发地获取知识，属于联合，此种知识是与

_____

① 〔美〕马维·哈里斯.1989.人·文化·生境.许苏明编译.太原：山西人民出版社，7.

个体的思想情感紧密结合在一起的；而对事物的一些认识转化为精确的含义，并完美地组织起来，则是由抽象来进行的。联合与抽象作为表征文化的两种不同维度，是所有文化都需要的，尤其是濡化所必不可少。在濡化模式中，语言与经验相互作用，它们通过个体的心理结构而与基本的信仰和价值联系起来，而基本的信仰与价值是濡化的核心。①

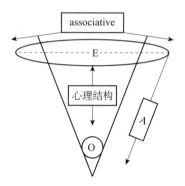

图 6-3　鲍登的濡化模式图

图中，字母 O 代表"核心的信仰和价值"；字母 E 代表"经验"和"语言"；

字母 A 则表示"抽象的维度（abstractive）"

资料来源：郑金洲.2000.教育文化学.北京：人民教育出版社，114

个体在其生存环境中不知不觉地被濡化，这在某种意义上来说，是不以人的意志为转移的过程。在东方，环境的濡化作用早就为古人所关注，《三字经》中就有"昔孟母，择邻处"的记载；而《颜氏家训》中也曾提到，少年时代，尚未定型，若与贤者交往，就会受到熏陶、濡染，言谈举止亦如贤者。所以与善者相处，就如同进入种满芝兰的房屋，时间久了也自会有芬芳的香味；而与恶人相交，则如同进入满是鲍鱼的店铺，时间久了，也自会有臭味。墨子慨叹白丝浸在黄色染缸就变黄，浸在黑色染缸则变黑，指的亦是这个道理。正如有学者所指出的，教育文化作为一种组织环境，体现着一定的价值理念。其中被倡导的文化隐含于被创设的一切情景之中，这种情景是教育文化圈中所有人的创造物，它被人创造着，也在改造着人。②

综上所述，濡化是使文化保持稳定的重要机制，是文化传统延续的途径，其自身包括各种各样的形式，家庭、社会的影响均在其内。而仅就传播文化传

①　郑金洲.2000.教育文化学.北京：人民教育出版社，114.

②　倪胜利.2011.教育文化论纲.重庆：重庆大学出版社，112.

统而言，教育是一种高级的濡化活动，其作用的发挥，离不开与其他濡化形式的配合。

（三）涵化与教育

涵化（acculturation）是文化人类学中关于文化输入的一个基本概念，是指"当一个群体或社会与一个更为强大的社会接触的社会，弱小的群体常常被迫从支配者群体那里获得文化要素。在社会之间处于支配——从属关系条件下的广泛借取过程通常被称为涵化"[①]。换言之，涵化过程是异质文化间的互动，强势文化总是深刻影响并改变弱势文化。这一点可在当今的旅游文化中得到印证：很多来自工业发达地区的游客会对农耕文明甚至原始文化感兴趣，也会参与学习一些民间民俗文化，但他们却不可能把农耕文化或原始文化带回自己的生活中，更无法改变工业文明不断扩张的趋势；相反，一些当初为追求原生态而崛起的旅游景点，即便最简单的宾馆、饭店，无论是其接待设施，还是管理制度、经营方式无不深深烙上了工业文明的标记。在特意打造的民族村、民俗村里，看到的也只有市场经济运营规律所支配的交易，而不是古朴的生活。另外，涵化过程所带来的趋同性，可能产生普世价值，并可以超越种族、人性，成为整个人类相同的生存方式。但普世价值并非意味着文化差异的彻底消失，区域、族群、教派的存在，使不同时空中的语言、宗教、风俗、制度等依然具有特殊性，它们与异文化的融合，未必产生完全同质化的结构，这堪称差别中的统一。此外，涵化也可看作是不同文化在接触过程中，相互采借、摄入更具有活性且对自身有益的文化特质，从而使文化相似性不断增加的过程和结果。涵化与濡化不同，一般来讲，濡化是发生在同一文化内部的、纵向传递过程，而涵化则是发生在异文化之间、横向的传播过程。

有学者对涵化过程做了非常透彻的研究，并对不同文化的接触可能发生的情况用如下的概念来表述。[②]

一是代换（substitution，又译作替代），是指新的文化特质或文化丛取代了原有的文化特质或文化丛，并发挥着相同的功效，产生了最小的结构变化，如服饰代换。

二是附加（addition），是指新的文化特质无法取代旧的文化特质，只能依

① 〔美〕C. 恩伯，M. 恩伯.1988. 文化的变异——现代文化人类学通论. 杜杉杉译. 沈阳：辽宁人民出版社，565～566.

② 周大鸣等.1990. 现代人类学. 重庆：重庆出版社，260～261.

附于原有的文化特质。它有时会改变文化结构，有时则不会（这样的例子很多，比如，西方乐器的引进改变了民族乐器组合的结构，而西餐的传入并没有改变汉族的饮食结构）。

三是综摄（syncretism，又译作汇综），是指新旧文化混合在一起，形成新的体系。其中有文化同化与融合两种形式。同化即一种文化受他文化影响，逐渐失去原文化的特点，而成为他文化的一部分。后者则是指两个或两个以上的文化在接触、交流过程中发生协调，产生出与各自原文化不同的新特质。

四是退化（deculturation，又译作文化丧失），是指在文化接触之后，失去了原有文化特质，又没有新的文化可以取代它。

五是创作（origination），是指涵化过程中产生出新的文化特质以满足变迁的需要。

六是抗拒（rejection），是指变迁的规模太大，速度太快，以至于大多数人无法接受，从而引起抗拒和反抗。

教育文化过程中的涵化，通常在两个层面上展开：一是同异文化的接触与相互作用；二是个体已有的文化结构同环境的接触与相互作用。文化的新质与个体积累的文化要素、个体已有的价值观与文化观念之间，时刻发生着碰撞、交流，文化的战争无处不在。对于一个教育者来讲，尽管其积累的文化要素较为丰富，但是人类知识在发展，智慧在增长，文化的新质也在不断生长、不断更新知识，因此，用正确的价值观及符合时代主流的文化观念来装备自己，才能完成一个教育者的使命。较为成熟的教育者相对于学生主体而言，居于一种优势文化的地位，在同学生主体的交流与互动之中，常以一种自觉的、主动的、有意的和有计划的行为方式进行文化植入。一方面他主动接受新文化，另一方面也刻意将自己整合的价值观与文化观念渗透于教育教学活动之中。而对于学生主体而言，文化要素的积累及价值观的建构处于一种初始的状态，在混沌边缘诞生的文化结构，依据报酬递增与信息增值的原理，在同环境中的文化要素进行碰撞和交流的过程中，通过不断汲取营养、吐故纳新，自我更生、日趋完善。由此可见，学生主体总是处于一种急剧变化的过程之中。

教育中的主体，在面对文化新质的时候，有冲突、对抗，也有吸收、融合。是拒斥还是接受，取决于个体作为主体的内环境是否适应文化新质的生存。赞同什么，反对什么，要看主体内在的身心状态与知识结构。文化的新质能够被接受，必须要内化为个体作为一个主体的必不可少的部分，与个体和整体之间存在着内在的、有机的联系，是整体的一部分。正如有机生命从外界摄取的食物，必须得经过消化吸收，变为身体的一部分。这是一种不断生长的组织结构。①

综上所述，濡化与涵化作为一对文化范畴，都是教育要完成的使命。涵化使受教育者接受不属于本族群、社区的生活方式、价值习俗等，既拓宽了其视野，又激发了其创造力，继而为文化的变迁提供了动力；而濡化则使受教育者适应本族群、社区的生活方式与知识观念，促成了其社会化。就纳西族学校来讲，日常的教育过程就有濡化、涵化两种情形：当对学生施以普适性的科学文化基础知识教育时，教育更多的是涵化，而将对其传授纳西族等民族文化时，教育更多的是濡化。诚如有学者所言，我们要建立"教育本身是跨文化交际的社会实践活动"这个基本认识，"学校教育活动和学生已经初步形成的'跨文化认知'意识之间是否具有连贯性，并且上升到跨文化理解的层面，使之成为平等的跨文化交流的前提，就显得十分重要"②。这就要求不同文化的学习之间多维度、多向度地交流，学校在传授"普适"的科学体系的同时，也应该将纳西族的知识体系纳入其教育内容中。要强调教育即本身承担着传递民族传统文化的功能，重视从社区到学校的多元文化教育生态的功能。

第二节　纳西族学校民族文化传承的理论支撑

一、文化"位育"

潘光旦先生提倡的"位育"概念涉及领域颇广，小到每一个体的位育，大到整个民族的位育，囊括了如家庭、人口、教育、民族及精神文明建设等在内的社会生活和社会学、人类学学科的根本问题。1926 年，潘光旦先生写了《生物学观点下的孔门社会哲学》一文，提出了社会位育概念，即"西文 social adjustment 为'社会位育'在《中庸》中'致中和，天地位焉，万物育焉'之含义，位者安其所也，育者遂其生也。安所遂生，适与生物学家研究生态学（ecology）后所得之综合观念相吻合无间"③。后来在其《演化论与几个当代的问

---

① 倪胜利 . 2011. 教育文化论纲 . 重庆：重庆大学出版社，116.
② 崔延虎 . 2003. 跨文化交际教育：民族教育若干问题探讨——教育人类学的认识 . 新疆师范大学学报（哲学社会科学版），(2)：67～73.
③ 转引自潘乃谷 . 2000. 潘光旦释"位育". 西北民族研究，(1)：3～15.

题》一文中，潘先生指出："位育是一切有机与超有机物体的企求。位育是两方面的事，环境是一事，物体又是一事，位育就等于二事间的一个协调。世界没有能把环境完全征服的物体，也没有完全迁就环境的物体，所以结果就是一个协调……"① 而对于教育的目的，潘先生在其《说乡土教育》中写道："一切生命的目的在求所谓'位育'。这是百年来演化论的哲学新发现的一个最基本、最综合的概念"。他还对这一概念对应的英文（adjustment）的一贯译法——"适应"或"顺应"——做了指正，认为这种译法"误在把一种相互感应的过程看作一种片面感应的过程。人与历史的关系，人与环境的关系，都是相互的，即彼此之间都可以发生影响，引起变迁，而不是片面的。说完全由人安排，是错误的。历史与环境完全支配着人，也是错误的。……教育的目的不止一个，而最概括没有的一个是促成此种位育的功能，从每一个人的位育做起，而终于达到全人类的位育"②。

法国文化人类学宗师列维-施特劳斯早在 20 世纪 50 年代就开始批判"社会进化论"及其暗含的欧洲"种族中心主义"，他强调人类文化的多样相对性及适度的民族性，曾说："每个文化都是与其他文化交流以自养。但它应当在交流中加以某种抵抗，如果没有这种抵抗，那么很快它就不再有任何属于它自己的东西可以交流。"③ 在这里，施特劳斯关于人的观念可以说与潘先生的"位育"观不谋而合。

费孝通先生在回忆起潘光旦先生在为自己的著作《生育制度》作序时就曾指出，该书"忽视了生物个人对社会文化的作用，所以偏而不全，未能允执其中"，费孝通由于种种原因没能及时梳理思绪，直到年过八十时复又重新认识到潘先生是"从社会学理论发展上提出了新人文思想，把生物人和社会人结合了起来，回到人是本位，文化是手段的根本观点"④。这里正是潘先生的"位育中和"思想。

综上所述，潘先生的"位育"这一概念已历经近一个世纪，今天我们再次品读时还是不得不折服于其所蕴含的智慧与远见卓识，而纵观纳西族教育的发

---

① 潘光旦 . 1997. 演化论与几个当代的问题//潘乃穆，潘乃和编 . 潘光旦文集（第五卷）. 北京：北京大学出版社，36~48.

② 潘乃谷 . 2000. 潘光旦释"位育". 西北民族研究，（1）：3~15.

③ 张诗亚 . 2006. "位育"之道——全球化中的华人教育路向 . 西南大学学报（人文社会科学版），（11）：53~55.

④ 费孝通著，刘豪兴编 . 2009. 文化的生与死（序言）. 上海：上海人民出版社，13.

展现状，离先生对其的期许还有很长的距离。正如有学者所说的，文化位育的应然状态是：既应顾及民族与固有自然、人文环境的延续性和连带性，保持相互之间的链接；也应顾及民族的发展企求，以求同存异的方式使各民族具备积极的生存与文化创生能力。[①]

"位育"思想与"共生"教育思想有异曲同工之妙。我们把人在自然中的生长和发展解释为一种人与自然的"共生"的状态，同样，把人在社会中的生长和发展解释为人与人的"共生"。用艾瑞克·弗洛姆（Erich Fromm）在其《占有或存在》(*To Have or to Be?*) 中的概念来说，"控制"代表一种"占有生存方式"，"共生"代表一种"存在生存方式"，而后者是一种更加人本主义的生存方式。[②] 在张诗亚先生看来，共生教育中所讲的"共生"解决了两个问题："一个问题是人类自身的生长同它外部世界的良性发展形成一个共生互补的系统。而非以所学知识去征服自然，以所学本事去挖矿、去纯粹地作资源上的攫取。这个'共生'解决人与自然的关系，是人与自然的'共生'。……另一个方面是在与其他民族、其他文化相处以及对待自己的文化和现代化发展这些问题中形成的文化'共生'。一个是自然'共生'、一个是文化上的'共生'。"[③] 具体到纳西族来讲，共生教育讲究对自然的尊重，不能以某种文明作为参照标准进行简单的移植教育，而将汉族文化或其他"更先进"的文化强行灌输到纳西族的民族教育中。

二、文化的断裂与链接

纳西族地区的学生作为独立的个体，与其所处的文化、自然之间具有一定的绵续性和连带性。然而，教育人类学研究表明，我国民族地区学校中的文化适应基本上是不连续的或者说间断的。其中一种情况即为少数民族学校受到外来文化的影响与本族文化的冲突造成的文化非连续性。[④] 纳西族地区亦然。正如有学者慨叹的：现代的科学世界教育表现出悲壮的"浮士德精神"，在这种教育

[①]　吴晓蓉，张诗亚.2011.贵州省民族文化进校园的教育人类学考察.民族教育研究，(3)：10～14.

[②]　项贤明.2004.泛教育论——广义教育学的初步探索.太原：山西教育出版社，492.

[③]　张诗亚.2009.共生教育论：西部农村贫困地区教育发展的新思路.当代教育与文化，(1)：55～57.

[④]　转引自吴晓蓉，张诗亚.2011.贵州省民族文化进校园的教育人类学考察.民族教育研究，(3)：10～14.

中，人为了取得知识和对自然的权力（这种权力意志渗透到社会生活中又转化成对人的权力），放弃了对自身生命根本的关注，把自己的灵魂典当了出去。[①]现代人的拉普达（Laputa）[②] 之厄最深刻的表现，即在于直接影响人的生长的教育的非生活化和生活世界的非教育化。信仰危机、价值沦落、人的原子化，以及现代教育内部的道德教育软弱、课业负担过重等一系列问题，都是这一深刻危机的表现。[③] 的确，正如前文分析的，纳西族学生个体从小在家庭、社区等传统文化中受到的濡化教育与以传授现代科学文化知识为鹄的的制度化学校教育之间的断裂，曾一度是纳西族教育各种问题如学业成绩低下乃至辍学等的根源所在。

而从世界范围来看，这种来自文化上的"冲击"并不罕见。三岛澄江（Mishima Sumie）在其自传《我狭窄的岛国》（*My Narrow Isle*：*The Story of a Modern Woman in Japan*）中对于自己因留学美国而遇到的文化适应方面的冲突有过这样的描写："我对日本人普遍都有的完美无缺的举止感到自豪，但这种自豪受到了无情的伤害。我在这儿不知如何是好，对这儿的环境感到愤怒，周围的一切似乎都在嘲笑我以前所受的教育。除了这种模糊但根深蒂固的愤怒感情以外，我身上没有感情可言。"她感到自己"好像是从其他行星上掉下来的生物。原先具有的感觉与感情在这另一个世界里没有任何作用。我所受的日本式的教养要求身体的每一个行动都得讲究，每一句话都得合乎理解。这使我在此地的环境中极端神经过敏和不自然，因此从社会性角度来说，我完全是一个盲人"[④]。在这里，三岛澄江显然是因从一个"耻辱感"文化模式的社会进入到一个"罪恶感"文化模式的社会而受到了"文化冲击"（culture shock）。而关于日本男性性格的矛盾特征，本尼迪克特写道："由于这种植根甚深的两重性，他们在成年后可以从毫无节制的浪漫恋爱突然转到对家庭意见的绝对服从。不管他们在履行极端的义务方面走得多么远，他们都能够尽情地享乐与贪图安逸。慎重处世的教养使他们在行动中常常表现得像一个胆小的民族，但他们实际上勇

---

① 项贤明.2004. 泛教育论——广义教育学的初步探索. 太原：山西教育出版社，259.

② Laputa，地名，是英国讽刺作家乔纳森·斯威夫特（Jonathan Swift）在 1726 年出版的《格列佛游记》（*Gulliver's Travels*）中描写的一个悬浮空中的岛屿。该岛内的居民两只眼睛不是注视面前的人和物，而是一只深陷进去作内省状，另一只则永远凝视苍穹。他们终日从事异想天开的研究计划，就连食物也是切成各种规则的几何图形。

③ 项贤明.2004. 泛教育论——广义教育学的初步探索. 太原：山西教育出版社，260.

④ 〔美〕本尼迪克特.2005. 菊花与刀——日本文化的诸模式. 孙志民等译. 北京：九州出版社，161~162.

敢得近乎鲁莽。他们在等级制下可以表现出非凡的顺从态度，但绝不会轻易服从来自上面的控制。他们尽管彬彬有礼，却仍能保持着傲气。他们可以接受军队所要求的狂热盲从的纪律，但又桀骜不驯。他们可以是热烈的保守主义者，但又受新的方式的吸引，就如他们在接受中国风俗和西方学问时一再表明的那样。"之所以出现这种两重性的性格特征，她认为"是由其训育的非一贯性所造成的"①。对于民族地区的学生而言，在由家庭教育环境和社会教育环境到学校教育环境的转换中也有类似的"文化冲击"和文化"非一贯性"的问题。

本尼迪克特曾说："有时似乎如果世界不是由犹如同一张底片翻印出来的面目相同的各族人民所组成，这些善心人的亲善教义就无处安身立命似的。但是要求用这种划一性来作为尊重其他民族的条件，就如同一个神经失常的人要求他的妻子和孩子同他容貌划一，性格无异……任何一个学者，只要不相信差异必定就是一把悬在世界上空的达摩克利斯利剑，那么在他看来，用外部干涉的办法来阻止人们形成无论何种人生观都是不道德的。他也不必担忧，由于采取这样的态度，他会成为使世界凝固起来永远保持现状的帮凶。鼓励保持文化的差异并不意味维持一个静止的世界。"②③ 而关于文化的时代性与民族性特征，庞朴谈道："时代性和民族性为任一文化无不具有、不曾或缺的两种基本属性。这根本的是因为任何文化都不是自然物，而是人的创造物，是特定的人群在特定的生存条件下的生存表现。也就是说，任何文化都有自己发生和存在的历史时间和社会空间。超时间、超空间、超人群的文化是不存在的，是不可思议的。正是文化的这种存在，规定了它的时代性与民族性。"张诗亚先生曾说："由民族性所展现的文化的民族的内容相对稳定，它使文化得以形成自己特有的模式。时代性中孕育有不变的永恒的内容，民族性内容中包含有普遍的人类行为……可见文化的民族性便是文化的根本。"④ 因此，"文化才可以积累、可以传播，使后一个时代胜过另一个时代，从这一民族传到那一民族"⑤。河清先生在谈及文

---

① 〔美〕本尼迪克特.2005.菊花与刀——日本文化的诸模式.孙志民等译.北京：九州出版社，204～205.

② 达摩克利斯系希腊神话中叙拉古暴君狄奥尼修斯的宠臣，常说帝王多福，于是狄奥尼修斯请他赴宴，让他坐在自己的宝座上，再用一根马鬃将一把利剑悬在他的头上，使他知道帝王的忧患。后来"达摩克利斯之剑"一词便成了"大祸随时可能临头"的同义词。

③ 〔美〕本尼迪克特.2005.菊花与刀——日本文化的诸模式.孙志民等译.北京：九州出版社，12.

④ 张诗亚.2005.强化民族认同：数码时代的文化选择.北京：现代教育出版社，46.

⑤ 庞朴.1988.文化的民族性与时代性.北京：中国和平出版社，151.

化的"民族主义"时，曾引用法国艺评家让·克莱尔（Jean Clair）的话，"民族"一词，无论是法英语，还是西意葡语，都来自拉丁语（nascor），意指"我出生"……其同义词 orior，衍生出了法语 origine（起源），同时含有"出生"和"生长"的双重意义。① 可见，民族乃我们"出生"和"生长"之地，其本身固有的含义是一个人和一个文化同一块土地与生俱来的联系。的确，一个民族只有在现代化的进程中保持住自己的民族性——"民族主义"，我们才能称其为一个民族。因为正如河清先生所说的，民族主义"可以分为两种：一种是'文化的民族主义'，涵指一种对'我出生'之地的热爱，和对本民族文化（哲学，宗教，伦理，艺术等）的价值肯定和自信。另一种是在种族意义上自大自封，排外仇外，可谓'种族的民族主义'。我叹中国太少的，乃指前一种文化的民族主义"②。

关于这种文化的民族主义，我们也可以从其关于中国的立国模式的论述中得到启发。钱穆先生对于中国立国模式与古罗马立国模式做了分析后认为，"古罗马立国是一个中心扩展开来，由这一个中心征服四围而加以统治"；而"中国立国，是由整个国家全体各部凝合而成。他虽有一个中心，而立国重心并不就限制在这个中心里。他是由四围共同缔造一中心，并不是由一中心来征服四围而加之以统治。"对此钱先生还用图例做了形象的比较（图 6-4）。

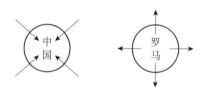

图 6-4　中国立国模式与罗马立国模式图

资料来源：钱穆．2009．文化与教育．北京：生活·读书·新知三联书店，93～94

从图 6-4 可以看出，与古罗马的"中心扩展型"立国模式不同，中国则是"四周凝合型"的，各地是在一个平面上，它们共同缔构成一个国家（即各地并非被某一势力所征服的殖民地）。钱先生的这一解析已涉及中国民族文化之渊深处，这与费孝通先生提出的"中华民族多元一体"格局理论有异曲同工之妙。而对于我国的"多元一体"文化格局，可借用班克斯关于"宏观文化"和"微观文化"关系（图 6-5）的论述予以说明。在班克斯那里，"宏观文化"即指民

---

① 转引自河清．1999．民族——"我出生"之地．读书，（4）：139～144.
② 河清．1999．民族——"我出生"之地．读书，（4）：139～144.

族国家共享的文化，或称社会大众文化；而"微观文化"则指各民族独享的文化。由此，纳西族地区学校教育不能照搬西方的模式，须充分考虑"人"及其文化特性。而关于人与其文化的关系，有学者进行了很精辟的分析："如果抽去文化，那么人就无法继续作为'人'而生存发展下去，人的'生存'就会丧失人文的意义而只留下生物学的硬壳。……如果失去了人文系统，人即使是在生物学意义上的生存也将是极其困难乃至是不可能的。论纯粹的生物学意义上的生存能力，人类甚至连一只永远被追逐的野兔都比不上。"①

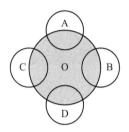

图 6-5 微观文化和宏观文化关系图

图中 O 代表国家共享的宏观文化，A、B、C、D 代表各微观文化

资料来源：〔美〕班克斯.2009.文化多样性与教育：基本原理、课程与教学. 荀渊译.

上海：华东师范大学出版社，69

关于人的定义，格尔茨提出了这样的观点："不要把文化看成是一个具体行为模式——习俗、惯例、传统、习惯——的复合体……而要看成是一个总管行为的控制机制——计划、处方、规则、指令（计算机工程师将其称为'程序'）。……人明显是这样一种动物，他极度依赖超出遗传的、在其皮肤之外的控制机制和文化程序来控制自己的行为。"② 而关于教育与人的关系，康德曾指出，教育的任务即是要分辨出人的存在和人对道德责任的认识之间的区别。"人只有通过教育才能成为人。没有教育，人将无从谈起。教育教授给人们一些知识，并使得其他事物在人的身心中得以发展，我们无法对人的能力范围进行确定"③。在这里，康德所说的教育，显然是以"育人"为终极目的的，这种教育是首先要考虑"人"之外的不同"控制机制"和文化"程序"的教育。

总之，在学校中传承民族文化，缓解了非同质文化间的冲突，改善了文化非连续性对学生造成的消极影响，帮助学生实现由退缩型适应、同化适应向双

① 项贤明.2004.泛教育论——广义教育学的初步探索. 太原：山西教育出版社，510.

② 〔美〕克利福德·格尔茨.2008.文化的解释. 韩莉译. 南京：译林出版社，49.

③ 〔德〕克里斯托夫·武尔夫.2009.教育人类学. 张志坤译. 北京：教育科学出版社，172.

重文化适应方式的转变，进而保持学生与民族文化环境的绵续性。① 诚如格尔茨所言："人的发展几乎完全依赖于文化的积淀，依赖于习俗的缓慢增长，而不是依赖于随着年龄的流逝身体器官的变化。"② 纳西族地区学校究竟应该如何选择文化，如何才能为纳西族个体提供适宜其精神与生命成长的文化场域，如何使得年轻一代的学生个体既习得"普适性"的科技发展、学科知识以与世界接轨，也使其了解本民族优秀的传统文化、成为文化传承人，从而在一种视阈融合的基础上学会理解、达致和谐？这些问题都是纳西族地区学校文化建设首先要考虑的。

第三节　纳西族学校民族文化传承的多方借鉴

一、多元文化教育理论解读

（一）多元文化主义：社会权力结构不平等之因应

多元文化主义（multiculturalism）是一个目标、价值、概念，同时，也是一种态度或策略。③ 在西方社会中，由于移民或其他因素导致人口组成结构改变，从而使多元文化主义相关的议题更受重视；另外，风起云涌的种族与妇女运动，也提升了人们对多元文化主义的觉知与认识，譬如，美国、英国、加拿大、澳大利亚等国都不得不面对多元文化的社会现实，积极应对和处理社会权力结构不平等方面的问题，无论在法律、政治、经济还是教育等各层面，都陆续出台新政策以减少族群间的冲突。多元文化主义的相关论述非常杂陈，不同派别的立论者因所站立场有所差异，其论述内容与关注的焦点也有较大差异。多元文化主义的理论派别主要包括保守派的多元文化主义（conservative multi-culturalism）、自由主义的多元文化主义（liberal multiculturalism）、复合论多元文化主义（pluralism multiculturalism）、左派本质论多元文化主义（left-essentialist multiculturalism）及批判性的多元文化主义（critical multiculturalism）等五派。

---

① 吴晓蓉，张诗亚 .2011. 贵州省民族文化进校园的教育人类学考察 . 民族教育研究，（3）：10～14.

② 〔美〕克利福德·格尔茨 .2008. 文化的解释 . 韩莉译 . 南京：译林出版社，51.

③ 谭光鼎，刘美慧，游美惠 .2008. 多元文化教育 . 台北：高等教育文化事业有限公司，41.

表 6-1 是对 5 种派别观点的比较分析。从中可以看出，保守派对于多元文化主义是持敌对态度的，其理论基本上是一种拥护白人优势地位的新殖民主义形式，因此又被称为"单一文化论"（monoculturalism）。自由主义者主张以相互尊重与容忍的态度面对因不同性别、种族、阶级、宗教及地域因素造成的差异，虽允许各种不同声音的出现，但由于其太过强调"同"，且着重于追求共同性与统一，因此，反而会促成单一文化（即主流文化）的发展，其隐含的意义也是将其他异文化成员同化为以白人男性为中心的群体，结果也妨碍了多元文化的发展。而这其中关系最为紧密的应该是自由主义、复合论及批判性多元文化主义三派别。然则这三者对于多元文化教育的目的、做法及限制的看法还是各有歧义的。例如，复合论与批判性多元文化主义虽都强调文化差异，但复合论者对每一种文化都主张应持价值中立的态度，而批判性多元主义则更加强调对主流文化之霸权加以质疑，对特定族群之主体位置、价值应加以肯定认同。在多元文化教育实务方面，复合论这倾向于发展多样性教育，努力将不同文化的物质特征与艺文产品添加进学校的课程中，而批判性多元文化论者则认为此种教育形式并非真正的多元文化教育，只有挑战霸权才能破解教育中立的迷思，而且要重新调整、建构社会正义。

表 6-1　多元文化主义不同派别观点比较

项目	保守派	自由主义	复合论	左派本质论	批判性
观点	鼓励自由市场经济；崇尚传统家庭价值	强调个人主义与个人的自主、自决	强调社群或文化族群的差异、多元状态	事物间的差异源于性别、种族等不可变因素	强调批判意识；观点重建、知识重构；教学政治化
缺点	文化剥夺；同化弱势群体	忽视社会结构中的权力运作	忽视历史、情境等时空因素	忽略文化差异的历史情境性	将不熟悉者异己化

资料来源：谭光鼎，刘美慧，游美惠 . 2008. 多元文化教育 . 台北：高等教育文化事业有限公司，41

多元文化主义的核心要素有三：一是"差异"，即我们必须了解差异的本质与形成方式；二是"冲突"，即差异的背后隐藏了矛盾与冲突，我们必须加以揭露；三是"共存"，即理解差异政治的运作模式，并开展出差异如何共存的机制。这里尤其要指出的是，谈论多元文化不能避谈冲突，直接从差异的理解到共存共荣的寻求，强调不同文化各有其价值因而不能妄加评断，这样的思路很容易陷入相对主义的泥沼之中。多元文化源于不同群体间的差异，每个团体都有自己的文化表现形式，因此，在讨论多元文化时，不仅要理解、尊重文化差异，更要探讨不均等的权利关系，也即批判的多元文化主义。

(二) 多元文化教育：概念内涵与发展演变

对多元文化教育概念的把握，首先应该理清"多元文化"的意涵。正如有学者所指出的，"我们不能将多元文化理论（教育）中的'文化'理解成狭义的族群文化而已，将此'文化'视为是多样的'社会身份'或'主体位置'，毋宁是更恰当的"①。因为，每个人都是多元的主体，有多样的文化认同，一个人可以同时是一有种族背景与阶级属性的、有性别与性取向的、认同马克思主义抑或女性主义或其他信念体系的主体。因此，多样的"主体立场"及由此衍生出的政治认同需要被肯定、承认，而非被化约或忽视，社会是一个复杂的场域，具有多样形式的权力、臣属及对立②，这便是"多元文化"社会之现实。

多元文化教育是一个复杂的概念，一般认为，它孕育于 20 世纪 60 年代美国的"民权运动"（the civil rights movement），这一运动的主要目标之一在于消除公众在公共场所、住房、就业和教育等方面存在的偏见。其结果是对种族、族群及其他教育机构的重建以反映各少数民族的文化、历史、经验等。③《多元文化教育词典》（*Dictionary of Multicultural Education*）对其做了如下界定："多元文化教育起源于 1960 年代的族群研究（ethnic studies）运动，它是一种哲学概念，也是一种教育过程。多元文化教育植基于哲学上平等、自由、正义、尊严等概念，希望透过学校及其他教育机构，提供学生不同文化团体的历史、文化及贡献等方面的知识，使学生了解认同自己的文化，并能欣赏及尊重他人的文化。另一方面，多元文化教育对于文化不利地位的学生亦提供适性及补救教学的机会，以协助学生发展积极的自我概念。它牵涉族群、阶级、性别、宗教、语言及特殊性等层面的议题。"④ 从上述定义可以看出，广义的多元文化教育是指希望通过学校的改革，促进社会正义与公平的一种教育方式；而狭义的多元文化教育则是尊重差异的一种泛文化学习的教育。多元文化教育是多元文化社会的产物，它希望借由教育的力量来肯定文化多样性的价值，尊重文化多样性之下的人权，增加人们选择生活方式的可能性，并进而促进社会正义与公

---

① 谭光鼎，刘美慧，游美惠. 2008. 多元文化教育. 台北：高等教育文化事业有限公司，44.
② 这里是后现代理论家拉克劳（Laclau）与墨菲（Mouffe）的观点，他们虽不是直接谈论多元文化主义，但其关于后现代政治策略的探讨，颇能彰显"多元文化"的意涵。见〔美〕道格拉斯·凯尔纳，斯蒂文·贝斯特. 1999. 后现代理论：批判性的质疑. 张志斌译. 北京：中央编译出版社，251～266.
③ 王鉴. 2002. 民族教育学. 兰州：甘肃教育出版社，189.
④ Grant C A, Ladson-Billing G. 1997. *Dictionary of Multicultural Education*. Phoenix, AZ.：Oryx Press，324.

平机会的实现。

　　在西方国家中，多元文化教育的发展已历经 40 余年，而美国由于其具有多元文化社会的特征而成了多元文化教育的主要阵地。美国多元文化教育研究专家詹姆斯·班克斯（James Banks）在其名著《多元文化教育：问题与视角》（*Multicultural Education：Issues and Perspectives*）一书中将多元文化教育的历史发展描述为 5 个阶段（表 6-2）。

表 6-2　班克斯的美国多元文化教育历史发展阶段

发展阶段	单一民族研究	多种族研究	多种族教育	多元文化教育	制度化阶段
内容	非洲裔公民要求对其文化相应的教师数量的增加、教科书的修正、文化内容的反映及学校的自控等	从比较的角度审视种族群经历、把几个主要种族群的文化反映到课程中	"缺乏课程的改革使真正的多元文化教育改革失效"这一问题达成共识	一些教育家对多元文化教育感兴趣并通过改革学校整体环境来拓展多元文化教育	增加多元文化教学步子与范围策略设计和学校多元文化教育两个方面

　　资料来源：王鉴，万明钢 . 2006. 多元文化教育比较研究 . 北京：民族出版社，1~2

　　如表 6-2 所示。这 5 个阶段在时间上并非截然分开的，不是后一个阶段出现前一个阶段就消失了，而是前 4 个阶段都是第 5 阶段的组成部分，它们是并存发展的，而且整个发展过程是缓慢、渐进的。此外，班克斯还指出，多元文化教育应有 5 个面向：一是内容统整（content integration）；二是知识建构（knowledge construction）；三是减低偏见（prejudice reduction）；四是平等教学（equity pedagogy）；五是增能的学校文化（empowering school culture）。这 5 个面向并非完全独立，而是互有重叠之处，彼此间联系密切（图 6-6）。透过这 5 个面向，我们可以进一步了解多元教育的性质与目标。

　　关于多元文化教育的含义，英国教育家詹姆斯·林奇（James Lynch）指出，它"是在多民族社会中满足少数民族群体或个体在文化、意识、自我评价等方面的需要而进行的教育改革运动，其目的是帮助所有不同文化的群体学会如何在多元文化社会中积极和谐地生活，保持群体间教育成就的均衡，以及在考虑各个民族群体差异的基础上促进相互尊重和文化宽容"[①]。而日本较有代表性的见解认为，多元文化教育"是在多民族国家中，对具有多种多样的文化和民族背景的青少年，特别是对少数民族与移民等处境较差的社会集团的子女们提供平等的教育机会，并在尊重他们的民族及其文化特征的基础上实施

---

① 哈经雄，滕星 . 2001. 民族教育学通论 . 北京：教育科学出版社，576.

的教育"[①]。概言之，多元文化教育并非只是一个时髦的名词，它是一种为社会公义而努力的社会运动。仅仅拥护并欣赏差异是不够的，多元文化教育更应当成为重建社会的一股力量。

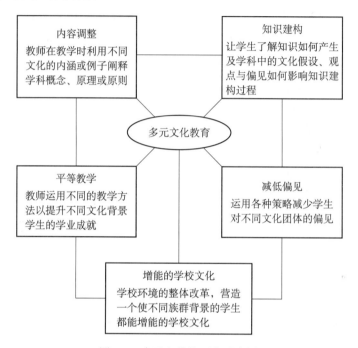

图 6-6　多元文化的面向示意图

资料来源：Banks J A. 1996. Transformative knowledge，curriculum reform，and action//Lynch J. *Multicultural Education*，*Transformative Knowledge*，*and Action*：*Historical and Contemporary Perspectives*. New York：Teachers College Press，335～348

　　实践取向的多元文化教育应超越多元与接纳，主张多元课程不应是弱势群体的嘉年华会，而应成为建立在知识理论上的严谨教学。文化差异不是一种被鼓动要尊重、包容的现象，而是整个人类知识的重要根基。多元文化教育希冀通过批判的角度，全面地揭露校内的再制与压迫，营造民主的学习环境，以便让师生获得解放、共同增能。

　　（三）多元文化教育：两种批判与存在的问题

　　对于多元文化教育的批判声音主要来自保守主义和激进左派。其中，保守

　　① 王军，平山求. 1995. 日本的"异文化间教育"研究. 民族教育研究，（2）：88～91.

主义对于多元文化教育的批判主要包括[①]：一是保守主义者非常蔑视多元文化教育的学术性格和水准；二是保守主义认为，任何强调"舍一体而倡多元"的主张抑或鼓动少数族群文化发展的行动，都暗藏着社会分离意识；三是保守主义认为，多元文化教育所倡导的少数民族文化教育和双语教学都只是无什么用处的噱头，对于解决少数民族学生的低教育成就问题毫无助益。与之相对，激进左派的批判也主要有三方面：一是种族冲突、性别歧视，以及阶级压制现象在社会中一点也不少见，但学校课程教学却从未叙述这些权力间的倾轧关系；二是少数族群或者原住民的低教育成就问题，并非如社会心理学者所解释的那种原因[②]所致，真正原因乃仍是在于社会结构的不平等；三是左派强烈批判多元文化教育的课程教学软弱无力，其结果顶多只是知识的积累而已，无法改革社会不平等。总之，保守主义与左派主义各执天平之一端，前者认为多元文化教育似乎是一种弱智、非主流，以及动机不单纯的粗浅学术，妄图撼动源远流长、博大精深的西方文明；而后者则认为多元文化教育太过温和，应直接挑起社会结构不平等的最基本问题，透过社会运动促进族群平等，而不是仅在学校玩一些性别平等、族群平等这类的小把戏。

对于上述两方的批判，多元文化教育虽也作出了相应的回应，且可以澄清若干受到质疑的立场和做法（限于篇幅，在此，我们不做梳理），然而其在理论和实际措施方面，仍存在许多问题是毋庸置疑的。回顾几十年来多元文化教育的发展，其存在的问题主要有 9 个方面（表 6-3）。

表 6-3　多元文化文化教育存在的问题一览表

问题	描述
理论定位	如何在多元之中维持统整，如何在珍惜自我文化时避免分离意识的滋长；一个族群文化在适应社会时，如何应对"传统文化取舍"及"现代文化迎拒"等矛盾问题
价值判断	何种文化事项是有价值的：主流文化抑或少数民族文化、现代文明还是传统文化；若没有揭示文化价值的标准，"既尊重社会共同价值也尊重不同生活方式"的培养目标将会落空
概念内涵	正确认识差异："差异不必然是低劣""差异，但不是缺陷"；少数民族学生低学业成就的原因究竟在学生个体的文化差异还是学校，对其认知能力与智能性向的判断应摒弃"刻板印象"，做严谨的研究来确认

① 谭光鼎，刘美慧，游美惠 . 2008. 多元文化教育 . 台北：高等教育文化事业有限公司，422～423.
② 这些原因主要是指多元文化教育从少数族群学生个体的文化差异与心智差异方面（如经济贫困、文化贫乏、智能缺陷等）来寻求解释，故而采取心理测验与补救教学等措施，"左派"认为这么做是把问题简化、缩小化、走偏了方向。

问题	描述
宗教差异	在论文和教科书中对宗教差异关注偏少；宗教可能与性别因素交错而构成家庭、婚姻及性别关系上的差异；宗教为不同族群之认同的象征，而认同的差别对立更会导致政治冲突甚至种族杀戮
理论体系	多元文化教育理论体系有待理清与统整，因为它难以获得一致的共识，其概念界定几乎是"多元"的写照；多元文化教育仍未在学校教育的主流之中占有一席之地；教学方法和策略方面存在歧义
种族主义	多元文化教育似乎还只是"点缀式、例行公事化的教育方案"，制度化的种族主义仍然不动如山；多元文化教育欲实现其所标榜的社会正义，仍需要花费漫长的时间与种族主义继续奋战
语言沟通	语言与沟通方式的差异会影响学校教学：一是教学语言的选择问题；二是双语教育的问题；三是"沟通方式"受文化差异影响所产生的问题，尤其是非口语沟通的问题
专业素养	学校教师多元文化教育专业素养训练不足；多元文化教育的实施需要各学科的共同配合；多元文化教育的推动，不仅是在于学校内部整体的动员，也需要家长和社区的合作。
实践操作	教学活动的设计与实施过于化约、浅化或表面化：一些反映多元文化的活动多采取"附加式课程设计"；课程设计过于肤浅，甚至倾向于娱乐式或课外活动式课程设计，此种点缀式的、博览会式的活动设计不仅无助于消除偏见和刻板印象，且淡化了这些特殊文化的意义、价值

资料来源：谭光鼎，刘美慧，游美惠.2008.多元文化教育.台北：高等教育文化事业有限公司，427~437

从表6-3中可以看出，多元文化教育在理论定位、概念内涵、正义伸张、课程教学、测验评量及师资培训等方面，仍有很大值得检讨、改进、提升的空间。面对来自不同立场的批判和实践中所产生的问题，未来多元文化教育除了继续发展其理论基础外，也要针对易被忽视的议题及各种新问题进行探讨。而对于各种议题的研究成果，学界也应进行不断地对话，整合理论与研究成果，以减少理论内部的分歧，并在实践层面提供较稳当的参考依据。在学校教育方面，相关课程与教学设计应有更大幅度的改革，除了应该避免过度依赖附加模式课程外，也要提高教师专业素质，使教师具备适当的文化敏感度，能够主动批判、检讨课程教科书及教学过程中的偏见、歧视，并进行文化回应教学，对弱势群体给予关切与协助。

以上所引述的批判与论辩虽是来自美国，但多元族群是现代社会的共同特色，当下多元文化教育已然成为包括中国在内的世界各国社会新的核心价值。我国的文化脉络与美国不同，具体到纳西族教育来讲，不存在"族群""种族"的问题，因为整个中华民族是"多元一体的"，但"他山之石，可以攻玉"，前文所涉诸问题也值得纳西族及我国其他少数民族教育界审思与参考。

（四）台湾乡土文化教育

在台湾，乡土文化教育是多元文化教育的一环，在台湾特殊地位的政治时空背景下，乡土文化尤其具有独特的定位、意义和价值。在这里，"乡土"是一个综合的概念，包含空间、文化和心理3个因素，具体来讲，其意义是指个人居住的空间环境及其中的历史文化，个体不仅对其怀抱情感，并且挹注认同的情操。乡土文化教育的目标之一，是在于促进文化界域之间的平等、沟通和尊重。因为各地区文化之间，存在一种如同性别、社会阶层一样不均衡而倾斜的权力关系。换句话讲，族群关系中有欧洲中心主义、性别关系中有男性文化霸权、阶层地位中有上层社会文化霸权，而地区文化亦可能因政治权力的支配而产生宰制的文化霸权。乡土文化教育的目的不仅是促进乡土环境和乡土的认知，也培养欣赏、认同、珍爱的态度，更是在运用文化并参与乡土文化，使乡土文化获得保存与发展。基本上，乡土文化教育的目的兼具认知、情意、技能3方面，但由于乡土教育的性质和一般学科有所不同，乡土文化教育的目的较侧重于情意方面。[①]

在实际课程教学上，台湾乡土文化教育有两种类型：一是"乡土的乡土教育"，即以乡土文化为教育目的，采取独立设科教学的方式，或透过一般学科来教导乡土文化。这是一种专门传授乡土文化的教育，乡土本身就是目的。二是"教育的乡土教育"，即把乡土文化教育视为一种教育工具，运用乡土文化为教材，以达致一般学科的教学目的。可见，此种教育把乡土文化作为工具，乡土只有辅助性功能。

台湾乡土文化教育大约始于20世纪80年代，而关键性的发展则是在90年代初。历经十几年的发展，其实施达到了一些预期的功能，如保存并传承乡土文化、提高学生对乡土文化的认知，强化学生对台湾主体性的认同，提升乡土文化的价值，以及促进教师的专业成长等。但在教育目的、设计教学及其教材教法等方面也存在一些问题。有学者对这些问题及改进措施做了概述（表6-4）。

从表6-4中可以看出，台湾乡土文化教育的问题多集中在教材教法方面。因此，改进的重点应包括教科书取材、教科书编辑方式、教科书内容形式及教学评估等，而教师专业训练、行政支援等方面也都需要做相应的配合和改进。综上所述，台湾乡土文化教育与纳西族地区学校民族文化传承无论在开展模式还

---

① 谭光鼎，刘美慧，游美惠．2008. 多元文化教育．台北：高等教育文化事业有限公司，203～206.

表 6-4　台湾乡土文化教育存在的问题及改进策略

议题	实然状况	应然追求
教材取向	徘徊于历史传统与恋古情结：教材内容与现实生活脱节，多采撷谚语、民谣及童谣等失落文化而忽略了对未来的展望	内容应兼顾乡土认同情怀的凝聚与前瞻视野的培养；时间上应兼顾历史、现今与未来3个向度
教育目的	偏重文化传承而忽略批判与创造：地区性偏执、忽略价值判断、陷入僵化知识的学习而缺乏主观的意义	应具有批判性与创造性：在活动中创造意义，培养学生反省、判断的能力和开放的心灵，使其能继承文化，更能创造文化
学科定位	学科定位矛盾及跨学科纵横联系不足：分散于各相关科目与独立设科的争辩，独立设科无法顾及与其他学科的横向、纵向联系	融入所有课程中，应视为每一位教师的责任，每一学科的基本目标，学校必须与社区结合营造有生命力、生活化的学习情境
教学方式	缺少主动学习而陷入传统教学的泥沼：迫于升学导向风气、教师专业训练匮乏及学校行政官僚体系的限制，仍是"教师讲、学生听"的被动学习模式	应是实践取向的学科，而非理论取向的学科：应以社区生活为教学目标，让学生直接体验乡土生活、参与乡土活动、获得第一手资料
价值取向	易限于地域认同而失却多元文化视野：强调地方特色型塑民族性格的同时，建构了"乡土-非乡土"界限，鼓舞乡土激情而划地自限	文化多元中的统整：将教材嵌入大的环境脉络中检视其意义和价值；摆脱部落主义、地方主义及族群中心主义，培养沟通能力以了解、尊重、欣赏他文化、陶冶开阔的胸襟

资料来源：谭光鼎，刘美慧，游美惠．2008．多元文化教育．台北：高等教育文化事业有限公司，221～226

是在存在的问题等方面，都有相似之处，因此，前者之改进举措于后者有较强的借鉴意义。

二、多元文化教育政策的"他山之石"

（一）多元文化课程开发方面的措施：美国、英国和加拿大的经验

美国有学者曾在 1993～1995 年对美国黑人儿童进行了大量的问卷调查研究，结果显示，学生们普遍认为若在学校中能学到他们自己的文化和其他族群文化内容的话，学校教育就会对他们更有兴趣和吸引力，也会与他们更加相关，以及使他们更加投入。[①] 而从课程开发模式来看，国外多元文化课程大致经历了从平行式到整合式，再到扩展式的演化。所谓平行模式，是指"在对少数族群

---

① Ford D Y. 1999. *Multicultural Gifted Education*. New York：Teachers College Press of Columbia University，68.

开设主流文化课程的同时，平行开设有关少数族群文化内容的课程"①。在实施操作过程中分两步骤：首先单独开发出某一种族文化的课程，将不同种族文化群体的独特文化知识平行增添至学校课程体系中；其次是通过对主流文化课程的识别，判断少数族群到底需要哪些知识。而整合模式重在考虑多元文化知识与现有主流文化课程的整合，此种模式的坚持者认为多元文化课程的开发并非简单地将多种不同文化加在一起，而是需要彼此间的接触、作用及相互渗透。这种模式尽管多方面均优于平行模式，但也有其自身的缺点：它提倡将不同种族文化纳入课程，常常会导致教育工作莫衷一是，无法决定哪种文化应是首要被关注的对象；它过分强调教室内的文化与人类关系的差异，不区分主流文化与亚文化，这从理论与实践上都是行不通的。多元文化教育应被看作是过程导向的教育方式，而不是目标导向的，因此，应将整个学校环境或学校系统如师资、教学及行政等加以改变，强调学校整体的变革。多元文化课程开发不应仅停留于教科书与课堂之中，而应渗透到学校工作的各个方面。拓展模式是指在既有的课程脉络下，强调教师与学生在课程开发中的作用，以充分开发学校各方面的课程资源，达至多元文化教育的目的。该模式强调多元文化课程的设置须充分利用学校生活的所有方面，从整体上形成教育情境；强调正式课程、非正式课程、显性课程及隐性课程的规划；强调教师在课程开发中的作用，视其为研究者、开发者、新知识的编整者或创造者；强调学生、社区及家长等在多元文化课程开发中的地位：学生本身就是一种多元文化课程资源。可见，这种模式是一种较高级的多元文化课程开发形态，然而由于其开发中涉及面多，所以存在可操作性较差的问题。

从多元文化课程的具体设置途径来看，世界上不同国家都进行了不同探索。根据班克斯的研究，美国多元文化课程的设置主要通过4种途径实现（表6-5）。

正是通过此4种途径，使得各族群的文化以不同的形式进入学校课程，不仅传承了族群文化，还满足了不同群体学生的需求，继而将普适性知识与地方性知识相结合，形成了多元文化的学校教育。

英国在开发多元文化课程中以劳伦斯·斯滕豪斯（Lawrence Stenhouse）的课程理论为指导，为学生创设"开放教室"，充分利用学校、社区课程资源，课程设计渗透到各学科的活动中，并且做出了以下一些转变：重视课程开发的过程，在课程开发的过程中实现多元文化教育的目标而非编写教材这样的课程结

---

① 孟凡丽. 2003. 多元文化背景中地方课程开发研究. 兰州：西北师范大学博士学位论文，113.

表 6-5　美国多元文化课程设置途径表

设置途径	内容描述
贡献途径	将种族和多元文化内容整合于主流中心课程中、在课程中插入种族英雄和列出各民族的代表性文物；它未使主流中心课程改变基本原理、框架、目标及突出特征
附加途径	通过改变课程基础结构来增加种族概念、主题和观点，在课本、单元、课程进程中附加种族、文化、群体的内容
转变途径	它改变了课程的基本目标、结构与方法，学生通过它从多种角度去理解概念、事件、主题及许多问题；研究美国历史、语言、音乐、艺术和文化重点不在不同的文化群体对美国主流文化所做出的贡献，而应在美国文化和社会如何产生了这些不同文化
社会活动途径	强调对学生社会活动能力方面的要求，如让学生在学习某一单元的概念、事件和问题时，要做出相关决定，采取相关行动；其主要目标在于培养一些对社会进行批评和改革的人才

资料来源：Banks A J. 1997. Approaches to Multicultural Curriculum Reform//Lynch J. *Multicultural Education in A Global Society*. London：The Falmer Press，232～236

果。从方法论层面看，从技术层面转向伦理基础层面，力求课程反映文化的深层价值观念，探知文化的深层价值。就开发主体而言，由课程专家的单向度开发主体转为教师、学生、社区、学校及家长共同开发的多元主体。而在所涉及的课程类型上，从关注学科课程转到关注活动课程，从重视显性课程转到发现隐性课程的价值，从强调正式课程转到开发非正式课程。①

加拿大多元文化教育的方法主要体现在语言教育课程、文化保存课程、多元文化课程、反种族主义教育课程4个方面。② 以下是这4种课程的详细举措。

首先是体现为官方语言教育的语言教育课程。其目的在于协助没有英语或法语两大官方语言基础的移民或少数族裔子弟培养良好的沟通能力。在所有十几种不同的官方语言教育方式中，以"过渡式"和"沉浸式"两种方式较受关注。所谓"过渡式"官方语言教育方式，是指以学生原有惯用的语言作为学习官方语言的过渡语言，学生一边学习新的语言，一边仍以原来的语言学习其他的课程；而"沉浸式"官方语言教育方式，则是指让学生在一段相当长的时间内沉浸在某种官方语言的教学环境中，以增加其用此种语言听、说、读、写的机会。在不同学校中存在着3种类型的课堂：一是一体化班级，在这里学生被置于一个常规的主流语言课堂中来进行语言学习；二是语言班级，在这里每天的一部分时间花在语言教育课上，其他时间进行常规课程；三是接受班级，在这里只对新移民学生集中进行语言训练。近年来，加拿大语言教育呈现出了从

① 孟凡丽.2003. 国外多元文化课程开发模式的演进及其启示. 比较教育研究，(2)：28～33.
② 王鉴，万明钢.2006. 多元文化教育比较研究. 北京：民族出版社，108.

单一语言技能型学习向语言和文化的综合学习转化的趋势。

其次是文化保持课程。该课程的目的是增强少数民族儿童的自尊。在温哥华的一些具有大量原住民印第安儿童的学校，设置了丰富的文化课程，一种方法便是将原住印第安儿童从常规课程中撤回，将其放置于印第安文化传统之下，为其讲授印第安人的故事和民间工艺等。由于一些教师发现这会让印第安儿童与常规教育中的学生的距离拉大，所以便采用了另一种方法，即让全班所有学生每周都用一定量的时间去接触印第安传统文化材料，20世纪70年代早期，在多伦多华人社区及加拿大东部希腊人社区，这种方法都取得了成功。

再次是多元文化课程。在加拿大，多元文化教育已深入公众的意识之中。有学者在英属哥伦比亚省的调查中提出一项建议，即"学校后课程"可能是最适合实现多元文化主义某些目标的。多元文化内容多在初级教育水平上得到普及，且被归属于社会研究计划之中。加拿大多元文化教育多数项目都集中在既接受与尊重差异性，同时又承认相似性的原则之上。也有一些项目关注的是道德教育问题，这类项目把多元文化主义看作是一种道德的关注，因为它们关注的是如何对待文化上存在差异的少数民族，以及如何解决矛盾。文化及道德上的相对主义在理解多元文化主义的基本道德准则方面被认为是必要的。

最后是反种族主义教育。反种族主义教育与多元文化教育有几点不同之处："它从对文化差异的成见转移到强调利用文化差异固守不平等的方法；它把注意力从关注历史上对待少数民族的歧视态度转移到关注学校的隐性课程对少数民族表现出的系统的歧视上；对文化采取动态而非静态的观点；它并不对旧习俗抱成见，而是注重观察人们是用何种方法改造生活和回答不公正的，特别是通过各种形式的集体活动。在学校课程中，通过寻求特定的文学、口头历史、自传、音乐、诗歌和艺术等形式来完成。这样，所有学生的生活经历被充分重视，并成为'学校知识'的一部分"[①]。

总之，从历史演进的历程来看，加拿大的多元文化主义的政策仍是英裔加拿大人所代表的主流文化势力与原住民、法裔加拿大人，以及其他非土著加拿大人文化势力间相互争执的产物。而在教育上究竟应如何对待文化的多元现象目前仍未有定论，这些以调和文化冲突、寻求族群和谐为主旨的政策，能否掌握教育机会均等的真正含义，以寻求真正的社会化正义，显然也需日后作出判

---

① 滕星.2009.多元文化教育——全球多元文化社会的政策与实践.北京：民族出版社，51.

断。显然，美国、加拿大等西方国家的多元文化教育有其特殊的社会文化背景，纳西族学校不能完全照搬，而是要奉行"取精去糟"的拿来主义。在我国，纳西族与其他少数民族跟汉族一样，自古就是中华民族的一员，是"土著"，这显然不同于美国、加拿大等"移民"而来的少数民族，因此，我们有必要看看，不同国家和地区是如何处理原住民教育的。

（二）不同国家的原住民教育举措

关于原住民教育，不同国家和地区都有一些可资借鉴的经验，笔者以为这其中尤以美国的"部落学校"政策、加拿大高等教育的"土著居民学习屋"政策等关于原住民教育的政策值得推崇。

首先是美国的土著教育经验。美国土著教育里程碑式的改革是 1928 年做的一个报告，该报告要求印第安人的教育必须与该社区全日制学校的社团建设及寄宿制学校的改革措施密切相关。它还要求印第安学校的课程应该反映印第安文化及本地印第安社会的需要。而到了 20 世纪 60 年代，随着公立学校体系对原住民教育的失败，美国政府于 1966 年在亚利桑那州纳瓦霍族保留地（Navajo Nation）成立第一所实验性质的"部落学校"（Indian-controlled school），随后，第一所社区学院（community college）戴恩学院（Diné College）也于 1968 年成立。美国政府还通过教育立法的形式为这些举措做了保障，比如，1972 年国会通过了《印第安教育法案》（*Indian Education Act*），并与 1975 年通过了《印第安自决与教育援助方案》（*Indian Self-Determination and Education Assistance Act*），使得印第安教育逐渐交回至印第安人的手中。在这之后，美国政府双管齐下对印第安教育进行改革，一方面兴建部落学校，另一方面也对一般教育系统（公立学校）进行了改革。目前，全美国已有 32 所部落学院（tribal-controlled college），这些学校由印第安部落主管与经营，除开设一般学校课程外，主要将部落的传统融入课程与教学中，促使其与部落社区的更多互动、联系，并根据部落的需求而带动部落的生计与发展。而"其教育方案的设计，是由各部落的原住民共同参与，推展方案或教学工作者也包括适当比例的原住民，教学内容与方法配合部落的文化特质，并重视从生活中取材"①。注重实用与职业训练的课程是早期部落学院"社区学院模式"的主要特征，而如今的部落学院除了开设授予副学士及学士学位的课程外，还有些部落学院开设研究课程，发展自己的研究设计，且争取原住民观点的研究取向。

---

① 滕星．2009. 多元文化教育——全球多元文化社会的政策与实践．北京：民族出版社，12.

　　其次是加拿大的土著教育经验。加拿大土著教育的转机出现在 20 世纪 70 年代，当时安大略省南部一些印第安土著居民社区发起了一个名为"印第安兄弟情谊"（The National Indian Brotherhood）的组织，它要求印第安人教育要反映其历史、语言、价值观及志向等，积极争取改变教育现状，并于 1972 年提出"印第安人控制印第安人教育"的口号。后来，这个组织越来越壮大，发展成全国印第安人兄弟会。1990 年，全国印第安人兄弟会提出，"除了印第安人应该学习自己的传统文化外，所有加拿大人都应了解北美大陆最早的居民的文化，教育部门应在全加拿大所有中、小学课本中增加有关土著传统文化的内容"①。而在 1988 年的 First Nations 土著居民会上，印第安人重新宣传"自治式"（sovereign self-government）教育，要求政府不仅要下放管辖权，也要求政府满足印第安人全权制定课程发展计划，以使教育更切合印第安人的需求，并最终希望能培训印第安教师并教授新课程。在这种发展脉络下，从幼儿园到大学乃至社会教育，加拿大政府都有计划地提供经费资助或实际的方案，于是便产生了几个由土著居民所主持的学院或机构，并开设各类课程，提供土著居民或非土著居民的学习机会。其中比较知名的如萨斯喀彻温印第安科技专业机构（Saskatchewan Indian Institute of Technologies，SIIT）、萨斯喀彻温印第安联邦大学（Saskatchewan Indian Federated College，SIFC）及土著居民学习屋（First Nations House of Learning）等。下面我们以 SIIT 的社区服务课程和土著居民学习屋为例来做一说明。

案例 1：社区服务课程

　　该课程是 SIIT 六大类课程之一，与其他课程一样，该课程提供"文凭"与"认证"，还有"学术进修预备课程"，对外地提供"函授课程"。从图 6-7 和表 6-6 可以看出，在社区服务课程中，SIIT 主要训练学生各种社区服务的专长（该图外环），包括智商专长、社区发展专长和服务提供专长 3 大部分，而各部分又可细分为不同专项，并授予不同的文凭或者证书。SIIT 成立于 1976 年，是萨斯喀彻温印第安民族的联邦教育机构（Federal Education Institution of Saskatchewan Indian Nationality，FEISIN），由议员部落会议代表与 FSIN 行政官员所组成的委员会管理，提供萨斯喀彻温省的成人训练和教育课程（表 6-6）。

---

① 王红艳. 2002. 加拿大印第安人教育论述. 世界民族，（5）：25～30.

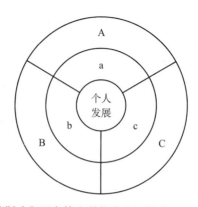

图 6-7　萨斯喀彻温印第安科技专业机构社区服务课程内容

外环：颁发文凭（具有社区服务专长）；中环：颁发证书（具有社区服务专长）；

内环：颁发应用证书（具有社区服务能力）；图中 A 代表智商专长、家庭智商者、心理健康，

B 代表社会再造成、正义，C 代表家庭需要、特殊需求，a 代表生活技能、教练，b 代表正义、

公众教育、社区健康，c 代表家庭工作、小孩照顾、居家看护

资料来源：滕星.2009.多元文化教育——全球多元文化社会的政策与实践.

北京：民族出版社，56～58

表 6-6　萨斯喀彻温印第安科技机构社区服务课程概览表

课程名称	课程周数	结业证明	课程概要
个人发展 （社区服务）	18 周	应用证书	性向、个人发展、内在沟通、帮助技巧、公共教育、跨文化沟通、社区发展、当代印第安健康议题、悲伤与失落适应、受虐、电脑
家庭服务 （社区服务）	40 周	证书	家庭组织、家庭暴力、性虐待、自裁议题、社区利益、土著居民社区发展、个案管理、危机处理、青少年违法事件
公益 （社区服务）	40 周 文凭 106 周	证书 文凭	写作、帮助技巧、社区发展、公共教育、电脑、行政管理、社会学、家庭组织、加拿大的公益体系、土著居民法庭工作、实习课
土著居民 幼儿照顾	证书 10 个月 文凭 20 个月	证书 文凭	人类行为、内在沟通、游戏、幼儿发展、基础课程规划、学习环境、实习课程、幼儿与青少年照顾
社区健康	一年 函授三年	证书	基础行政、临床技巧、文化沟通、智商技巧、公共教育、家庭与社区工作、现代印第安健康议题、环境健康、生涯发展、生活技能、营养、社区发展、访视工作、心理学、特殊需求

资料来源：滕星.2009.多元文化教育——全球多元文化社会的政策与实践.北京：民族出版社，56～58

案例 2：土著居民学习屋①

设置该机构是为了使大学中的资源更易被土著居民所获取，进而促使大学满足土著居民的需求。为了达成这一目标，学习屋致力于高等教育课程的学习。他们认为有品质的教育应与土著居民的价值观息息相关，并应该由"祖先的声音"作为先导。其成员努力的目标有：

（1）通过提供高等教育的机会及学生服务，使土著居民易于参与到各领域的学习之中。

（2）使 UBC 课程的深度和广度符合土著居民的需求。

（3）认同、支持并增进有利于土著居民的研究。

（4）增强土著居民学习屋在校园中的领导权。

（5）加强土著居民在学习屋对土著居民学生的服务。

（6）教育大学与更多的社群了解土著居民的议题。

学习屋更长远的计划是要成为一个国际性的组织，为全球土著居民利益而努力。该场所（Longhouse）是一个具有加拿大西北岸特色的建筑形式，可作为土著居民的另一个家。这里的学习环境重视当地的传统与文化。在长屋中，结合各种方式和土著居民计划来为土著居民学生服务，并提供各类活动的集会场所，使土著居民能学习自身的知识和文化，并以此为中心辐射影响大学城甚至更大的区域。

（三）英国的"教育优先发展区"政策

20 世纪 60 年代，英政府开始对其原来推行的同化教育政策作出调整。内政大臣罗伊·金肯斯（Roy Jenkins）提出了经典的"整合"概念："不是一个同化的延展过程，而是……在一个相互容忍的氛围中，伴随着文化多样性的机会均等中形成英国的文化。"② 就这个概念，英国迈出了多元文化教育引进学校的第一步，移民的节日、习俗、庆典、服饰及食物等开始单独在学校课程中非正规的章节涉及，尽管此举刚形成且偏向于风俗习惯方面，而以此为特点的态度加速了多元化。1967 年出版的《普洛登报告》（*Plowden Report*）阐述了一项新的管理原则——在整个教育系统中应实行"积极的区别对待"（positive discrimination），以抵制恶劣环境的不良影响，同时报告还提出了"教育优先发展地区"

---

① 滕星．2009．多元文化教育——全球多元文化社会的政策与实践．北京：民族出版社，66．
② 滕星．2009．多元文化教育——全球多元文化社会的政策与实践．北京：民族出版社，168．

（educational priority areas）的想法，并就如何制定标准以确定那些条件不良的地区为教育优先发展地区，需要拨给额外资源——更多的教师、密金津贴、设备及少量校舍——的问题，提出了建议。① 该报告首次表现了对移民教育的一种新理论倾向，正如班克斯所言，在其"教育优先地区的观点中，认为城市地位特殊的社会与教育问题因为他们的落后而应得到优先考虑"②。在这之后，英国教育政策逐渐进入多元教育阶段。

（四）日本异文化间教育及其"在日朝鲜人"教育政策

1981 年成立的"异文化间教育会"是日本对异文化间教育进行较为系统研究的开始。此后，该学会创办了《异文化间教育》杂志，开辟专栏就关注的相关问题进行专题讨论，到 1994 年为止共举行了 14 次大型研讨会。在日本，"异文化间教育"与"多元文化教育"两个概念目前尚无统一的界定、区分，常常混用。九州大学的江渊一公的见解较有代表性，他认为"异文化间教育，是通过与异文化的接触和交流，以及它们之间的相互作用，使人形成的一种文化过程或活动。即在两种文化间所展开的一种教育过程"③。在理论上，江渊一公赞成将异文化间的教育分为 4 种类型，即"文化转换型""文化交叉型""异文化回避型"及"相互作用型"。日本民族教育与多元文化教育的历史较短，在实践层面主要有"阿伊努"的土著民族和部落民，以及在日本的朝鲜人子女的教育问题，近年来，琉球人及在日本的华人教育问题也是日本多元文化教育无法回避的问题，这其中尤以在日本的朝鲜人的教育政策最为著名。概括起来，在日本的朝鲜人教育实践活动主要有以下几个方面的内容：一是创办民族版、成立活动小组和儿童会；二是在教科书中增加有关朝鲜的内容；三是使用"真实姓名"的指导活动④；四是升学、就业方面的保障。日本学者小林哲也在专门比较分析了东西方多元文化教育差异的基础上指出，日本自称为单一民族的国家，然而在 20 世纪 60 年代以后，不得不面对"在日朝鲜人"的教育，因此，多元文化教育在日本更应为一种跨文化教育，是在两种不同文化之间进行的教育。⑤ 这

① 王承绪，徐辉.1992.战后英国教育研究.南昌：江西教育出版社，52.
② Banks J A.1994. *Multiethnic Education：Theory and Practice*.Boston：Allyn and Bacon，53.
③ 滕星.2009.多元文化教育——全球多元文化社会的政策与实践.北京：民族出版社，469.
④ 该活动要求朝鲜学生使用自己的真实姓名，而非日本式的假名，也要求日本学生用朝鲜真名称呼朝鲜学生。
⑤ 〔日〕小林哲也.1977.多元文化教育の比較研究.福冈：九州大学出版会，150.

里小林哲也的界定仅就日本的教育而言无疑是准确的，然而，多元文化教育在西方和中国等则不能简单地理解为两种文化间存在的教育。

从前面的分析，我们可以看出，各研究者由于自身文化背景的不同，特别是个人学术和专业背景的差异，对于多元文化教育理论所涉及的关键概念的认识与表达，如文化、民族及教育等，还存在着很大差异。目前，关于多元文化理论尚未有一个被大多数研究者共同接受的理论体系和操作方法。在我国，哈经雄、滕星对其有一个界定，指出："多元文化教育就是以尊重不同文化为出发点，在各集团平等的基础上，为促进不同文化集团间的相互理解，有目的、有计划地实施的一种共同平等的'异文化间教育'。"[①] 滕星教授在对国内外民族教育理论和多元文化教育理论进行研究与分析的基础上，创新性地提出了其著名的"多元文化整合教育理论"，或称"多元一体化教育理论"。即"一个多民族国家的教育在担负人类共同文化成果传递功能的同时，不仅要担负起传递本国主体民族优秀传统文化的功能，同时也要担负起传递本国各少数民族优秀传统文化的功能"[②]。这些研究成果对我们进一步认识纳西族社会中多元文化教育的内涵与目标无疑都是很有裨益的。

三、多元文化教育理论与政策的启示

多元文化理论丰富了少数民族教育理论的思想内涵，这给纳西族教育以深刻的启示。概括起来，应有如下认识：首先，在纳西族教育中应注意纳西族学生文化共享性的养成，重视其民族依附的初级需求，以巩固纳西族人的区域自治与我国各民族大团结的基础。其次正确对待由于接受不同民族文化的哺育而形成的学习形态上的差异，并在尊重这种差异的基础上，有针对性地因材施教。再次，承认复杂性，在错综复杂的民族文化事项中，探索有利于纳西族文化进步和发展的模式，克服简单化的做法与单一化的倾向。

然而，认识多元文化教育理论对于包括纳西族在内的我国民族教育的意义，需廓清几个基本问题[③]：首先，多元文化教育不仅仅指学校教育，还包括一个个体或一个群体生命历程中的教育过程；民族教育研究中要特别重视一个群体早

---

① 哈经雄，滕星.2001.民族教育学通论.北京：教育科学出版社，577.
② 哈经雄，滕星.2001.民族教育学通论.北京：教育科学出版社，580.
③ 崔延虎.2003.跨文化交际教育：民族教育若干问题探讨——教育人类学的认识.新疆师范大学学报（哲学社会科学版），(2)：67～73.

期濡化与现代社会学校教育之间的衔接与断裂问题。其次，在多元文化教育理论中，"文化"的传承具有特殊含义，多元文化教育应该承担两种文化的传承功能，即包括传统文化在内的特定群体文化与特定群体所在国家的文化的传承。换言之，一个多民国家的教育，在担负人类共同文化传承功能的同时，也应担负传递各少数民族传统文化的功能，而其教育的对象不仅包括少数民族成员，也包括主体民族成员。费孝通先生在论证"中华民族"的起源说时，写道："它的主流是由于许许多多分散孤立存在的民族单位，经过接触、混杂、联合和融合，同时也有分裂和消亡，形成一个你来我去，我去你来，我中有你，你中有我，而又各具个性的多元统一体。"① 在这里，中华民族的"多元一体"格局，决定了中华民族文化的"多元一体"特征。费孝通提出的中国文化"多元一体"观点，从民族教育的角度认识就具有了新的意义，既然"多元"，那么每个民族的教育就应承担起传承本民族文化的功能，既然"一体"，那么各民族的教育也承担这种传承国家文化的责任，偏废任何一方都会使民族教育本身"非文化化"，甚至可能引发矛盾、冲突。再次，在多元文化教育中，对不同文化的尊重既是多元文化教育实施的出发点，亦是其目标之一。因此，"普适化"的教育理念由于其追求教育目标与教育过程的"普适化"，而忽略了对参与教育过程的各不同文化群体的文化价值的理解与尊重，忽视了各民族知识体系的存在，置整个民族的知识体系于教学内容之外，此种倾向被认为是西方中心主义思潮在教育领域掌握话语权的体现，早在20世纪后半叶即受到诟病。最后，在多元文化教育中，受教育者的能力培养与"普适化"教育所追求的能力培养也存在明显差异，被广泛引用的"培养学生的跨文化适应能力，帮助学生学会从其他文化的角度来观察自己民族的文化，并获得最大限度的自我理解"② 是多元文化教育的重要目标之一。民族地区教育存在的问题也表明，在民族聚居区的学生，进入一个多种文化并存的地区学习时，其文化适应或曰对异于自己民族文化的文化环境适应能力相对较弱，这种"文化不适应"可能是造成他们学业成绩差的原因之一。而跨文化适应能力的培养，仅仅依靠学校教育是不可能实现的，事实上，我们对纳西族学校民族文化传承的调查分析，也说明这种能力的培养从早期家庭、社区濡化教育就已开始。而从纳西族的民族文化特征来看，跟其他多民族地区一样，纳西族地区儿童的认知过程中已包含了对"他文化"的认知。

---

① 费孝通.2003.中华民族多元一体格局（修订本）.北京：中央民族大学出版社，316.

② 哈经雄，滕星.2001.民族教育学通论.北京：教育科学出版社，577.

问题在于学校教育如何让这种认知接续下去，并逐步引导他们将这些在学校外就业已形成的"跨文化认知"意识（intercultural cognition）转化到"跨文化适应"（intercultural adaptability）与"跨文化交际能力"（intercultural communication）能力的养成上来。正如前文所述，在这方面，纳西族学校作出的一些尝试和努力，是非常值得肯定的。

应该指出的是，主客观精神文化对学校教育培养规格的影响是很重要的。譬如，同是资本主义国家，其物质文化和制度文化基本相同，尽管其培养规格也大体相同，但由于主客观精神文化的差异，其在教育的培养规格上也显示出了差异："美国的教育是在努力培养'民主社会'中确能适应生活需要的理想公民……英国着重涵濡文化、陶融品性及形成心智训练，以养成绅士风范；法国注重普遍教养及理智训练，其目的在造就才智出众的英隽。西德之中学教育则以培养意志文化及为国为民、服务国家之精神为极则。日本之中学教育，战前是基于'皇国之道'以培养忠君爱国之中坚分子，战后则以人格之完成为目标，造就和平国家及社会之主力；故须养成爱护真理与正义，尊重个人价值、重视劳动与责任，充满自主精神及身心健康之中等国民。"① 此外，包括纳西族教育在内的我国少数民族教育与国外相比有诸多差异，因此，须注意多元文化教育理论的本土化运用。事实上，正如前文所述，多元文化教育的理论基础——多元文化主义本身就有内涵丰富性与论述的多样性特征。有批判性多元文化主义论者曾用一句话生动地描绘出了多元文化的复杂性特征："多元文化主义可以指涉任何一件事情但同时却又无所指涉。"（Multiculturalism means everything and at the same time nothing.）② 然而毋庸置疑的是，世界上任何国家、民族的任何类型和层次的教育总是在一定的文化背景中发生的。因此，将纳西族民族文化引进校园的举措，是纳西族学校教育适应纳西族文化环境，提高其学校教育的民族文化适应性，克服其学校教育的"文化中断"的正确方法。然而，与上述英国、美国等国的先进经验相比而言，它还远未达到成熟的程度，仍有许多尚待完善之处。

---

① 林本 . 1974. 现代的理想中学生 . 台北：台湾开明书店印行，221.

② Kincheloe L，Steinberg R. 1997. Critical multiculturalism：Rethinking educational purpose//*Changing Multiculturalism*. Philadelphia：Open University Press. 27~57.

第七章 纳西族学校民族文化传承的优化策略

第一节 纳西族学校教育应正确处理的几对关系

基于前文关于人、文化、教育及其关系的理论思考，以及国内外多元文化教育理论的借鉴，笔者认为纳西族学校教育一方面要定位于人的全面发展，另一方面要着眼于整个纳西族地区的可持续发展，尤其要处理好以下几对关系。

一、"国家与地方"的平衡

纳西族有自己独特的天地人文系统，对于生于斯长于斯的纳西族生命个体而言，其知识的形成基础、构成内容及作用于生产、生活的方式均会带有这一特殊生境的烙印。换言之，形成于纳西族这一独特生境里的"地方知识"（local knowledge）便成为每一个个体认同和接受教育的基础。正如有学者所言："'地方知识'往往是某一特定族群对生活世界的理解与解释，经由族群绵延繁衍，它本身就充分具备合法性足以获得认同与肯定。"① 的确，生活于纳西族这一独特生境中的每个个体，对地方知识有着丰富的体验和实践经验，纳西族人正是靠着世代传承的各种地方知识实现了生命的延续。与此同时，作为中华民族成员之一的纳西族，除了本民族认同外，还必须接受国家层面的教育，以实现其对中华民族——国家——的认同。这就涉及如何处理国家知识（普适性的科学文化知识）与地方知识间的关系问题。曾几何时，包括纳西族在内的我国民族教育完全附和国家层面的教育，无论是教育目标、课程设置还是评价标准、教

---

① 周德祯.2001.排湾族教育——民族志之研究.台北：五图图书出版公司，209.

育发展模式，都按统一的标准开展。这在提高整体的国民文化素质，促进各民族的国家认同方面都曾作出过一定的贡献，然而，却忽视了地方知识的重要性，造成学校教育内容脱离少数民族生活实际，学生对学校教育失去兴趣，进而造成一系列民族教育、教学的问题。鉴于此，民族学校教育应努力寻求国家知识与地方知识的平衡点，兼顾国家与地方的利益，培养完美、全面的人。我们看到，在这方面纳西族学校已开始迈出改革的一步，有令人可喜的发展趋势，但还存在许多问题有待解决。

二、"传统与现代"的融合

正如前文所分析的，与其他少数民族一样，纳西族传统教育"存在于民族体内，扎根于民族社会的生产生活之中，是一种'同步内生型'教育"[①]，它远在现代学校教育进入纳西族地区之前就已存在。这种传统教育"无论是在教育过程、教育内容，还是教育主体的自由性、教育场域的开放性等方面，都对我国民族教育开展有深刻的启迪意义"[②]。典型的"内生"则是"传统的"，而"传统的"即是纳西族在与其独特的自然和人文环境的长期互动中，逐渐适应这一系统的智慧结晶。因此，发展现代教育并非意味着要与传统教育决裂，而是要建立在传统的基础上，从传统那里获得发展的动力。在世界多元化发展的当下，教育需要做的乃是引导不同民族在融入现代化的同时而不失本民族的特色。在处理传统与现代的关系问题上，教育需要用人类学的第三者眼光来理解"他者"文化，正如张诗亚先生指出的："少数民族现实的教育与发展正需要这种眼光，以便于从少数民族自身的角度理解教育、理解其教育的需求。避免用主流文化的眼光去看待少数民族的教育，从而认为少数民族落后，其文化应该淘汰，应为主流文化所替代。"[③] 从这个意义上来讲，纳西族学校将民族文化引进校园传承的举措，也是非常值得肯定的。今后，纳西族学校教育需要继续调适好传统与现代的关系，做到传统与现代的有机融合。总之，在发展纳西族现代教育的

---

① 么加利.2007.西南民族地区校内外教育系统功能研究.西南大学学报（社会科学版），（3）：59～63.

② 井祥贵，卢立涛.2010.纳西族勒巴舞的文化内涵及教育启示.四川民族学院学报，（6）：37～40.

③ 郭志明.2004.民族教育：传统融入主流——访西南师大张诗亚.http：//learning.sohu.com/20040816/n221556884.shtm［2009-12-05］.

过程中，切忌简单的进化论式线性思维：认为过去的都是错误的、落后的，而今天的都是成功的、先进的，纳西族的现代化就是要抛弃传统。

三、"共性与个性"的统一

教育的本质在于育人，在于对人性的发展。而"人的发展绝对不是能依靠科学找到一个通用的公式的，人是有个性的，我们必须提供个性化的教育，培养个人个性化的能力"[①]。正是拥有文化个性、民族个性，我们才得以将一个民族与他民族加以区分的。当然，个性的发展的前提是要发展人之所以为人的共性，无论是哪个民族、哪种文化背景的人，教育的功能均在于使个体得到全面的发展，这便是教育发展人的共性之功能。然而，发展共性并非意味着对所有人施以相同的教育，而发展个性也并不意味着对每一个个体施以完全不同的教育。唯有发展将共性与个性相统一的教育，才能使人性的发展达至"和而不同"的境界。笔者认为，滕星教授受费孝通先生著名的"中华民族多元一体"论启发而提出的"多元文化整合教育"理论，正是意味着共性和个性相统一的教育。对纳西族教育而言，有共性的东西，如教育的宏观目标、大政方针等方面要坚持同国家教育甚至世界教育接轨，以培养高素质的中国公民乃至世界公民；在这一前提下，也应从纳西族现有的生存状态出发，确立纳西族独特的教育目标、教育内容、教育方式、卓有成效的教育运作机制及有效的教育途径，开发出本民族的教育教材，建立多民族相互理解、相互共存的"和而不同"的纳西族教育体系。

综上所述，纳西族学校在处理上述几对关系方面，作出了一些努力，也取得了一些初步的成效，然而我们所言的应然状态还是有很大差距的。与其他少数民族一样，多元文化观指导下的纳西民族文化认同，既不妄自菲薄又不盲目排外，这样才能最终形成如费孝通先生所提的中华民族的"各美其美，美人之美，美美与共，天下大同"的民族文化认同模式。

第二节　对纳西族学校教育定位的反思

回顾我国民族教育的发展历程，我们可以发现，其本身的特色始终未凸显

---

① 张诗亚.2005.多元文化与民族教育价值取向.西北师范大学学报（社会科学版），(6)：97.

出来，加之受"应试教育"的影响，民族教育的发展定位有待明确。纳西族学校民族文化进校园传承的举措让我们看到了我国民族教育新的定位方向的燎原之火。诚如克里斯托夫·武尔夫（Christoph Wulf）教授所言："事实上我们具有的关于文化科学的知识都与文化的民族传统紧密相关，思想和科学在历史进程中孕育和成长，相关的研究成果试图通过不断的合作来突破国家和民族的界限，促进跨民族的发展进程，这一过程既存有共性，也留有差异。"① 因此，我们认为，凸显对民族学生个体发展的人文关怀，注重纳西族地区学校教师专业发展的价值诉求，以构建有特色的纳西族学校教育发展机制，是新定位问题的应有之意。

一、凸显纳西族学校学生个体发展的人文关怀

民族教育究竟为了谁？这个问题我们需要从教育的终极关怀——人性的发展——来加以思考。如同纳西族一样，许多其他地区的民族学校都在尝试将民族文化引进校园，他们面临的问题也都大同小异。然而，正如以上对纳西族学校民族文化传承中的问题所分析的，无论是从教学内容还是从教学目的、方式来看，都存在"去人化"倾向。潘光旦先生在其《教育与位育》一文中，非常赞同地介绍了英国剑桥大学为增加毕业生应付现代能力进行的课程改革，以及罗格教授对中国学校教育和留学生派遣脱离中国需要的看法，并写道："以前种种，只是'办学'，不是'教育'。教师不能使人'安所遂生'，不如逸居而无教，以近于禽兽之为愈，因为它们的生活倒是得所位育的。"而在其题为"忘本的教育"的演讲中，潘先生更进一步指出："教育的唯一目的是在教人得到位育……安所遂生，是一切生命的大欲……所位与所由育的背景，当然是环境，环境可分为二：一是体内的环境，一是体外的环境。体外的环境，就人而论，又可分为两种：一是横亘空间的物质的环境，二是纵贯时间的文化的环境。教育的目的又当然在设法使我们和这两种或三种环境打成一片，使相成而不相害。"② 以上关于社会位育的观点都是潘先生早年从生物学观点联系中国传统文化观念来阐释的，在他看来，一个人甚或一个民族首先要和固有的各种环境发生相成而不相害的关系，换言之，要保持其文化的绵续性和物质的连带性，而

① 〔德〕克里斯托夫·武尔夫.2009.教育人类学.张志坤译.北京：教育科学出版社，180.
② 潘乃谷.2000.潘光旦释"位育".西北民族研究，（1）：3～15.

教育不应该打断这种绵续性、连带性。而关于什么是真正的教育，潘先生在其《说乡土教育》中谈道："教育虽是一个人与历史、人与环境相互感应的过程，从教育的立场说，要教育来促进位育的功能，却不能不分一个本末宾主，因为教育的对象终究是人自己，而不是历史，不是环境。我们不得不假定人是本，历史是末，人是主，环境是宾。……所以讲求本末的教育才是真正的位育的教育，也才是真正的教育……此种教育业因此有由本及末、由近及远的三个步骤。第一步是关于人的，其间又可分为两部分，一是关于一般人道、关于人与非人的界限分别的。二是关于个别人的，关于我与非我的界限分别的。此一部分教育的目的在取得对于自己的了解，进而对自己的控制。第二步就涉及十字街的交叉点①与其邻近的地带了，这就是题中所说的乡土教育了，其间必然包括到乡土的历史与地理。第三步才是一般的历史地理教育。如果第一步里包括一切关于人与社会的学问，第二步、第三步里的'史'就包括一切的人文科学，而两步里的'地'就包括一切的自然科学。"② 的确，从前文对纳西族传统文化的濡化功能及国内外的经验来看，"人"才是民族教育的"本"，若将各种"率"当作教育的首要目标抑或唯"成绩"论英雄，凡此种种，显然就是潘先生所言的"本末倒置"了。

二、注重纳西族学校教师专业发展的价值诉求

民族文化进校园传承，教材是基础，而关键在师资。从目前的纳西族学校教育来看，我们认为，应从教师的教育观、多元文化素质等层面提升教师专业发展的价值诉求。

（一）正确认识后现代主义教育观

后现代主义认为，教育的要义之一就是在日常生活中教会人们如何与世界共同生活，而非想方设法将世界变成我们所设想的那个样子。因此，后现代教师"并非以知识基础的权威走进教室，不是教学生透过教科书或课文让学生获得永恒不变的客观真理，而是让学生自行体验其信念与价值的暂时性。不是让

---

① 这里潘光旦先生从本位教育的立场，将人的生命喻作是在一个四达之衢的十字街中心，这个十字街的东西指的是空间，即自然环境或地理环境，南北指的是时间，即往古来今的历史，而十字街的交叉点是当时此地和与当时此地发生紧密接触的"我"。

② 潘乃谷 . 2000. 潘光旦释"位育". 西北民族研究，(1)：3～15.

学生形成逻各斯中心式现代主义具有森严、傲慢、顽固不化、好争辩及自成一体等特点，而是让学生具有讲究关联性、生态论、谦逊、对话性以及神秘性等特征，坚信事物的表面也含有一个深层结构，而要真正理解事物的表面，必须研究这个深层结构"①。作为后现代教师，须让学生在教育中感受、认识到其本身所处的文化遗产应是人类许多文化遗产之一，任何文化遗产也不仅仅是知识抑或价值的累积，而应是历史过程中开发出来的一种"形构世界"（configuring the world）的方式之一。因此，课程内容不应是累积的知识抑或价值的储存，而应是一种结构化的"境遇"（encounters），教育的目的是让学生亲历各种不同的"形构世界"的方式，从而使其扩展视野，意识到自己视野的局限性。可见，后现代主义教育观性质上更像是一种"批判性教育学"。它试图在教育场域中创建新的空间、关系、身份，跨越过去欧洲中心主义和殖民主义教育话语体系所界定的边界，它看到了差异性与多元性的存在，并使它们成为社会公正和民主的话语。由此，"作为具有反思能力的知识分子"，纳西族地区学校教师"一定要为自己、学生和公众提供更大的想象空间，来重新思考'现代性'所带来的各种教育问题和社会问题"②。

（二）注重多元文化素质的养成

纳西族教育作为我国普通教育的一个组成部分，应具有自身的民族性。正如乌申斯基所言："一个没有民族性的民族，就如同一个没有灵魂的肉体，只能屈从于衰败的规律，只能消亡在另一些保存着自己独特性的其他肉体之中。"③为凸显纳西族教育的民族性，纳西族地区的基础教育须定位于为纳西族人的生存与发展创造平等的机会，为个体的适应性生存与可持续发展奠定基础，而教师则是塑造这个和谐社会基础结构的重要行为主体。所以，纳西族地区需要具有多元文化素养的教师。那么，如何培养呢？我们认为，通过改善我国当前师范院校的课程规划，以提高职前教师的多元文化素养、鼓励在职教师在教学中改进其课程设计模式，继而增进师生之间或学生之间的文化认识、鼓励在职教师参与民族教育研究等都是不错的增进教师多元文化知能的途径。简言之，关注

---

① 〔加〕大卫·杰弗里·史密斯. 2000. 全球化与后现代教育学. 郭洋生译. 北京：教育科学出版社，148.

② 钱民辉. 2004. 教育社会学——现代性的思考与建构. 北京：北京大学出版社，85.

③ 〔俄〕康·德·乌申斯基. 1989. 人是教育的对象——教育人类学初探（上）. 郑文樾译. 北京：人民教育出版社，5.

多元文化形态中个体文化背景、民族心理和民族意识等特点，将培养不同民族创新精神和内源性发展动力视为己任的多元文化教师，与多民族社会基本要素的密切配合与交流互动，不仅为个体发展从而为族群的发展奠定了基础，也为民族地区多元文化课程建设提供了汲取活的教育资源的途径。① 当然，将这种理念转化为现实，将此种理论付诸实践都离不开多元文化的教师教育。

三、纳西族学校教育的应然定位思考

民族地区到底需要什么样的教育？结合实地考察与理论分析，笔者认为，纳西族教育在实然运作上，已作出了值得肯定的改革，将民族文化引入校园，以接续家庭、社区进行民族文化的传承。然而，正如前文指出的，比起主流文化的传承，纳西族文化在学校只是一种"点缀"，甚或有时候成了一种例行任务式的操作。多年以来，包括纳西族教育在内的我国少数民族教育，照搬内地汉族的教学模式，已屡受诟病。然而，与其他民族地区类似，纳西族教育的"应试"及对各种"率"的追求仍然盛行。美国人类学家恩伯夫妇在其所著的《文化的变异——现代文化人类学通论》（*Cultural Anthropology*）一书的第四版前言中曾提到："我们认为，当前的教育体系在使学生懂得所传授的知识都带有试探性这一点上，没有为我们树立一个好榜样。教师常常把所传授的知识当成绝对真理灌输给学生，在低年级中尤为突出。很少有人把知识的不可靠性告诉学生，其结果是学生对研究问题的过程几乎一无所知……任何科学知识都是试探性的，有待于未来的修正。"② 的确，现代学校教育在某种意义上讲是机器大工业生产的产物，其特征表现在：在指导思想上遵循"效率至上"，在办学目标上追求"经世致用"，在运行机制上凸显"标准划一"。这种体制下培养出来的人俨然如米歇尔·福柯（Michel Foucault）笔下"驯顺的肉体"的形象。对于"驯顺的肉体"——理想的士兵形象，福柯有一段精彩的描述："辨认那些最适合这种职业的人的符号是，动作机敏灵巧、昂首挺胸、肩宽臂长、腹部紧缩、大腿粗、小腿长、双脚干瘦。因为这种人肯定既灵活又强壮。"③ 然而，相对于

---

① 倪胜利.2010.西南民族智力资源可持续发展的教育文化战略.民族教育研究，(5)：10~14.
② 〔美〕C.恩伯，M.恩伯.1988.文化的变异——现代文化人类学通论.杜杉杉译.沈阳：辽宁人民出版社，14.
③ 〔法〕米歇尔·福柯.2003.规训与惩罚：监狱的诞生.刘北成，杨远婴译.北京：生活·读书·新知三联书店，153.

整个人类历史长河来说，现代化的时间就太"短暂"了，正如有学者指出的："人类出现在地球上已有两百万到五百万年了，在这些年代里，99％的时间人类多是靠采集野生植物，猎取野生动物和捕鱼来获取食物的。农业是相对晚期才出现的现象，只能追溯到大约一万年以前。而工业化农业或机械化农业才出现了不到一个世纪！理查德·李（Richard Lee）和欧文·德·沃尔（Irven De Vore）指出，迄今为止在地球上生存过的八百亿人中，有90％的人是狩猎—采集者，6％的人是农业生产者。作为工业社会的成员，我们属于剩下的那4％。"[①]从性质看，教育更类似于农业，而绝对不像工业。所以，我们不应把精力集中于教育的效率，在享受现代化的成果时，也要警惕"现代性的后果"。作为现代机器大工业生产产物的现代学校教育本身存在的弊病是显而易见的，包括纳西族在内的我国民族地区学校不但没能避免其弊端，某种程度上还在"努力"地向其靠拢，这不能不引起我们的深思。

事实上，学校"办学水平的提升，无外乎两个途径，一是外力助推，一是自我成长"[②]。有学者基于人的生命的复杂性及非特定性特征，指出了解读教育环境中个体发展最为关键的两个词——自组织和涌现。这显然是复杂系统理论的观点，"自组织系统对所处的环境有极大的依赖性，它是有自身独特历史和背景的个体与环境相互作用的产物。……而涌现是我们难以准确涉及和预料的，教育所期待的涌现，是一种生长中的、超越性的品质，而不是以往已经有的什么东西"[③]。这里涉及的两个问题是教育的组织方式和教育的目的，而纵观我国民族教育的历史脉络，与内地非民族地区的教育并无大致："务实派"的人们大行其道，他们把教育仅理解为"双基"的教学。这一点，笔者在纳西族地区学校考察期间有很深刻的感受。然而被某种权力定义了的基础知识和基本能力，意味着排除了多种智力与能力在生存竞争中的机会。因为人类智能的领域是一个"生命、知觉和记忆永远膨胀下去的领域"[④]，所以教育的目的应定位于人类命运的终极关怀，它所期待的，就蕴含于其所创设的环境。正如阿弗烈·怀海德（Alfred Whitehead）所说的："我所极力主张的解决方法，是要消除扼杀我

①　〔美〕C. 恩伯，M. 恩伯 . 1988. 文化的变异——现代文化人类学通论 . 杜杉杉译 . 沈阳：辽宁人民出版社，146～147.

②　方展画 . 2009-06-02. 农村教育发展亟待三大突破 . 中国教育报，4.

③　倪胜利 . 2006. 大德曰生——教育世界的生命原理 . 桂林：广西师范大学出版社，245.

④　〔美〕戴森 . 1998. 全方位的无限：生命为什么如此复杂 . 李笃中译 . 北京：生活·读书·新知三联书店，127.

们现代课程的活力的各类学科之间互不联系的严重现象。教育只有一种教材，那就是生活的一切方面。"① 试想，如果一个劳作者创设的是一片生态的园地，那么它是不会长出齿轮与螺丝钉的。这里关涉的实际上是一个工具理性和价值理性如何平衡的问题。

的确，教育不应成为"普罗克拉斯提斯的铁床"②。而关于理想的校容，苏赫姆林斯基的帕夫雷什中学为我们树立了典范："美丽的校园中的每一设施都经过科学的精细安排和布置，该校的物质环境凝聚着每一个学生的闪光的智慧，浸透着每一个学生的辛勤和汗水，能激发起每一颗心灵对周围的一切无比的关心和挚爱……走进校园，像是走进了一个诗意的世界，一个精神王国的美丽的宫殿，这里为学生的求知欲的满足打开着一扇扇的窗扉，处处展现着浓郁的、高尚纯洁的精神氛围。"③ 这虽然是一种"理想"，然而它凸显的是教育的人文关怀，指向的是教育的终极价值，正如有学者所说的："教育的成功法则——只有尊重人、尊重人的存在，教育才为教育。……唯有这样，教育才能实现它自身的价值。作为高度自为的学校教育，自然就应该对此更有高度的自为性。这不仅是一般学校教育的法则，也是任何一个民族教育中的法则。"④ 因此，对于纳西族教育，我们的理想是，使每一个纳西族学生不仅能用纳西族语言有效地交流，而且能借助民族习俗，理解和弘扬本民族优良的传统知识、文化价值观、信念及民族精神，成为本民族认同、国家认同的具有跨文化交际能力的人。

四、纳西族教育与社会整体互动发展之关系思考

纵观我国现行民族教育，其关注的重点在于受教育者的民族身份及从政策倾斜层面上为少数民族学生提供上学机会等，而对民族文化的关注不够。然而，"传统的观念、心理、情感和行为方式总是渗透在人们的日常生活和生产劳作之中，不知不觉地支配着人们的行动，并深刻地影响着民族社会的进步走向和速度"⑤。换言之，民族文化对于社会发展的作用不可忽视。诚然，民族文化本身

---

① Whitehead A N. 1929. The Aims of Education. New York：Mentor Books，18～19.
② 普罗克拉斯提斯，古希腊神话中的人物。他劫人之后，把人放在一张铁床上，高人将被砍去超过床长度的部分，矮人将被强行拉长，使其与床相齐。
③ 〔苏联〕苏赫姆林斯基.1981.帕夫雷什中学.赵玮等译.北京：教育科学出版社，122～168.
④ 巴登尼玛.2000.文明的困惑——藏族教育之路.成都：四川民族出版社，194.
⑤ 黄光成.2006.云南民族文化纵横探.北京：科学出版社，311.

并无好坏及高下之分，因此要全面整体地看待一个民族的文化。在民族社会的发展进程中，民族文化与现实社会有一个适应与整合的问题，尤其像纳西族这样历史悠久的民族，其文化若不能适应社会的进步，或者跟不上社会发展的速率的话，往往会拖民族社会前进的后退。民族文化犹如一把"双刃剑"，既有优秀的一面，值得传承和发扬，也有与其社会经济进步不相适应的一面，需要加以扬弃、改进。

民族文化对于社会进步的影响是隐性的、深层次的。因此，如何调适好纳西族文化与现代化的关系，不仅是纳西族人自己的事，更是全社会的事，尤其是当地帮助民族进步的各级政府应给予其更多的关注。

此外，促进纳西族社会的进步，除了改善外部的客观条件外，还要更多地着眼于纳西族人群自身。解决社会发展的问题，除了必要的外援之外，振奋民族精神，激发出纳西族群众自身的创造潜能也是极其重要的一环。光有外援而没有民族自己的行动，光有"输血"而没有自身"造血"的功能，再多的投入也难以改变一个民族的命运。因此，必须高度重视纳西族社会发展的主体——纳西族自身，必须从纳西族人群生活和劳作背后的行为方式和动因上找原因，解决好民族群众自身发展与传统文化的关系，尽可能减小传统文化的制约因素而扩大其有利因素，使之成为一种民族社会进步的动力。换言之，一方面要弘扬民族文化中的优秀传统，使之不断得以传承和发展；另一方面，还应注重解决好传统文化与现代化社会的调适问题。

那么，如何解决纳西族社会发展主体的问题呢？显然是优先发展教育，因为无论是人工具价值还是理性价值的提升，靠的都是教育。在处理教育与社会发展关系的问题上，纳西族教育理应把人放到社会发展的大坐标系中来谈人的发展这一根本问题。然而，正如张诗亚先生指出的，"我们现在谈的和谐社会、以人为本、科学发展观，很大程度上都是当成政治任务来谈的'和谐社会'"[1]。的确，纳西族地区应将自己的特色、优势和文化结合起来，培养学生的文化自信和自觉，而"文化的自信和自觉是保护、传承和发展民族文化的内在动力，一个民族一旦失去了对自己民族文化的自信和自觉，其文化也就岌岌可危了"[2]。办有特色的教育才是纳西族教育的核心问题，而纳西族教育的根在民族文化，我们不能把纳西族社会和文化的问题简单地当作经济问题来看待，"如果因为一

---

① 张诗亚．2005．多元文化与民族教育价值取向问题．西北师大学报（社会科学版），（6）：97.

② 黄光成．2006．云南民族文化纵横探．北京：科学出版社，313.

个民族在经济上是弱势群体，就简单地考虑经济扶贫的问题，而不顾及其文化的保护和传承，不顾及对民族精神的培养，最终收效甚微也是可想而知的"①。与我国其他民族地区一样，文化多元是纳西族地区的一个基本特征，因此，在引进、借鉴国外经验的同时，要把纳西族教育的重心放在发扬自己的优势与特色，提供个性化的教育，培养人的个性化的能力上来。

第三节　纳西族学校民族文化传承机制的未来展望

马克斯·韦伯（Max Weber）曾提出，"人是悬在由他自己所编织的意义之网中的动物"，而格尔茨则认为"文化就是这样一些由人自己编织的意义之网"②。因此，纳西族学校将纳西族文化引进校园是对纳西族"人"及其"文化"的尊重，是非常值得肯定的举措。从上一章的分析来看，如何处理学校教育与民族文化传承的问题是一个普遍性的课题，世界各地不同的国家和地区都采取了一些可资借鉴的措施保护不同族群的民族文化。纳西族学校在民族文化传承方面取得了一定的成效，但也存在一些问题，那么，如何更好地传承民族文化呢？我们认为，首要的是要明确学校中民族文化传承的目的，从以下 6 个方面着手（图 7-1）。

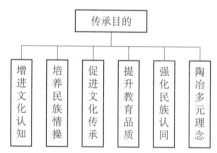

图 7-1　学校教育中民族文化传承的目的示意图

一是增进对民族文化的认知，这是首要目的，让学生认识自己生长的地方，理解本民族文化的特色与渊源，并在这一过程中发展运用民族文化的能力。而透过这一认知目的，民族文化教育更期望培养学生民族文化探索和研究的兴趣及其对民族文化批判思考和问题解决的能力，最终不仅让学生认知，更能促进

①　黄光成.2006.云南民族文化纵横探.北京：科学出版社，315.
②　〔美〕克利福德·格尔茨.2008.文化的解释.韩莉译.南京：译林出版社，5.

民族文化的发展。二是培养学生热爱自己民族的情操。了解本民族文化不一定具有欣赏本民族文化的态度，认知本民族文化也并不一定具有实践本民族文化的动机。因此，在民族文化的认知教学中，需透过价值的澄清与分析，使学生从认知到认同、从接触到接纳、从实例到实践、从关联到关爱，最终使其产生对本民族文化的情感、关怀和责任，激发其热爱自己民族及民族文化的情操。三是促进民族文化的传承。如前所述，纳西族文化是纳西族先民的文化实体，代表着他们的智慧结晶，虽历经长久的传承、不断变迁与翻新，但它是一种社会事实，在社区居民中具有一致性、稳定性，是社区居民共有的生活内涵。在纳西族传统社会中，民族文化主要通过家庭和社区而获得保存，而现代社会中，"发达"的现代教育制度与社区脱节，科层化教学、百科全书式课程，以及功利取向的教育目的，都与社区文化无关联，最终使传统民族文化逐渐式微，因此，在学校中实施民族文化教育的主要目的之一，即是让学生在民族文化学习过程中，使民族文化获得保存，并在生活中践行民族文化。四是改善教学并提升教育品质。民族文化教育还可以改善一般课程的教学。学校可以打破不同科目间的隔阂，将相近的学科组成合科课程或广域课程，以民族文化事项作为核心单元而推进教学，结合理论与实践，使学科知识融入社区生活之中。此外，教师在教学过程中也可以采撷民族文化作为教材，这既符合直观教学原理，也能使教学适应区域差异，让教材多样化、丰富化、特殊化。这样，对学习者而言，可以提高学习兴趣，培养其运用民族文化而学习的能力；而对于教师而言，可以活化教学，增进其专业成长，并促进教育改革，从而提升教育品质。五是强化并巩固纳西族的民族认同感。纳西族学校民族文化的传承，在文化上平衡学校课程中文化结构的偏失，以发展学生的自我认同。在以往传统意识形态的导引下，纳西族学校课程标准和教科书与内地统一，多以汉文化为主，这种偏失使学生非但无法对本民族文化有适当的认知，也不容易对教科书中"虚拟化的中国"产生认同。近年来，随着国家三级课程等一系列政策的实施，使得纳西族民族文化名正言顺地搬进了学校，这不仅是在挽救行将消亡的传统文化，更体现了一种多元文化理念。六是陶冶整体和谐的多元文化理念。纳西族学校民族文化传承的目的，不仅仅是产生一种安身立命式的自我认同，更应具备一个恢弘的目标，即从对多元文化的体认而建立一个整体的世界观。异质文化之间应该彼此沟通与了解，让学生从差异中体会对方的价值，继而相互接纳、尊重，并发展一种和谐的世界观。总之，肯定本民族文化的价值是一个认知起点，"民族"的范围应渐次向外扩展，使学生体认全球各地区不同文化的渊源与特色，以开阔其胸襟，发展和谐的人类整体关系。

结合以上分析，我们认为可以从以下几方面的具体策略出发，完善纳西族学校民族文化传承机制。

一、完善纳西族文化课程开发的机制

（一）确定地方课程、校本课程开发的人本目标，完善课程体系

通过前面的分析可以看出，纳西族地区的现有地方课程、校本课程在保护地方性知识、传承民族文化，以及完善课程体系等方面都有其一定的价值。然而，地方课程、校本课程的"首要目标是关注人的成长，其次才是文化的传承与服务经济发展"①。地方课程的目标不仅仅在于地方文化的保护和传承，更在于使学生健康成长。换言之，地方课程只有真正把关注学生作为整体人的全面发展放在首位，才会改变其二元对立的研究局面，也才能从根本上实现其保护地方知识、传承民族文化、服务地方经济及完善课程体系的目标。因此，教材内容的编辑，应从学生的立场出发，无论教材结构还是文字撰写均应符合儿童和青少年的认知发展阶段特征。为了增加教材的趣味性，可考虑采取漫画的形态，以提高学生的学习动机。

（二）形成课程开发团队，使一线教师成为开发主体

良好的课程开发团队应是政策决策者、专家、教师甚至学生组成的合力集合体。为此，要把握新课程改革提供的有利条件，充分利用纳西族地区的各种课程资源，进一步探索地方与学校层面的课程开发，注重教师在课程开发中的作用，使之成为民族文化课程开发的主体。换言之，作为"局外人"的专家在进行地方课程开发的过程中，需借助"文化持有者的内部眼界"（the native's point of view），尽可能地使课程开发者与课程消费者达成一致，最直接、最本真地反映本土知识，避免"局外人"所带来的强势文化对地方课程的"殖民"。通过地方课程和校本课程的补充学习，教会学生通过观察、体验及探究了解和参与生活，会用历史的、辩证的眼光对待自己民族的历史文化传统，接受优秀传统，评判现实问题，并通过合作学习，了解本民族文化的演变过程，体验在

---

① 王鉴，安富海 . 2008. 我国地方课程研究的回顾与反思 . 西北师大学报（社会科学版），（6）：71～76.

民族生活中个人和社会的关系，从而不断提高参与社会实践及自主学习的能力。

（三）正确处理好地方课程、校本课程与国家课程的关系

国家课程中也会涉及一些不同民族文化的内容，因此，在保持地方课程、校本课程之间的必要张力的原则之下，通过多种途径将地方课程、校本课程和国家课程有机结合起来，"不能将地方课程简单地视为国家课程的补充或延伸、深化"①，同时要关注活动课程、潜在课程及非正式课程的作用。一方面，要避免地方课程、校本课程与国家课程的内容叠加甚至重复，另一方面，仅仅依赖地方课程与教材这一载体来展现一个民族源远流长的历史文化、民族记忆显然是不够的。即便是同一个民族生活在不同地区，其文化习俗也是不完全相同的。譬如，东部方言区的纳西族和西部方言区的纳西族，平坝地区的纳西族和山区的纳西族，他们在服饰、风俗、饮食等方面都是存在一些差异的，而校本课程正是这种差异的有力体现者。总之，国家课程、地方课程、校本课程三者应为融为一体，不存在真正意义上的三类独立形态的课程。它们之间不是对立的关系，而是你中有我、我中有你的有机整体，其实质是课程的统一与多样、标准与特色的关系问题。

二、提升教师的多元文化素质

教师的素养是事关纳西族学校教育成败的重要一环。乔治·史宾得勒（George Spendler）曾指出，美国教育中存在这样一种现象："在美国，大多数的教师出生于中等阶级，于是就用中等阶级的是非好坏标准作为教育上的奖惩依据，合乎他们要求的就受到鼓励嘉奖，否则就遭到处罚。"② 纳西族学生跨文化交际能力的养成离不开具有多元文化素质的教师，这里的多元文化在纳西族地区具体指什么呢？有学者按照文化被分享的范围的不同，将文化分为民族独享文化、国家共享文化和人类共享文化。③ 对于这3种文化，班克斯则是用文化认同、民族认同和全球性认同（图7-2）的角度来阐释三者的关系。长期以来，我们只重视对人类共享文化、国家共享文化等普适性程度较高的文化的传承，因此教师也往往是这两种文化的传承者。这一方面能提升受教育者对主流文化的适应力，但同时也会导致他们逐渐疏远自己的民族文化。

---

① 成尚荣.2005.地方课程的开发与建设.中国教育学刊，（12）：23～26.
② 肖川.1990.教育与文化.长沙：湖南教育出版社，43.
③ 巴登尼玛.1996.建设共享文化是民族团结的根本.民族，（4）：12～15.

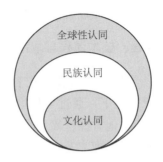

图 7-2　文化、民族和全球认同平衡关系示意图

资料来源：〔美〕班克斯.2009.文化多样性与教育：基本原理、课程与教学.荀渊译.
上海：华东师范大学出版社，28

　　班克斯对于多元民主社会的公民有这样的理想期待："他们应该能够维持对自身文化共同体的忠诚，同样也应该积极参与到共享的国家文化之中。"因为"没有多样性的统一性导致的是文化独裁主义和霸权主义，缺乏统一性的多样性则会导致文化的割据和民族国家的分裂……多样性和统一性共存于完美的平衡之中"。因此，多元文化教师应具有多重身份，其是民族文化的继承者、传播者，也是反思者、创造者。[①] 多元文化教师应随时因社区环境的变迁和学生的需求，调整教材内容和方法，以促进课程发展。在教学上，多元文化教师应调整传统授课方式，设计情境、提出问题，让学生有主动学习的机会，进入社区进行观察、访谈、调研，甚至运用社会行动的模式或者表演教学法，让学生参与社区文化的改造，或让其有成果展示和展演的机会，从而使民族文化传承更具主观意义。此外，建立纳西族文化专业师资人才档案与民族文化传承教学咨询中心，加强师资培训机构对教师多元文化素质的训练等，也都是亟待改进的重点。尤其需要指出的是，民族文化传承并非仅仅是少数教师的专责，而是全体教师共同的任务。因此，教师多元文化素质的提升要从师范院校的培养做起。

三、利用学科课堂教学拓展纳西族文化的渗透空间

　　如前所述，将纳西族文化融进课堂，通过学科渗透教学传承民族文化不失为一种很好的学校教育传承民族文化的方式。在这方面，纳西族学校还有很长

---

　　① 〔美〕班克斯.2009.文化多样性与教育：基本原理、课程与教学.荀渊译.上海：华东师范大学出版社，22～23.

的路要走，而贵州的一些中小学的做法可资借鉴：把民族文化与国家教材相结合，如在《民族民间数学情景案例》中，就把侗族织机、鞋垫及木凳等生活物品引入数学课程。请看下面的案例①：

案例 1：少数民族鞋垫与全等三角形

授课地点：贵州省榕江县某中学

授课教师：彭老师

授课过程：

知识点：全等三角形的应用

教学情境：出示下面（图 7-3）的图片

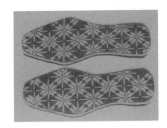

图 7-3 榕江县侗族人的手工鞋垫

资料来源：田应迁.2011.中等职业教育与民族社区共生发展研究.

重庆：西南大学博士学位论文，45

在我们农村少数民族姑娘们都绣有美丽图案的鞋垫。看到这些图案（图 7-3），你联想到一些什么数学问题？

提出问题：

问题 1：下面对该鞋垫的局部放大图案（图 7-4），它是轴对称图形吗？是中心对称图形吗？

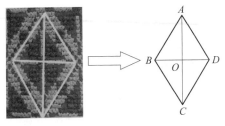

图 7-4 鞋垫的局部放大图案与图案中包含的几何图形

资料来源：田应迁.2011.中等职业教育与民族社区共生发展研究.

重庆：西南大学博士学位论文，46

① 田应迁.2011.中等职业教育与民族社区共生发展研究.重庆：西南大学博士学位论文，45～49.

问题2：如图7-4右半部分所示，图中共有多少个三角形？全等的三角形有几对？全等的直角三角形有几对？

问题3：如图7-5右侧所示，已知菱形 $ABCD$ 的对角线 AC 与 BD 交于点 O，点 E、F 分别是 AB、CD 的中点，连接 OE、OF。请问：

（1）OE 与 OF 有什么大小关系？

（2）如果点 E、F 不是 AB、CD 的中点（其他条件不变），那么 OE 与 OF 有什么区别？

回答上述问题并说明理由。

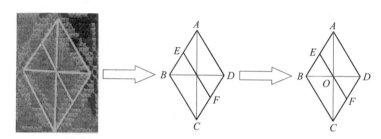

图 7-5　鞋垫的局部放大图案与图案中包含的几何图形

资料来源：田应迁 . 2011. 中等职业教育与民族社区共生发展研究 .

重庆：西南大学博士学位论文，46

（3）如图7-6右半部分所示，已知菱形 $ABCD$ 的面积为16，点 E、F、G、H 分别是 AB、CD、BC、AD 的中点，连接 EF、GH，则与 $\triangle AOE$ 面积相等的三角形有多少个？

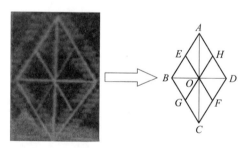

图 7-6　鞋垫的局部放大图案与图案中包含的几何图形

资料来源：田应迁 . 2011. 中等职业教育与民族社区共生发展研究 .

重庆：西南大学博士学位论文，47

解决问题：

问题1解析：是轴对称图形；是中心对称图形。

问题2解析：图中共有8个三角形；全等的三角形有8对；全等的直角

三角形有 6 对。

问题 3 解析：（1）解：$OE=OF$

（2）$OE=OF$，附证明如下：

$\because$ 四边形 $ABCD$ 是菱形，$\therefore AO=CO$　$AB//CD$　$\therefore \angle EAO=\angle FCO$，又 $\because \angle AOE=\angle COF$　$\therefore \triangle AOE \cong \triangle COF$，$\therefore OE=OF$

（3）有 3 个。

案例 2："米升"的奥秘

授课地点：贵州省榕江县某中学

授课教师：粟老师

知识点：棱台

教学背景介绍：

"米升"是贵州少数民族中常见的一种测量颗粒性物质的容积工具（图 7-7），如量米、谷子、黄豆等。它是木匠师傅充分利用正四面棱台的性质制作的，它能帮助人们很快地量出部分颗粒性物质的体积，这给当地的少数民族人们带来了很多的便利。

图 7-7　榕江县侗族人家的"米升"

资料来源：田应迁 . 2011. 中等职业教育与民族社区共生发展研究 .
重庆：西南大学博士学位论文，48

提出问题：

如图 7-8 所示的一个"米升"要多少材料？

若上底面的面积为 a，则上底面的小正方形的面积为多少？按这样分法，第二次得到的小正方形的面积是多少？那么第 n 次呢？

正四棱台的容积为定值（1 升）时，那么上底面边长、下底面边长、高有怎样的关系？

解决问题：

令做这样的"米升"所需材料为 A，则

$$A = 5 \times \frac{(17+19) \times 7.8}{2} + 17^2 + \frac{(17+19) \times 7.8}{4}$$
$$= 1061.2 \ (\text{cm}^2)^{①}$$

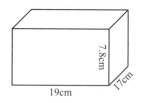

图 7-8　"米升"的剖面图

资料来源：田应迁．2011．中等职业教育与民族社区共生发展研究．
重庆：西南大学博士学位论文，48

案例3：侗族木凳中的几何图形

授课地点：贵州省榕江某中学

授课教师：石老师

知识点：棱台

教学情境介绍：

侗族主要分布在贵州省、湖南省和广西壮族自治区毗邻的地区，其中贵州省黔东南苗族侗族自治州是主要聚居地，侗族的妇女喜欢种棉花，自织布、染布。侗族人身上穿的衣服都是自己做的，她们从上山采集开始制作布匹，一直到最后的加工成衣服。图7-9就是侗族妇女纺纱的机器和木凳，从中我们会发现很多几何图形。例如，放刹车的旋转部分外形呈八边形，木凳的外形抽象出来的是等腰梯形，它的图案是轴对称图形，木凳的

图 7-9　侗族人家的纺纱机器和木登

资料来源：田应迁．2011．中等职业教育与民族社区共生发展研究．
重庆：西南大学博士学位论文，49

---

① 其他问题解答略。

正面刻有一个扇形的图形等。

　　提出问题：

　　问题：从侗族妇女纺织用的木凳外观上我们抽象出了怎样的几何体？它的三视图分别是什么图形？

　　另外，石老师还利用木凳和纺机抽象出的图形，讲解了一些数学题。

可见，以上案例都很合宜地将贵州侗族地区常见的鞋垫等融进了数学课堂，这样的课程素材取自学生生活，使本来略显枯燥的数学课变得生动而贴近实际，会让当地学生觉得熟悉，从而有了学习的兴趣，是一种非常值得推崇的民族文化进校园的方式。如前所述，部分纳西族数学教师，尤其是在小学阶段，也有意识地运用纳西族族文化充当教学素材来渗透民族文化传承，可是这种结合有待进一步加强。纳西族地区类似的民族文化资源也很丰富，比如，古建筑木楞房的结构图、羊皮披肩的设计等，这方面可借鉴贵州的一些做法。

四、秉持公正、合理、科学的纳西族文化传承原则

将纳西族文化纳入校园传承，无论是课程开发还是课堂教学都应考虑学生的学习特点，从内容到方法再到评价体系，应建立一套公正、合理和科学的标准。

首先，从教材内容来看，应均衡选择纳西族历史性和现代性相结合的民族文化，以避免将民族文化教学变得形同"复古"教育。在教材编制上，应打破以各区、县、乡镇为本位的格局，采取跨区、跨校或结合地理位置相近区域的方式（如包括迪庆藏族自治州三坝乡在内的纳西族山区、囊括玉龙县与古城区的坝区）来编写教材，从而使学习者有开阔、完整的视野，并避免陷入地方主义的泥沼。

其次，从保障体系来看，要多渠道筹集资金，以满足民族文化传承教学的各项支出。这方面如能充分利用丽江当地旅游业发达的优势，与大企业、旅游公司联合以争取其投资是不错的选择。

再次，在评价制度上尝试作出有利于民族文化传承的改革。例如，在评优及绩效工资等方面给予民族文化兼职教师以适当的加分照顾，将民族文化纳入各级考试范围等都是可资利用的举措。

五、建构研-发-教一体化的纳西族文化学校教育传承体系

纳西族学校民族文化传承与主流文化的传承在本质上是相通的，即都在于

对纳西族学生个体的"育"上。因此，可借鉴纳西族传统文化对于纳西族人的濡化教育功能，构建集 R-D-E 式的传承体系，即研究（research）、开发（development）、教学（education）为一体的纳西族文化学校教育传承体系，从而使这种传承成为"种子式""基因式"传承。首先，从研发层面看，光靠一线教师及纳西族文化土专家显然是不够的，可考虑依托高校、科研机构进行从教材到教学方式等的相关研究与开发。其次，从师资层面看，要"培养"与"培训"并举。即要从师范教育的源头抓起，可在师范类、民族类院校开设民族文化的特长班。在这方面，云南民族大学已有尝试，值得推广，且步伐还可加大。最后，从良好的学校环境营造方面来看，纳西族学校教育改革应强调学校与社区结合，构建所谓的"学校社区化，社区学校化"① 的民族文化传承体系，打破学校与社区的有形隔离，将教室、校园的范围无限扩张，将课程教学从狭窄的教科书中解放出来，变社区为资源教室，纳纳西族文化为教学取材。

---

① 谭光鼎，刘美慧，游美惠．2008．多元文化教育．台北：高等教育文化事业有限公司，210.

结　语

　　一个民族如果对自己民族的历史和文化中断了记忆，如果不爱惜自己民族的文化和传统的话，那就注定要受到历史的惩罚。[①] 当下，现代化进程对纳西族传统文化及其传承方式，更多提出的是改革与扬弃的要求；对于现代纳西族学校教育系统而言，现代化更多提出的则是完善与发展的要求。而纳西族教育的现代化是纳西族现代化进程的一个重要方面。与此同时，纳西族学校系统将在现代化进程中肩负重任。因此，如何处理纳西族学校教育中普适科学文化知识传授与纳西族文化传承二者的关系，便是一个具有重要现实意义的问题。而这一问题的实质是纳西族在现代化进程中如何处理传统与现代的关系问题，即如何在保持自身民族特色的前提下，实现民族的现代化。从这个意义上讲，寻找纳西族学校普适的科学文化基础知识传授与纳西族传统文化传承的平衡点，理清二者的关系特别是通过学校教育传承纳西族文化的机制，并进一步挖掘和拓展纳西族学校民族文化传承的原理与策略，也是一个具有重要理论意义的问题。

　　本书尝试对这一问题作出了回答。通过文献梳理，可以看出，纳西族传统文化有其自身的特征和教育功能，在历史上，纳西族传统文化正是在对纳西族人的濡化教育中，实现了自身的传承。然而，现代化进程打破了纳西族传统文化传承的固定空间，使其生存和发展面临着困境。而以传承文化为己任的学校教育理应承担起这一重任，因此，将纳西族传统文化纳入学校传承便成为必要。本书通过对纳西族学校民族文化传承现状、机制，以及存在问题进行充分考察和论证的基础上，认为坚持以学校教育为中心，家庭教育、社区教育为两翼，通过学校内外部要素间的合力互动传承民族文化是应然的选择。通过对国内外相关理论的思考与经验借鉴，本书提出要秉持公正、合理、科学的原则，构建研究、开发、教学为一体的 R-D-E 式纳西族学校民族文化传承体系。

---

　　① 邵龙宝.2001.全球化与"文化自觉"及其教育.社会科学，(10)：52～56.

　　本书的研究对象尽管仅限于纳西族学校教育中民族文化传承的相关问题，然而该问题也是其他少数民族在现代化进程中同样要面临的。因此，本书的一些结论和观点有一定的普适性，对我国少数民族教育可能会有一定的理论和实践上的贡献。要探讨纳西族学校教育中纳西族传统文化传承与普适科学文化知识传授间的关系，则需对前者有较清晰地把握。然而，由于纳西族传统文化是一个庞杂的系统，涉及内容繁多，再加上时间所限，笔者颇感对其把握不够。本书尝试从多学科的视角对纳西族学校民族文化传承机制加以论证，但限于现有研究条件与笔者研究能力，致使许多论证不够充分、深入。本书认为，通过学校教育传承民族文化其本身就是一项长期性的工程，且具有一定的有限性，需要不断地探索、研究与总结，方能提高其实效性。

参考文献

〔法〕埃德加·莫兰.1999.迷失的范式：人性研究.陈一壮译.北京：北京大学出版社.

〔英〕安东尼·吉登斯.1998.现代性与自我认同.赵旭东等译.北京：生活·读书·新知三联书店.

巴登尼玛.1996.建设共享文化是民族团结的根本.民族，（4）：12～15.

巴登尼玛.2000.文明的困惑——藏族教育之路.成都：四川民族出版社.

〔美〕班克斯.2009.文化多样性与教育：基本原理、课程与教学.荀渊译.上海：华东师范大学出版社.

宝玉柱.2009.民族教育研究.北京：中央民族大学出版社.

〔美〕本尼迪克特.2005.菊花与刀——日本文化的诸模式.孙志民等译.北京：九州出版社.

〔美〕本尼迪克特.2009.文化模式.王炜等译.北京：社会科学文献出版社.

卜金荣.1999.纳西东巴文化要籍及传承概览.昆明：云南民族出版.

曹能秀，王凌.2007.少数民族地区的学校教育和民族文化传承.云南师范大学学报（哲学社会科学版），（2）：62～68.

曹能秀，王凌.2010.试论教育中的少数民族文化传承面临的问题与挑战.当代教育与文化，（1）：14～18.

陈友松.1982.当代西方教育哲学.北京：教育科学出版社.

成尚荣.2005.地方课程的开发与建设.中国教育学刊，（12）：23～26.

崔延虎.2003.跨文化交际教育：民族教育若干问题探讨——教育人类学的认识.新疆师范大学学报（哲学社会科学版），（2）：67～73.

〔加〕大卫·杰弗里·史密斯.2000.全球化与后现代教育学.郭洋生译.北京：教育科学出版社.

〔美〕戴森.1998.全方位的无限：生命为什么如此复杂.李笃中译.北京：生活·读书·新知三联书店.

〔美〕恩伯.1988.文化的变异——现代文化人类学通论.杜杉杉译.沈阳：辽宁人民出版社.

〔德〕恩斯特·卡西尔.2004.人论.甘阳译.上海：上海文艺出版社.

方国瑜.1944.麽些民族考//中山文化教育馆研究部民族问题研究室编.民族学研究集刊（第

四期）．上海：商务印书馆，86～93.

方国瑜．1981.纳西象形文字谱．昆明：云南人民出版社.

方国瑜．1998.白狼歌诗概说//方国瑜主编，徐文德，木芹纂录校订．云南史料丛刊（第一卷）．昆明：云南大学出版社，8～12.

〔美〕菲利普·巴格比．1987.文化，历史的投资．夏克等译．上海：上海人民出版社.

费孝通．1981.民族与社会．北京：人民出版社.

费孝通．1997.跨文化的"席明纳"——人文价值再思考之二．读书，（10）：3～9.

费孝通．2003.中华民族多元一体格局（修订本）．北京：中央民族大学出版社.

费孝通，刘豪兴．2009.文化的生与死．上海：上海人民出版社.

冯建军．2003.教育研究范式：从二元对立到多元整合．教育理论与实践，（10）：9～12.

冯增俊．2001.教育人类学．南京：江苏教育出版社.

〔英〕弗雷泽．1998.金枝——宗教与巫术之研究．徐育新等译．北京：大众文艺出版社.

〔美〕盖尔曼．2000.夸克与美洲豹：简单性和复杂性的奇遇．杨建邺等译．长沙：湖南科技出版社.

高发元．1990.中国西南少数民族道德研究．昆明：云南民族出版社.

戈阿干．1991.古纳西象形文舞谱及其谱源探考//郭大烈，杨世光编．东巴文化论．昆明：云南人民出版社，580～599.

顾明远．1997.为了未来的教育//朱永新，徐亚东主编．中国教育家展望21世纪．太原：山西教育出版社，2～3.

郭大烈，和志武．1994.纳西族史．成都：四川民族出版社.

郭大烈，周智生．2006.家住长江第一湾的纳西族．武汉：湖北教育出版社.

郭大烈．1987.纳西族民间文学//赵志忠．中国民族民间文学（下册）．北京：中央民族学院出版社，513～516.

郭大烈．1999.纳西族文化大观．昆明：云南民族出版社.

郭大烈．2001.纳西族传统文化及其保护．云南社会科学，（6）：52～55.

郭大烈．2008.略论纳西族心理素质特点及其变异因素//郭大烈．郭大烈纳西学论集．北京：民族出版社，1～8.

郭大烈．2008.纳西族传统文化模式探微//郭大烈．郭大烈纳西学论集．北京：民族出版社，22～32.

哈经雄，滕星．2001.民族教育学通论．北京：教育科学出版社.

《汉语大字典》编辑委员会．1986.汉语大字典．成都：四川辞书出版社，武汉：湖北辞书出版社.

何志魁，张诗亚．2008.人的早产与教育起源——兼评理查德·利基《人类的起源》的教育价值．教育学报，（4）：69～72.

和品正．1991.纳西族羊皮服饰的崇拜寓意//郭大烈，杨世光编．东巴文化论．昆明：云南人民出版社，314～315.

和少英.2000.纳西族文化史.昆明：云南民族出版社.

和永，张春艳编.2006.纳西文化知识读本.昆明：云南美术出版社.

和志武.1994.纳西东巴经选译.昆明：云南人民出版社.

和钟华.2008.纳西文化三类型//和钟华.和钟华纳西学论集.北京：民族出版社，1～5.

河清.1999.民族——"我出生"之地.读书，(4)：139～144.

〔德〕黑格尔.1963.历史哲学.王造时译.北京：商务印书馆.

黄光成.2006.云南民族文化纵横探.北京：科学出版社.

黄淑聘，龚佩华.2004.文化人类学理论方法研究.广州：广东高等教育出版社.

金志远.2009.新一轮课程改革背景下少数民族文化传承与民族基础教育课程改革.民族教育
　　研究，(5)：53～59.

井祥贵，卢立涛.2010.纳西族勒巴舞的文化内涵及教育启示.四川民族学院学报，(6)：37～
　　40.

井祥贵.2011.学校教育视野下的民族文化传承研究.民族教育研究，(5)：104～107.

〔俄〕康·德·乌申斯基.2007.人是教育的对象——教育人类学初探（上）.郑文樾译.北
　　京：人民教育出版社.

〔德〕康德.1987.实用人类学.邓晓芒译.重庆：重庆出版社.

〔美〕克莱德·克鲁克洪等.1986.文化与个人.何维凌等译.杭州：浙江人民出版社.

〔德〕克里斯托夫·武尔夫.2009.教育人类学.张志坤译.北京：教育科学出版社.

〔美〕克利福德·格尔茨.2008.文化的解释.韩莉译.南京：译林出版社.

〔美〕拉尔夫·林顿.2007.人格的文化背景：文化、社会与个体关系之研究.于闽梅，陈学
　　晶译.桂林：广西师范大学出版社.

〔德〕兰德曼.1988.哲学人类学.阎嘉译.贵阳：贵州人民出版社.

李近春.1986.丽江纳西族的文化习俗和宗教信仰//《纳西族社会历史调查》编写组编.纳西
　　族社会历史调查（二）.昆明：云南民族出版社，83～89.

李静生.1991.论纳西哥巴文的性质//郭大烈，杨世光编.东巴文化论.昆明：云南人民出版
　　社，131～150.

李鹏程.2003.当代西方文化研究新词典.长春：吉林人民出版社.

李姗泽.2003.少数民族教育困境与对策思考——以沾益县炎方乡苗族学校教育为例.中国教
　　育学刊，(9)：9～12.

李绍明.1981.康南石板墓族属初探——兼论纳西族的族源.思想战线，(6)：70～76.

李有恒.1981.云南丽江盆地一个第四纪哺乳类化石地点.古脊椎动物与古人类，(2)：143～
　　149.

〔英〕理查德·利基.2007.人类的起源.吴汝康等译.上海：上海科学技术出版社.

梁漱溟.2010.东西文化及其哲学.北京：商务印书馆.

廖冬梅，张诗亚.2006.丽江的旅游开发对传统纳西文化传承的影响.民族教育研究，（4）：
　　85～89.

廖冬梅.2006.节日的教育功能探析——以云南纳西族的"二·八"节为例.重庆：西南大学
　　博士学位论文.

林本.1974.现代的理想中学生.台北：台湾开明书店印行.

刘尧汉.1985.中国文明源头新探——道家与彝族宇宙观.昆明：云南人民出版社.

刘正发.2007.凉山彝族家支文化传承的教育人类学研究.北京：中央民族大学博士学位论
　　文.

陆谷孙.2007.英汉大词典（第二版）.上海：上海译文出版社.

吕虹.2005.振兴贵州民族民间歌舞戏剧文化创造多元化民族文化生态圈.贵州民族研究，
　　（6）：157～160.

〔美〕罗伯逊.2000.全球化：社会理论与全球化.梁光严译.上海：上海人民出版社.

马骥雄.1991.战后美国教育研究.南昌：江西教育出版社.

〔德〕马克斯·舍勒.1999.人在宇宙中的地位.陈泽环等译.北京：北京大学出版社.

〔英〕马林诺夫斯基.1986.巫术、科学、宗教与神话.李安宅译.北京：中国民间文艺出版
　　社.

〔美〕马维·哈里斯.1989.人·文化·生境.许苏明编译.太原：山西人民出版社.

〔美〕玛格丽特·米德.1988.代沟.曾胡译.北京：光明日报出版社.

么加利.2007.西南民族地区校内外教育系统功能研究.西南大学学报（社会科学版），（3）：
　　59～63.

孟凡丽.2003.多元文化背景中地方课程开发研究.兰州：西北师范大学博士学位论文.

孟凡丽.2003.国外多元文化课程开发模式的演进及其启示.比较教育研究，（2）：28～33.

〔法〕米歇尔·福柯.2003.规训与惩罚：监狱的诞生.刘北成，杨远樱译.北京：生活·读
　　书·新知三联书店.

木丽春.2005.东巴文化揭秘.昆明：云南人民出版社.

《纳西族简史》编写组.2008.纳西族简史.北京：民族出版社.

《纳西族社会历史调查》编写组.1986.纳西族社会历史调查（二）.昆明：云南民族出版社.

倪胜利，张诗亚.2006.回归教育之道.中国教育学刊，（9）：5～8.

倪胜利.2006.大德曰生——教育世界的生命原理.桂林：广西师范大学出版社.

倪胜利.2010.西南民族智力资源可持续发展的教育文化战略.民族教育研究，（5）：10～14.

倪胜利.2011.教育文化论纲.重庆：重庆大学出版社.

潘光旦.1997.演化论与几个当代的问题//潘乃穆，潘乃和编.潘光旦文集（第五卷）.北
　　京：北京大学出版社，36～48.

潘乃谷.2000.潘光旦释"位育".西北民族研究，（1）：3～15.

庞朴.1988.文化的民族性与时代性.北京：中国和平出版社.

钱民辉 . 2004. 教育社会学——现代性的思考与建构 . 北京：北京大学出版社 .

钱穆 . 2009. 文化与教育 . 北京：生活·读书·新知三联书店 .

任乃强 . 1984. 羌族源流探索 . 重庆：重庆出版社 .

任维愈 . 1981. 宗教词典 . 上海：上海辞书出版社 .

邵龙宝 . 2001. 全球化与"文化自觉"及其教育 . 社会科学，（10）：52～56.

司马迁 . 2005. 史记 . 上海：上海古籍出版社 .

《四川省纳西族社会历史调查》编写组 . 1987. 四川省纳西族社会历史调查 . 成都：四川省社会科学院出版社 .

宋治民 . 1985. 四川西部石棺葬和大石墓的几个问题//中国考古学会 . 中国考古学会第四次年会论文集 . 北京：文物出版社，225～235.

苏国勋，张旅平，夏光 . 2006. 全球化：文化冲突与共生 . 北京：社会科学文献出版社 .

〔苏联〕苏赫姆林斯基 . 1981. 帕夫雷什中学 . 赵玮等译 . 北京：教育科学出版社 .

谭光鼎，刘美慧，游美惠 . 2008. 多元文化教育 . 台北：高等教育文化事业有限公司 .

滕星 . 2002. 族群、文化与教育 . 北京：民族出版社 .

滕星 . 2009. 多元文化教育——全球多元文化社会的政策与实践 . 北京：民族出版社 .

田应迁 . 2011. 中等职业教育与民族社区共生发展研究 . 重庆：西南大学博士学位论文 .

〔美〕托马斯·哈定等 . 1987. 文化与进化 . 韩建军，商戈令译 . 杭州：浙江人民出版社 .

汪宁生 . 1980. 云南考古 . 昆明：云南人民出版社 .

汪宁生 . 1981. 纳西族源于羌人之新证 . 思想战线，（5）：34～41.

王承绪，徐辉 . 1992. 战后英国教育研究 . 南昌：江西教育出版社 .

王道俊，王汉澜 . 1999. 教育学：新编本 . 北京：人民教育出版社 .

王红艳 . 1999. 加拿大印第安人教育的论述 . 西安交通大学学报（社会科学版），（3）：25～30.

王鉴，安富海 . 2008. 我国地方课程研究的回顾与反思 . 西北师大学报（社会科学版），（11）：71～76.

王鉴，万明钢 . 2005. 多元文化教育比较研究 . 北京：民族出版社 .

王鉴 . 2002. 民族教育学 . 兰州：甘肃教育出版社 .

王鉴 . 2006. 我国民族地区地方课程开发研究 . 教育研究，（4）：24～27.

王军，平山求 . 1995. 日本的"异文化间教育"研究 . 民族教育研究，（2）：88～91.

王军 . 2007. 教育民族学 . 北京：中央民族大学出版社 .

王明达，张锡禄 . 1994. 马帮文化 . 昆明：云南人民出版社 .

〔法〕维克多·埃尔 . 1988. 文化概念 . 康新文等译 . 上海：上海人民出版社 .

吴晓蓉，张诗亚 . 2011. 贵州省民族文化进校园的教育人类学考察 . 民族教育研究，（3）：10～14.

吴泽霖 . 1991. 麽些人社会组织和宗教信仰//吴泽霖 . 吴泽霖民族研究文集 . 北京：民族出版

社，155～178.

习煜华，杨逸天.1991.从东巴经中的藏语借词看藏族宗教对东巴教的影响//郭大烈，杨世光编.东巴文化论.昆明：云南人民出版社，158～162.

袭友德等.1986.云南少数民族的石崇拜//云南省社会科学院宗教研究所编.宗教论稿.昆明：云南人民出版社，26～35.

项贤明.2004.泛教育论——广义教育学的初步探索.太原：山西教育出版社.

肖川.1990.教育与文化.长沙：湖南教育出版社.

徐万邦，祁庆富.1997.中国少数民族文化通论.北京：中央民族大学出版社.

徐子宏译注.1991.周易全译.贵阳：贵州人民出版社.

〔美〕许烺光.1990.宗族·种姓·俱乐部.薛刚译.北京：华夏出版社.

严汝娴等.1984.永宁纳西族的母系制.昆明：云南人民出版社.

杨福泉.1991.西方纳西东巴文化研究述评.云南社会科学，(4)：55～61.

杨福泉.2006.纳西族文化史论.昆明：云南大学出版社.

杨杰宏，张玉琴.2009.东巴文化在学校传承现状调查与研究.民族艺术研究，(6)：79～86.

杨杰宏.2002.纳西族的图腾崇拜及其传承关系//白庚胜，和自兴编.玉振金声探东巴——国际东巴文化艺术学术研讨会论文集.北京：社会科学出版社，295～307.

姚喜双等.2007.媒体语言对青少年价值观的影响.教育研究，(11)：16～18，24.

叶圣陶，杜草甬，商金林.1989.叶圣陶教育文集.郑州：河南教育出版社.

袁亚愚，徐晓禾编译.1976.当代社会学的研究方法.成都：四川人民出版社.

《云南各族古代史略》编写组.1979.云南各族古代史略.昆明：云南人民出版社.

云南省丽江地区教育委员会.1999.丽江地区教育志.昆明：云南民族出版社.

〔美〕詹姆斯·A·班克斯.1998.多元文化教育概述.李苹绮译.台北：心理出版社.

张冠生.1985.人们现在有一种需要——费孝通教授近期访谈录.博览群书，(4)：4～5，1.

张猛等.1987.人的创世纪——文化人类学的源流.成都：四川人民出版社.

张诗亚.1994.西南民族教育文化溯源.上海：上海教育出版社.

张诗亚.2001.祭坛与讲坛——西南民族宗教教育比较研究.昆明：云南教育出版社.

张诗亚.2005.多元文化与民族教育价值取向.西北师范大学学报（社会科学版），(6)：97.

张诗亚.2005.强化民族认同：数码时代的文化选择.北京：现代教育出版社.

张诗亚.2006."位育"之道——全球化中的华人教育路向.西南师范大学学报（人文社会科学版），(11)：53～55.

张诗亚.2009.共生教育论：西部农村贫困地区教育发展的新思路.当代教育与文化，(1)：55～57.

张增祺.1987."摩沙"源流考略.云南文物，(22)：13～17.

赵钢.2002.地域文化回归与地域特色建筑再创造.建筑与文化，(2)：12～13.

赵世林.1994.民族文化的传承场.云南民族学院学报，(1)：63～69.

赵世林.2002. 云南少数民族文化传承论纲. 昆明：云南民族出版社.

赵中建等编.1994. 比较教育的理论与方法——国外比较教育文选. 北京：人民教育出版社.

郑英杰.2000. 文化的伦理剖析：湘西伦理文化论. 贵阳：贵州民族出版社.

郑金洲.2000. 教育文化学. 北京：人民教育出版社.

中共中央马克思恩格斯列宁斯大林著作编译局.1956. 马克思恩格斯全集（第 1 卷）. 北京：
   人民出版社.

周大鸣等.1990. 现代人类学. 重庆：重庆出版社.

周鸿铎.2005. 教育的本质是主体间的文化传承. 北京：中国纺织出版社.

周德祯.2001. 排湾族教育——民族志之研究. 台北：五图图书出版公司.

庄孔韶.2002. 人类学通论. 太原：山西教育出版社.

〔日〕小林哲也.1977. 多文化教育の比較研究. 福冈：九州大学出版会.

Banks J A. 1994. *Multiethnic Education：Theory and Practice*. Boston：Allyn and Bacon.

Banks J A. 1996. Transformative knowledge, curriculum reform, and action// Banks J A. *Multicultural Education, Transformative Knowledge, and Action：Historical and Contemporary Perspectives*. New York：Teachers College Press.

Banks J A. 1997. Approaches to multicultural curriculum reform//James L. *Multicultural Education in a Global Society*. London：The Falmer Press, 1997.

Beairsto B, Carrigan T. 2004. Imperatives and possibilities for multicultural education. *Education Canada*, （2）：32～38.

Butt K L, Pahnos M L. 1995. Multicultural education：why we need a multicultural focus in our school. *Journal of Physical Education, Rcreation and Dance*, 66（1）：48～53.

Ford D Y. 1999. *Multicultural Gifted Education*. New York：Teachers College Press of Columbia University.

Geertz C. 1993. *The Interpretation of Cultures*. London：Fontana Press.

Grant C A, Ladson-Billing G. 1997. *Dictionary of Multicultural Education*. Phoenix, AZ.：Oryx Press.

Hingginson J H. 1961. The Centenary of an English Pioneer in Comparative Education. *International Review of Education*, 7（3）：286～298.

Kincheloe L, Steinberg R. 1997. Critical multiculturalism：rethinking educational purpose// Kincheloe L, Steinberg R. *Changing Multiculturalism*. Philadelphia：Open University Press.

Mueller J J. 2004. *"It's so much bigger than I realized!"：Identity, Process, Change, and Possibility：Preservice Teachers' Beliefs about Multicultural Education*. University of Michigan.

Serpell R, Hatano G. 1997. Education, schooling, and literacy//Berry J W, Dasen P R,

Saraswathi T S (Eds.) . *Handbook of Cross-Cultural Psychology* (2nd ed., Vol. 2). Boston: Allyn & Bacon, 345~382.

Sonia N. 1996. *Affirming Diversity: The Sociopolitical Context of Multicultural Education*. New York: Longman Publishers.

Thomas E. 2000. *Culture and Schooling: Building Bridges between Research Praxis and Professionalism*. New York: John Wiley & Sons, Ltd.

Whitehead A N. 1929. *The Aims of Education*. New York: Mentor Books.

附　录

附录一　访谈提纲

一、家长访谈提纲

（一）日常生产、生活方面

（1）您有几个孩子？家里的主要收入来源是什么？

（2）您不做农活的时候，一般会干什么？

（3）现在建新房，是水泥房还是木楞房？建筑材料都是从哪来的？

（4）您希望您的孩子将来干什么？孩子放学回家会帮您做一些农活或家务活吗？

（5）您在家和孩子是用纳西语还是汉语讲话？孩子什么时候会穿纳西族服装呢？

（二）对学校教育的态度

（1）您认为您孩子在学校学的东西有用吗？为什么？

（2）您孩子的学习成绩如何？如果有可能，您希望孩子继续读书还是早点去赚钱？

（3）您孩子的老师经常来家访吗？您跟孩子的老师通过什么方式交流呢？

（4）现在孩子上学的费用多吗？孩子平时是住在学校还是每天都回家？

（5）您对学校里开设一些纳西族文化的课（比如，跳东巴舞、唱纳西民歌等）是怎么看的？

（三）风俗、礼仪、信仰等

（1）如果家里有红白喜事或者有人生病，您会去请东巴吗？为什么？

（2）有哪些节日对咱们纳西族来说是很重要的？都怎么过这些节？

（3）纳西族传统的婚礼过程是怎样的？葬礼呢？

（4）您知道纳西族妇女服装上面各部分都代表什么意思吗（比如"七星""羊皮披肩"）？

（5）如果您的孩子跟一个外族人结婚，您是什么态度？

（6）您参加过什么仪式吗（比如，祭天、祭风、祭署等）？能详细介绍一下这些仪式吗？

二、其他人员访谈提纲

（一）教育局行政人员

（1）您对民族文化进校园怎么看？

（2）您觉得在校园里开展民族文化传承活动有困难吗？为什么？

（3）在学校里开展民族文化传承活动，学生家长是什么态度呢？

（4）贵局所辖学校开展民族文化进校园活动的经费来源有哪些？

（5）您觉得若想很好地在学校里传承民族文化，还有哪些工作要做？

（二）校长

（1）贵校的规模（教职工人数、在校生人数）？学生的民族成分有哪些？纳西族学生有多少？

（2）您对民族文化进校园怎么看？

（3）贵校是通过哪几个方面来安排在校园里传承民族文化的？

（4）贵校开展民族文化传承活动，资金来源主要是什么？

（5）您觉得在校园里开展民族文化传承活动有困难吗？为什么？

（6）贵校开展民族文化课的师资问题是怎么解决的？教材呢？

（7）在学校里开展民族文化传承活动，学生家长是什么态度呢？

（8）您觉得若想很好地在学校里传承民族文化，还有哪些工作要做？

附录二　纳西族学校传统文化教育情况调查问卷

尊敬的老师：

　　您好！我们是来自高校的研究人员，为了了解"纳西传统文化在学校的传承情况"，特开展此调查。问卷采用无记名方式，您的回答无正确与错误之分，请在您认为符合事实的选项字母上画"√"。您的认真参与对我们的研究非常重要，衷心感谢您的帮助与支持！

　　您所代科目：_____　　　所带年级：_____　　　其他（行政人员）：

1. 您的性别（　　）

A. 男　　　　　　　B. 女

2. 您的民族（　　）

A. 纳西族　　　　　B. 汉族　　　　　C. 彝族　　　　　D. 傈僳族

E. 其他民族，请补充_____

3. 您的年龄（　　）

A. 25 岁以下　　　B. 26～35 岁　　　C. 36～45 岁　　　D. 46～55 岁

E. 56 岁以上

4. 您的文化程度（包括通过函授、自考等取得的最后学历）（　　）

A. 高中或中专　　B. 大专　　　　　C. 本科　　　　　D. 研究生

E. 其他

5. 您的学校所在地属于（　　）

A. 村寨　　　　　　B. 乡镇　　　　　C. 县城　　　　　D. 市区

6. 贵校纳西族学生所占比例约为（　　）

A. 20％以下　　　B. 21％～40％　　C. 41％～60％　　D. 61％～80％

E. 81％以上

7. 您任教的班级纳西族学生中能听懂纳西语的学生比例约为（　　）

A. 20％以下　　　B. 21％～40％　　C. 41％～60％　　D. 61％～80％

E. 81％以上

8. 您认为作为一个纳西人，需要（　　）〔可多选〕

A. 懂纳西族的语言与文字　　　　　B. 懂纳西族的音乐与舞蹈

C. 懂纳西族的风俗习惯　　　　　　D. 同汉族没什么差别

E. 没考虑过此问题　　　　　　　　　F. 其他，请补充＿＿＿＿＿＿＿

9. 对于学校开设纳西族母语课程，您的态度是（　　　）

A. 非常支持　　　　B. 支持　　　　　C. 无所谓　　　　　D. 反对

E. 非常反对

10. 如果每周除开设纳西族母语课以外，再开设其他纳西族文化课程，你的态度是（　　　）

A. 非常支持　　　　B. 支持　　　　　C. 无所谓　　　　　D. 反对

E. 非常反对

11. 您若支持学校开设纳西族文化课（若您不支持，此题免做），理由是（　　　）［可多选］

A. 利于纳西族传统文化传承　　　　B. 利于体现学校的办学特色

C. 利于满足学生的兴趣需求　　　　D. 利于促进学生其他科目学习

E. 利于丰富校园文化生活　　　　　F. 利于使学生成为一个真正的纳西族人

G. 利于学生将来找工作、赚钱　　　H. 其他

12. 若在音乐课上花时间唱纳西族歌曲，您的态度是（　　　）

A. 非常支持　　　　B. 支持　　　　　C. 无所谓　　　　　D. 反对

E. 非常反对

13. 若在体育课上花时间跳东巴舞（勒巴舞），您的态度是（　　　）

A. 非常支持　　　　B. 支持　　　　　C. 无所谓　　　　　D. 反对

E. 非常反对

14. 若在美术课上教画一些纳西族的物品，手工课上学纳西族传统技艺，您的态度是（　　　）

A. 非常支持　　　　B. 支持　　　　　C. 无所谓　　　　　D. 反对

E. 非常反对

15. 贵校开设纳西族文化课程面临的主要困难有（　　　）［请选择最重要的三项］

A. 经费不足　　　　　　　　　　　B. 缺乏政策支持

C. 缺乏指导　　　　　　　　　　　D. 教师不积极

E. 学生没兴趣　　　　　　　　　　F. 学校以升学任务重，无暇顾及

G. 家长不支持　　　　　　　　　　H. 其他

16. 您认为教委等领导部门对于学校开设纳西族文化课的态度是（　　　）

A. 非常支持　　　　B. 支持　　　　　C. 无所谓　　　　　D. 反对

E. 非常反对

17. 目前，学校领导对于开设纳西族文化课的态度是（　　）

A. 非常支持　　　B. 支持　　　C. 无所谓　　　D. 反对

E. 非常反对

18. 您认为家长对学校开设纳西族文化课的态度是（　　）

A. 非常支持　　　B. 支持　　　C. 无所谓　　　D. 反对

E. 非常反对

19. 您认为纳西族学生对学校开设纳西族文化课的态度是（　　）

A. 非常支持　　　B. 支持　　　C. 无所谓　　　D. 反对

E. 非常反对

20. 您认为非纳西族学生对学校开设纳西族文化课的态度是（　　）

A. 非常支持　　　B. 支持　　　C. 无所谓　　　D. 反对

E. 非常反对

21. 贵校请校外的纳西族文化传承人来兼职传授纳西族传统文化，您的态度
是（　　）

A. 非常支持　　　B. 支持　　　C. 无所谓　　　D. 反对

E. 非常反对

22. 在平时的教学中，除了教材，您能够利用当地的民族文化课程资源吗？
（　　）

A. 大量的运用　　B. 经常用　　　C. 有时会用　　　D. 不用

23. 您是否愿意在校本课程开发的过程中利用纳西族传统文化资源呢？（　　）

A. 非常愿意　　　B. 愿意　　　C. 不愿意　　　D. 无所谓

24. 您参加过纳西族传统文化知识的培训吗？（　　）

A. 参加过很多次　B. 很少参加　　C. 没有参加过

25. 您觉得学校开展"民族文化进校园"活动，会影响学生其他科目的学习
吗？（　　）

A. 影响很大　　　　　　　　B. 有些影响

C. 不影响　　　　　　　　　D. 利于其他科目学习

26. 您觉得利用民族文化资源进行校本课程开发有利于您的专业素质提高
吗？（　　）

A. 很有利　　　　　　　　　B. 有利

C. 有一些　　　　　　　　　D. 不利于专业素质提高

27. 您经常与当地在民族文化方面有经验的人士交流吗？（　　）

A. 经常交流　　　B. 偶尔交流　　　C. 很少交流　　　D. 从未交流

28. 您认为把民族传统文化引入校园中有利于民族文化传承吗？（　　）

A. 很有利　　　B. 有利　　　C. 不一定　　　D. 不利

29. 您认为哪种途径更利于纳西族传统文化的传承？（　　）

A. 学校教育　　　B. 家庭教育　　　C. 社区教育　　　D. 大众传媒

E. 其他途径＿＿＿＿＿＿＿

30. 您认为纳西族学校传承纳西族传统文化有哪些价值？［请简要作出您自己的回答］

（问卷到此结束，再次真诚感谢您的参与！祝您工作顺利，身体健康！）

附录三　纳西族学校传统文化教育情况调查问卷

亲爱的同学：

你好！我们是来自高校的老师，为了解"纳西族传统文化在学校中的传承情况"，特开展此调查。问卷采用无记名方式，你的回答无正确与错误之分，请在你认为符合事实的选项数字上画"√"。你的认真参与对我们的研究非常重要，衷心感谢你的帮助与支持！

你的基本信息：

年级：＿＿＿＿＿＿　年龄：＿＿＿＿＿＿　性别：＿＿＿＿＿＿　民族：＿＿＿＿＿＿

1. 你的家在（　　）

A. 村寨　　　B. 乡镇驻地　　　C. 县城　　　D. 市区

2. 你通过哪种形式在该校读书？（　　）

A. 寄宿在学校　　　B. 走读

3. 你会因为自己是纳西族（或其他少数民族）而感到自豪吗？（　　）［若你是汉族此题可跳过］

A. 会　　　B. 不会　　　C. 没考虑过这个问题

4. 你了解本民族的传统习俗、节日吗？（如婚丧嫁娶、各种禁忌、礼仪节庆等）（　　）

A. 熟悉　　　B. 了解大部分　　　C. 了解一些　　　D. 了解很少

E. 不了解

5. 你了解本民族的传统饮食、手工艺、服饰、建筑及其制作吗?（　　）

A. 熟悉　　　　　B. 了解大部分　　C. 了解一些　　　D. 了解很少

E. 不了解

6. 你了解本民族的宗教信仰及活动吗?（比如，各种祭祀活动、仪式等)（　　）

A. 熟悉　　　　　B. 了解大部分　　C. 了解一些　　　D. 了解很少

E. 不了解

7. 你经常讲本民族的语言吗?（　　）

A. 大部分时候使用本民族语言

B. 使用本民族语言的时间多于其他语言

C. 使用本民族语言的时间和其他语言差不多

D. 使用本民族语言的时间少于其他语言

8. 你喜欢住本民族的传统房屋，佩戴本民族的服饰吗?（　　）

A. 非常愿意　　　B. 愿意　　　　　C. 不太愿意　　　D. 不愿意

E. 无所谓

9. 你认为本民族的传统文化有必要得到传承与保护吗?（　　）

A. 非常必要　　　B. 必要　　　　　C. 没有必要　　　D. 无所谓

10. 你认为对本民族传统文化传承的最好方式是什么?（　　）

A. 家庭传承　　　B. 社区传承　　　C. 学校传承　　　D. 大众传媒传承（网络、影视、书刊等)

11. 你获得关于少数民族（包括自己民族和其他民族）文化知识的途径是（　　）

A. 学校课程　　　　　　　　　B. 自己的生活环境

C. 家长和长辈　　　　　　　　D. 自学查阅资料

E. 网络

12. 你们学校经常开展具有民族特色的活动吗?（　　）

A. 经常开展　　　B. 偶尔会开展　　C. 从来不开展

13. 你对学校已经开设的这些有关民族文化知识的课程感兴趣吗?（　　）

A. 很感兴趣　　　B. 感兴趣　　　　C. 不太感兴趣　　D. 不感兴趣

14. 你们学校都开展了哪些方面的民族传统文化传承活动?（　　）［可多选］

A. 语言文字（双语教育)　　　　B. 民族舞蹈

C. 民族音乐　　　D. 美术课　　　E. 其他

15. 除了学校开设的乡土教材，你主要会在什么课上学到有关民族文化方面

的知识？（　　）〔可多选〕

　　A. 语数外　　　　　B. 政史地　　　　　C. 音体美　　　　　D. 理化生

16. 你觉得通过学习民族文化方面的知识有助于增进对本民族的了解吗？
（　　）

　　A. 非常有帮助　　B. 有帮助　　　　C. 不太有帮助　　D. 没有帮助

17. 你觉得学习本民族的传统文化知识会影响其他科目的学习吗？（　　）

　　A. 不影响　　　　　　　　　　B. 有些影响

　　C. 影响很大　　　　　　　　　D. 利于其他科目的学习

18. 你觉得哪些方面本民族与汉族（或其他少数民族）区别较大？（　　）
〔可多选〕

　　A. 语言　　　　　　　　　　　B. 建筑、服饰

　　C. 风俗、信仰　　　　　　　　D. 没考虑过这个问题

19. 除了学校教育，你觉得哪些方面对你成长的影响较大？（　　）〔可多选〕

　　A. 礼俗（如婚丧礼仪、成年礼仪式等）

　　B. 家庭及村落或社区生活（父母或长辈的教导）

　　C. 宗教信仰及活动（如祭祀、庙堂里的祈祷活动等）

　　D. 大众传媒（影视、网络、书刊等）

20. 你觉得来学校读书最大的用处是什么？（　　）

　　A. 学习科学文化知识　　　　　B. 帮助找到好工作

　　C. 交到很多朋友　　　　　　　D. 了解本民族以外的文化知识

　　E. 其他（请填写）＿＿＿＿＿＿

21. 你怎么看学校教育和日常生活中的教育对你成长的影响？（　　）

　　A. 学校教育比生活教育重要

　　B. 生活教育比学校教育重要

　　C. 两者都重要，差不多

　　D. 两者若能很好地结合起来会更好

22. 你愿意接受现代化的生活方式和应用现代化的各种产品吗？（　　）

　　A. 非常愿意　　B. 愿意　　　　C. 不愿意　　　　D. 无所谓

23. 假如你为本民族感到自豪，你认为是由哪些方面促成的？（　　）

　　A. 优美的自然环境　　　　　　B. 独特的服饰、建筑

　　C. 享受到各种优惠政策　　　　D. 和谐的社区生活

　　E. 其他（请填写）＿＿＿＿＿＿

24. 你是否想了解其他民族优秀的民族文化知识?(　　)

A. 非常想　　　B. 想了解　　　C. 不想了解　　　D. 无所谓

25. 你认为有必要将民族传统文化知识纳入中考、高考考察范围吗?(　　)

A. 有必要　　　　B. 没必要

26. 你认为作为少数民族,对你以后找工作或外出打工有影响吗?(　　)

A. 影响很大　　　B. 有影响　　　C. 没影响　　　D. 利于以后找工作

27. 你感觉纳西族学生和汉族学生在学习、生活等方面有区别吗?(　　)

A. 区别很大　　　B. 有些区别,但不大　　　　C. 没什么区别

28. 你毕业后准备干什么?[请简要作出自己的回答]

(问卷到此结束,谢谢你的参与!)

附录四　考察路线及考察地点示意图

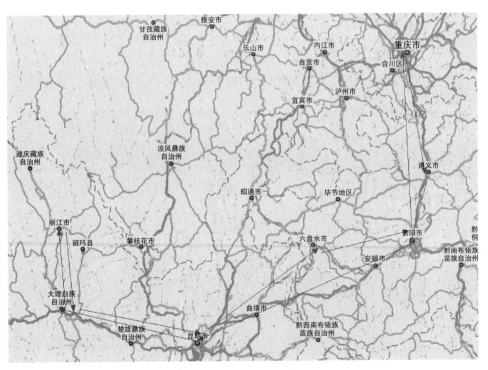

附图 1　考察路线示意图

附图 2　村镇考察点

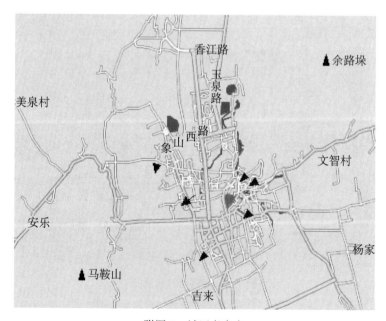

附图 3　城区考察点

后 记

本书是在本人博士论文的基础上修改完成的。民族传统文化包含着一个民族的集体智慧，是一个民族区别于他民族的核心所在，将其精华部分世代传承下去是学校教育义不容辞的责任。时至今日，学校教育传承民族文化已上升为国家策略——教育部关于《完善中华优秀传统文化教育指导纲要》已颁布一周年，规划要求把中华优秀传统文化教育系统融入课程和教材体系，分小学低年级、小学高年级、初中、高中、大学等学段，有序推进中华优秀传统文化教育。然而，有些学校以应试教育为导向，偏重于对学生进行知识点的灌输，单纯地让学生记忆一定的传统文化知识，相对缺少对传统文化蕴含的民族精神、道德情操、人文涵养的深入挖掘。因此，找到学校教育中普适的科学文化知识传授与民族传统文化传承之间的平衡点，是一个迫切而长期的时代论题。本书以纳西族学校为研究个案，尝试对此提出了一些见解，但由于笔者自身水平所限，对一些问题的论证还显粗糙，有待深入调研、完善。

衷心感谢恩师张诗亚先生在本书选题、研究思路等方面的悉心指导和在本书出版方面的帮助。西南大学西南民族教育与心理研究中心倪胜利、么加利二位先生的指点让笔者受益匪浅，陈荟师姐为本书的出版事宜费心不少，谢谢你们。

感谢在云南调查期间云南省教育厅张超研究员，云南民族大学陈继扬师兄、马颖老师，大理学院何志魁师兄、戴大明师兄的帮助。在考察时，丽江古城区教委的杨一红主任，丽江东巴文化研究院的和继全老师，著名东巴和力民、和旭辉，云南社会科学院郭大烈老师、黄琳娜老师夫妇，丽江师范高等专业学校的木春艳老师、陈卫老师，还有所调查学校的和冬梅、和尚花、刘琼、和福寿、杨其珍、和丽芬、和耀强、和耀伟等诸多老师都为笔者提供了热情、无私的帮助，在此一并谢过。特别感谢在调查途中偶遇"小插曲"后大理喜洲段方伟一家无微不至的关照；感谢田夏彪的老父亲及其家人、鹤庆五星小学杨福禄校长及全体教职工为笔者调查所提供的无私帮助与便利。

感谢科学出版社朱丽娜女士、苏利德先生和其他为本书得以顺利出版提供帮助、做出贡献的各位编校人员。商丘师范学院李亚平同学做了大量的校对工作，当谢。

井祥贵

2015 年 4 月完稿于商丘